KB081981

MBA 리더십 필독서 43

CEO의 서재 · 36

세계 최고 리더들이 읽는 리더십 필독서 43권을 한 권에

MBA
리더십 필독서

43

MANAGEMENT&
ORGANIZATION

TALENTED PERSON

MONEY

SYSTEM

SOCIETY &
THE FUTURE

MUST-READ
MBA LEADERSHIP 43

나가이 다카히사 지음 | 김정환 옮김

센시오

세계 최고 리더들이 실전에 활용하는 '검증된 이론'을 배운다

팬데믹 이후로 일하는 방식이 이전과 완전히 달라진 지금, 그 어느 때보다도 리더의 역할이 중요해졌다. 리더의 대응 방식에 따라서 어떤 기업은 펜데믹 위기를 기회로 살려 광폭으로 성장하고, 어떤 기업은 고객이 떠나 주저앉기도 한다.

당신이 리더로서 창업 2년 차에 폭발적으로 성공했던 구글의 원동력을 얻고 싶다면, 애플의 스티브 잡스처럼 사람을 움직이고 세상을 바꾸고 싶다면, 픽사처럼 잇따라 걸작을 만들어내고 싶다면 그들의 방법을 배워야 한다.

가장 빠른 길은 세계 최고 CEO들이 시대를 초월해 열독하는 비즈니스 필독서를 참고하는 것이다. 이들 필독서는 정밀한 연구와 검증을 토대로 비즈니스 세계의 표준이 된 사상과 이론을 담고 있다. 프로페셔널 리더로서 이론적 바탕을 튼튼히 하는 데 도움이 될 뿐 아니라, 실제 업무에서 효과적인 지침이 되어주기도 한다.

실제로 성공한 창업가들 중에는 독서광이 많다. 마이크로소프트를 창업한 빌 게이츠는 1년에 두 차례 생각하는 주간(Think Week)을 마련하고 그 기간 동안 별장에 틀어박혀 독서와 사색에 집중한다. 또한 패스트리테일링의 야나이 다다시는 오후 4시에 업무를 마친 뒤 귀가해 책에 파묻힌다. 눈코 뜰 새 없이 바쁜 업계 최고 리더들이 이렇게 없는 시간을 쪼개서 독서에 투자하는 데는 모두 그럴 만한 이유가 있다.

리더로서 겪게 되는 고민의 대부분은 사실 어딘가의 책에 이미 해결책이 제시되어 있다. 이를 아느냐 모르느냐는 커다란 차이를 만들어낸다. 어쩌면 창업의 성공과 실패를 좌우할 수도 있다. 가령 훌륭한 전략과 실행력이 있음에도 재무 지식이 없는 탓에 사기를 당해 창업에 실패하는 경우는 비일비재하다. 이렇게 되면 지금껏 쏟은 귀중한 시간과 사람, 돈, 열정은 물론이고 신용까지도 잃게 된다.

독서는 짧은 시간에 경영 리더로서 겪을 수 있는 모든 일을 가상으로 체험하게 해준다. 책을 많이 읽는 창업가들이 성공 확률이 높은 것은, 독서를 통해 머릿속에서 방대한 양의 시뮬레이션을 해보고 그 결과에 입각해 판단을 내리기 때문인지도 모른다.

다만 책에 나온 이론과 현실 사이에는 괴리가 존재하기에 자칫 탁상공론이 되어버릴 수 있다. 그러므로 공부한 내용을 현장에서 갈고 닦아 자신의 손에 익은 무기로 완성하는 것이 중요하다.

비즈니스 최전선에서 싸우는 세계의 위대한 리더들은 끝없이 배움으로써 실패의 가능성을 줄이고 기회를 확대해나간다. 그들이 치열하게 배우고 싸우는 방법을 이 책을 통해 파악할 수 있을 것이다.

'경영 이론은 팀 리더가 된 뒤에나 공부하는 거 아니야? 지금의 나하고는 상관없는 이야기 같은데.'라고 생각하는 사람이 있을지도 모른다. 잘못된 생각이다. 경영 이론은 일찍 공부할수록 좋다. 당신이 이론을 공부한다면 남들보다 훨씬 더 빨리 유리한 위치에 설 수 있을 것이다.

가령 골프를 시작할 때 기초를 제대로 배우지 않아서 이상한 자세가 몸에 배어버리면 나중에는 고치는 게 굉장히 어렵다. 반대로 처음부터 전문 강사에게 올바른 자세를 배워서 몸에 익히면 이후에 빠른 속도로 실력이 붙는다. 마찬가지로 먼저 이론을 공부하고 현장에서 시행착오를 거치면서 그 이론을 갈고닦으면 단시간에 비즈니스 능력이 향상된다. 공공연한 비밀이지만, 상사나 선배 중에는 이론을 공부하지 않은 사람이 의외로 많다. 그들과 확실한 차이를 빚게 될 것이다.

다만 경영 이론서를 탐독한다는 것이 현실적으로 막막한 부분이 있다. 수많은 경영 이론서 중 어떤 책을 읽어야 할지 알 수가 없다. 또 경영 이론서들은 어지간하면 400페이지가 기본이고, 개중에는 600페이지가 넘는 것들도 있다. 한 권을 끝까지 읽는 데만도 상당한 시간이 걸리기 때문에 각종 필독서를 섭렵한다는 것은 쉬운 일이 아니다.

그래서 세계 수많은 리더의 검증을 거친 MBA 필독서 43권을 엄선하여 핵심 내용을 추려냈다. 적은 시간을 투자해 높은 효율을 얻고자 하는 독자들을 위해 '업무에 바로 활용할 수 있는가', '이해하기 쉬운가', '재미있는가'라는 세 가지 기준을 중심으로 선정했으며, 한 권당 5분 안에 핵심을 파악할 수 있도록 구성했다.

이 책의 목표는 '현장 업무에 도움이 되는 것'이다. 그래서 경영 이론의 정석이라 할지라도 현대의 비즈니스 환경에 맞지 않는 책은 제외했다. 또한 전형적인 MBA 필독서라 말하기는 어렵더라도 실전 비즈니스에 활용하기 적합한 책들은 목록에 포함했다.

각각의 책들은 밀접한 관계가 있기 때문에 서로 참조할 수 있도록 연결 지었다. 그 관계를 알면 책들을 더 흥미롭고 깊이 있게 이해할 수 있을 것이다. 전체 구성은 리더의 역할에 따라 '경영과 조직', '시스템', '인재', '재무', '리더십', '사회와 미래'의 여섯 개 장으로 나누었다.

목차를 보고 '그 유명한 책이 왜 없는 거지?'라고 생각할 수도 있을 것이다. 이 책은《사장을 위한 MBA 필독서 50》과《MBA 마케팅 필독서 45》에 이은, 시리즈의 세 번째 책이므로 중복을 피했다. 앞의 두 권에서 소개한 책 목록을 부록으로 준비했으니 함께 살펴보길 바란다. 시리즈 전체에 담긴 138권을 모두 훑어본다면 비즈니스에 반드시 필요한 이론들을 대강은 파악할 수 있을 것이다.

목차를 보고 관심이 가는 주제나 책부터 읽어주었으면 한다. 꼭 알아야 할 책의 핵심을 중심으로 요약했기 때문에, 페이지 사정상 눈물을 머금고 생략할 수밖에 없었던 부분이나 의도적으로 단정적인 표현을 사용한 부분도 있다. 그러니 본문에서 소개하는 책에 흥미가 생긴다면 부디 그 책을 정석대로 읽어보길 권한다. 분명 더 깊은 배움을 얻을 수 있을 것이다.

프로페셔널 리더가 되는 최고의 지름길은 이론을 바탕으로 우직하게 단련을 거듭하는 것이다. 언뜻 멀리 돌아가는 길 같지만, 그것이야말로 성공을 확실히 손에 넣는 왕도다.

나가이 다카히사

C o n t e n t s

Chapter 2

시스템

System

Chapter 3

인재

Human Resource

Chapter4

재무

Finance

Chapter 5

리더십

Leadership

Chapter 6

사회와 미래
Society & the Future

Chapter 1

경영과 조직

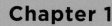
Management & Organization

잘된 경영이란 결과를 내는 것이다. 시대와 함께 환경이 바뀌며 경영의 방식도 변화해왔다. 그러나 시대가 바뀌어도 변하지 않는 핵심이 있다. 바로 조직 구조다. 비즈니스 경영은 조직 구조도 함께 생각해야 한다.

제1장에서는 경영의 기본과 조직을 공부하기 위한 필독서 10권을 소개한다.

BOOK.1

경영의 실제
The Practice of Management

드러커의 사상을 집대성한
경영의 바이블

피터 F. 드러커
Peter F. Drucker

경영학자. 1909년에 오스트리아의 빈에서 태어
났다. 20세기부터 21세기에 걸쳐 경제계에 가장
큰 영향력을 끼친 경영 사상가로, 동서 냉전의 종
결과 지식 사회의 도래를 일찌감치 예측하는 동
시에 분권화, 자기 목표 관리, 민영화, 벤치마킹,
핵심 역량 등 매니지먼트의 주요 개념과 수법을
만들어내고 발전시킨 '매니지먼트의 아버지'다.
2005년에 세상을 떠났다.

"피터 드러커? 이제 구닥다리 지식
아니야?"라면서 그의 저서를 읽지
않는 사람이 많다. 참으로 안타까운
일이다. 귀중한 배움의 기회를 놓치
고 있기 때문이다. 드러커는 현대
경영학을 창시한 학자라고 평가받
으며 '경영학의 아버지'라고 불린다. 그는 30권이 넘는 경영서
적을 저술하였는데, 20세기와 그다음 세기의 기업 경영에 큰 영
향을 주었다.

이 책은 그야말로 드러커의 사상을 집대성한 경영의 바이블
이다. 한국 기업에 끼친 영향도 매우 커서 그의 경영이념을 연구
하는 모임인 피터드러커 소사이어티가 설립되었으며 수많은 경

영자가 그를 신봉한다.

1954년에 간행된 이 책은 세계 최초로 매니지먼트의 전체상을 제시한 경영학의 고전이다. 드러커는 대국적인 시점과 깊은 통찰을 통해 시대가 바뀌어도 변하지 않는 비즈니스의 원리·원칙을 찾아냈다.

570페이지에 이르는 이 책은 이후에 드러커가 쓴 수많은 명저를 파생시켰다. 경영 전략은 《창조하는 경영자》, 경영 관리자의 매니지먼트는 [Book 34]에서 소개할 《피터 드러커의 자기 경영 노트》, 경영 관리자의 경험적 입문서는 《매니지먼트》로 파생되었다. 다만 이 책의 난점은 고전이다 보니 사례가 오래되었다는 것이다. 그러니 우리와 친숙한 사례로 바꿔 이 책의 진수를 배워보자.

고객을 창조한 '택배'

내가 중학생이었던 시절에는 짐을 부치려면 우체국에 방문해 소포로 부치는 방법밖에 없었다. 우체국까지 짐을 들고 가서 이런저런 서류를 작성한 다음 접수대로 가져가 부쳤는데, 정말 번거로웠던 기억이 있다. 게다가 요금도 비쌌고 배달 완료까지 며칠이 걸렸다. 그러다 보니 부득이한 경우가 아니면 이용할 마음이 들지 않았다.

택배가 생긴 지금은 물품을 보내기가 정말로 편해졌다. 전표에 받는 사람의 주소를 기입한 다음 온라인으로 신청하고 물품을 가지러 오기를 집에서 기다리기만 하면 된다.

지금은 일상 속에 완전히 녹아든 택배 서비스를 일본에서 최초로 시작한 기업은 야마토운송이다. 1976년 야마토운송이 택배 서비스를 시작한 이래 시장은 20배로 확대되었다. 1976년의 우체국 소포 취급량은 연간 2억 개가 조금 넘는 수준에 불과했는데, 2019년의 택배 취급량은 연간 43억 개에 이른다. 야마토운송이 '집에서 작은 짐을 부치고 싶어 하는' 고객을 창조한 것이다.

드러커는 '기업의 목적'에 관해 이렇게 말한다.

"기업의 목적으로서 유효한 정의는 단 하나밖에 없다. 그것은 바로 고객의 창조다."

야마토운송의 도전은 드러커가 그리는 경영의 왕도를 실현한 것이라고 할 수 있다. 일개 민간 사업자인 야마토운송이 국가의 독점 사업이었던 우체국 소포에 도전한 것은 언뜻 무모해 보이지만, 야마토운송은 철저히 지혜를 짜내 그 도전을 성공시켰다.

드러커는 이 책에서 이렇게 말한다.

"기업에는 2개의 기본 기능이 존재한다. 마케팅과 이노베이션이다. 마케팅이란 시장이 필요로 하는 것을 찾아내서 제공하는 것이다. 이노베이션이란 더욱 우수한 물건이나 서비스를 창조하는 것이다."

택배 역시 마케팅과 이노베이션의 산물인 것이다. 그렇다면 야마토운송은 어떻게 택배 사업을 실현했을까?

• 비즈니스 전략 1 •
끊임없이 '우리의 사업은 무엇인가?'를 질문한다

이 책에서 드러커는 이렇게 말한다. "'우리의 사업은 무엇인가?' 라는 질문을 하고 그 질문에 올바르게 대답하는 것이야말로 톱 매니지먼트의 첫 번째 책무다."

당신은 뭐라고 대답하겠는가? 언뜻 누구나 대답할 수 있을 것 같은 단순한 질문이다. 보험 회사라면 보험 판매, 택배 회사라면 물품 배송이라고 답할 수 있다. 그러나 사실은 매우 어려운 질문이다. '사업은 무엇인가?'를 결정하는 주체는 당신이 아니라 고객이기 때문이다. 야마토운송도 이 질문의 답을 궁리하고 또 궁리했다.

과거에 일본 최대의 트럭 운송회사였던 야마토운송은 제2차 세계 대전이 끝난 뒤 실적 부진에 빠졌고, 다각화를 꾀했지만 수익은 악화 일로를 걸었다. 그런 상황에서 제2대 사장에 취임한 오구라 마사오는 부활을 위한 힌트를 쇠고기덮밥 체인인 요시노야에서 얻었다.

본래 메뉴가 많았던 요시노야는 쇠고기덮밥 하나로 메뉴를 줄이고 양질의 고기를 저렴한 가격에 매입함으로써 '저렴하면서도 맛있다.'라는 평가를 얻었다. 이에 오구라도 '뭐든지 운송하는 것은 답이 아니야. 요시노야처럼 과감하게 다각화를 포기하고 개인의 작은 짐만 취급하는 회사가 되자.'라고 자사의 사업을 생각한다. 그런 뒤 우체국이 독점하고 있었던 개인 택배 시장에 뛰어들었다.

드러커는 '우리의 사업은 무엇인가?'의 답을 알기 위해서는 다음의 4가지 질문에 순차적으로 답할 수 있어야 한다고 했다.

질문1 고객은 누구인가?

그때까지 야마토운송은 법인을 고객으로 상품 화물을 운송했으나 경쟁이 치열해졌다. 그래서 미개척 시장인 개인의 소포 배송으로 표적을 바꾸고 '주부'를 고객으로 보았다.

질문2 고객은 무엇을 사는가?

주부가 우편 소포를 사용하지 않는 이유는 간편하지 않기 때문이다. 야마토운송은 '주부는 간편하게 이용할 수 있는 서비스를 산다.'라고 생각했다.

질문3 **고객은 살 때 무엇을 추구하는가?**

야마토운송은 '주부가 간편하게 이용할 수 있게 하려면 어떻게 해야 할까?'를 궁리하면서 여행 업계를 참고로 삼았다. 개인이 해외여행을 갈 때 비행편과 호텔 등을 일일이 찾아서 예약하는 것은 쉬운 일이 아니기 때문에 여행 업계는 모든 것을 세팅한 패키지 투어를 팔고 있었다. 이에 야마토운송은 '택배도 패키지로 만들자.'라고 생각하고 '지역별 균일 요금제', '화물이 1개라도 집하'를 원칙으로 삼았다.

질문4 **우리의 사업은 무엇이 될 것인가?**

미개척 상태인 택배 시장은 거대한 잠재 시장이다.

기업의 성장과 쇠퇴를 가르는 것은 이 4가지 질문을 했을 때 대답하는 능력이다. 여러분의 비즈니스에 대해서도 이 4가지 질문을 끊임없이 생각하기 바란다.

그런데 최고 경영자가 훌륭한 전략을 세웠더라도 현장 사원이 그 전략대로 움직이지 않아서 실패하는 경우는 상당히 많다. 야마토운송은 이 난제를 어떻게 극복했을까?

시대가 바뀌어도 기업 경영의 기본은 변하지 않는다

야마토운송의 택배 사업의 경우

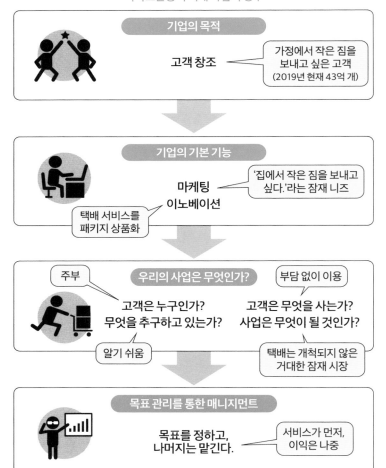

기업의 목적

고객 창조 ← 가정에서 작은 짐을 보내고 싶은 고객 (2019년 현재 43억 개)

기업의 기본 기능

마케팅 ← '집에서 작은 짐을 보내고 싶다.'라는 잠재 니즈
이노베이션

택배 서비스를 패키지 상품화

우리의 사업은 무엇인가?

주부

부담 없이 이용

고객은 누구인가? 무엇을 추구하고 있는가?

고객은 무엇을 사는가? 사업은 무엇이 될 것인가?

알기 쉬움

택배는 개척되지 않은 거대한 잠재 시장

목표 관리를 통한 매니지먼트

목표를 정하고, 나머지는 맡긴다. ← 서비스가 먼저, 이익은 나중

출처: 《경영의 실제》와 《야마토 성공법》(오구라 마사오 지음)을 바탕으로 필자가 작성

· 비즈니스 전략 2 ·
목표를 정하고 나머지는 맡긴다

야마토운송은 '서비스가 먼저, 이익은 나중'이라는 표어를 만들고, 나머지는 직원의 자기 관리능력에 맡기면서 책임을 부여했다. 이 또한 오구라가 궁리를 거듭한 끝에 내린 결론이었다.

택배 사업의 딜레마는 서비스 수준을 높이면 비용이 증가하고 비용을 억제하면 서비스의 수준이 떨어진다는 것이다. 전체 매출이 택배 시스템 전체의 유지비용을 웃돌면 이익이 난다. 이를 위해서는 화물을 많이 모아야 한다. 그런데 애초에 매력적인 서비스를 실현하지 못하면 화물이 많이 모이지 않는다.

경쟁 상대는 배달 완료까지 수일이 걸리는 우체국 소포다. 오구라는 '우체국 소포를 넘어서려면 서비스를 차별화해야 한다.'라고 생각해, '익일 배달'을 택배 서비스의 세일즈 포인트로 삼았다. 그리고 직원 전원에게 '서비스가 먼저, 이익은 나중'을 철저히 지켜달라고 했다. 모든 직원이 같은 목표를 향해 나아가도록 하면서도 목표를 달성할 방법은 직원 개개인에게 맡긴 것이다. 그러자 가령 아오모리에서 집하를 담당하는 직원은 '화물을 내일까지 도쿄에 배달해야 한다.'라고 자각하고, '그러려면 몇 시까지 집하를 마쳐야 하지?'를 생각하며 일하게 되었다.

이처럼 야마토운송은 회사의 목표를 명확히 하고 이를 직원들이 이해할 수 있게 설명했다. 그리고 현장 직원들에게 책임을 부여하면서 달성 방법은 개개인에게 맡겨 성공을 거뒀다.

드러커는 이 책에서 목표 관리를 통한 매니지먼트(Management By Objective, MBO)를 실천하라고 말한다. 그리고 "'부하 직원을 철저히 관리하는 것이 매니지먼트다.'라는 생각은 큰 착각이다."라며 자동차왕 헨리 포드의 실패 사례를 소개한다.

100년 전, 대량 생산 방식으로 T형 포드를 만들어낸 포드는 미국 자동차 시장의 3분의 2를 차지하는 대성공을 거뒀다. 그러나 15년 후에는 점유율이 5분의 1로 급락하며 파산 직전에 몰렸다. 그 이유 중 하나는 '모든 것을 내가 결정한다.'라는 독불장군 경영에 있었다. 다른 경영진 없이 혼자서 거대한 기업을 경영하려 했던 것이다. 100년 전의 미국 기업에서는 일반적인 사고 방식이었다. 오늘날에 이런 식으로 경영을 했다가는 유능한 직원부터 회사를 떠나기 시작해 무기력한 직원만 남게 될 것이다.

비즈니스는 본사 회의실이 아니라 현장에서 진행된다. 가급적 현장에서 의사 결정을 해야 하며, 팀 리더의 업무는 현장 업무를 돕는 것뿐이다. '지배를 통한 매니지먼트'를 '자기 관리를 통한 매니지먼트'로 바꿔야 한다. 드러커는 이 책에서 이렇게 말한다.

"'평범한 사람이 비범한 일을 해내게 하는 것'이 조직의 목적이다."

야마토운송의 택배 사업은 말 그대로 평범한 사람이 비범한

일을 해내게 한 위업이었다. 평범한 사람이 비범한 일을 해내게
하려면 어떻게 동기를 부여할지도 궁리할 필요가 있다.

동기는 '책임'으로부터 온다

드러커는 이 책에서 "만족은 동기 부여로서 부적합하다. 오히려
책임을 부여해야 한다."라고 말한다. 야마토운송은 일하는 직원
들에게 책임을 부여하고 자신의 업무를 스스로 관리·평가하게
했다. 이것은 현대 경영에서 올바른 자세다. '사람은 책임지고 싶
어 하지 않는다.'라고 생각하는 사람이 많은데, 이는 선입견이다.

세븐일레븐도 직원에게 책임을 부여하고 있다. 편의점 경영
에서 상품 발주는 매출을 결정하는 중요한 업무인데, 고등학생
아르바이트생에게도 상품 발주 업무를 맡긴다. 발주 판단에 필
요한 데이터를 전부 제공하고, 자신이 발주한 상품의 판매 결과
도 즉시 확인할 수 있게 함으로써 자신의 발주 판단이 옳았는지
검토할 수 있게 했다. 지속적으로 성장하고 있는 세븐일레븐은
아르바이트 직원도 중요한 동료라고 보고 책임을 공유하는 시
스템을 만든 것이다.

현대의 최첨단 기업들도 마찬가지다. 테크놀로지 기업의 가
장 큰 재산은 아이디어를 생각해내고 구현하는 직원들이다. 직

원들이 자신의 업무에 책임감을 가지고 스스로 업무를 관리하는 자세가 중요하다. 이 책에서 드러커는 "자부심이나 성취감은 업무를 떠나서는 만들어지지 않는다."라고 말한다. 자신의 업무에 책임감을 가질 때 비로소 업무에 대한 자부심과 성취감이 생긴다. 리더는 부하 직원에게 좀 더 책임을 맡길 방법을 궁리해야 한다.

이 책은 간행된 지 벌써 60년이 넘었지만 오늘날에도 여전히 통용되는 기업 경영의 원리·원칙을 가르쳐준다. 여담이지만, 드러커는 심리학자인 에이브러햄 매슬로의 신봉자이기도 했다. 그런 의미에서 [Book 2]와 함께 읽을 것을 추천한다.

그 밖에도 이 책에는 CEO나 이사회의 바람직한 모습, 팀 리더 육성, 조직 구조, 인사 관리, 생산 시스템, 의사 결정 등 경영 전체를 망라하는 주제가 간결하게 정리되어 있다. '드러커는 이제 구식이야.'라고 생각하는 사람일수록 더 큰 배움을 얻을 수 있을 것이다.

POINT

기업 목적은 고객 창조임을 한시도 잊어서는 안 된다.

BOOK.2

인간욕구를 경영하라

Maslow on Management

———

리더가 변화하면
당신의 회사도
구글이 될 수 있다

에이브러햄 매슬로

Abraham Maslow

미국의 심리학자. 1908년에 태어나 1934년에 위스콘신 대학에서 박사 학위(심리학)를 취득했으며, 브루클린 대학 교수와 브랜다이스 대학 심리학과장이 되었다. 1967~1968년에 미국 심리학회 회장을 역임하고 1970년에 세상을 떠났다. 인간의 마음의 문제를 깊게 파고드는 인본주의적 심리학 접근을 통해 자아실현, 지고체험(至高體驗), 욕구 단계설 등의 개념을 제창했다.

세상에는 실제로 읽어보지 않고 떠도는 이야기만 들은 탓에 내용을 오해하고 있는 고전적 명저가 의외로 많다. 이 책도 그런 책 중 하나다. 매슬로는 이 책에서 욕구 단계설을 제창했다.

'매슬로의 욕구 단계설'이라고 하면 아마도 다음에 나오는 그림의 피라미드를 떠올리는 사람이 많을 것이다. 이 그림을 "틀렸다."라고는 할 수 없지만 매슬로의 진의를 올바르게 전하는 그림이라고도 할 수 없다. 사실 이 그림은 미국에서 재판이 나왔을 때 추가된 것이다. 매슬로는 이 그림을 그린 적이 없으며, "욕구는 5단계로 구성되어 있다."라는 말도 하지 않았다.

매슬로가 이 책에서 전하고자 했던 것은 '좋은 기업이란 어떠해야 하는가?'이다. '자아실현을 지향하는 사람들'이 '좋은 기업'을 만들고, '좋은 기업'이 '자아실현을 지향하는 사람들'을 만든다. 이 책의 주제는 '어떻게 이런 선순환을 만들 것인가?'이다.

매슬로는 20세기 후반의 심리학을 재정립하고 '인간성 심리학'이라는 새로운 영역을 만들어낸 심리학자로, 수많은 저작을 남겼다.

이 책은 경영학을 접한 매슬로가 1962년에 남긴 원고를 바탕으로 출판된 것으로, 현대의 경영 이론에 지대한 영향을 끼쳤다. 당시 신진기예의 경영학자였던 드러커도 "이 책은 내게 지속적으로 강렬한 영향을 끼치는 지혜의 원천이다."라고 말했다.

자아실현의 진짜 의미

어느 회사의 임원이 부서 회의에서 이렇게 말했다.

"매슬로가 말한 것처럼 다들 자신의 업무에서 '자아실현'을 지향하며 열심히 일하도록!"

매슬로가 말한 자아실현을 잘못 이해한 전형적인 사례다. 자아실현이란 '자신이 하고 싶은 일을 하고 있는 상태'가 아니다. 다만 문제는 자아실현이 무엇인지를 한마디로 표현할 수가 없다는 것이다.

매슬로의 욕구 단계설은 잘못 이해되고 있다

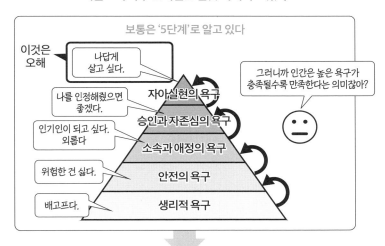

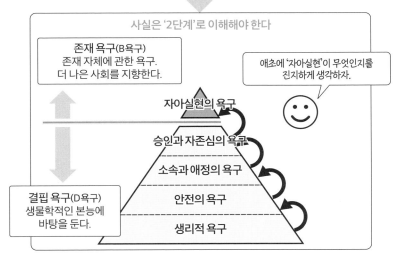

출처: 《인간욕구를 경영하라》를 바탕으로 필자가 작성

매슬로는 욕구를 크게 2가지로 나눴다. 결핍(Deficiency)을 충족하고 싶어 하는 결핍 욕구(D욕구)와 인간 한 명 한 명의 존재(Being) 자체와 관련된 존재 욕구(B욕구)다. 결핍 욕구는 결핍이 충족되지 않은 상태라고 생각하면 알기 쉽다. 가령 '배고프다.'는 생리 욕구이고, '위험한 건 싫다.'는 안전 욕구다. 한편 존재 욕구는 자아실현을 생각하면 알기 쉽다. 매슬로는 이 책에서 존재 욕구인 자아실현을 다양한 방법으로 설명했는데, 한마디로 말하면, '자아실현이란 자신이 할 수 있는 최대한의 일을 함으로써 자신다워진 상태'다.

매슬로는 구로사와 아키라 감독의 영화 〈살다(ikiru, 1952)〉를 소개한다. 이 영화의 주인공은 무기력하게 하루하루를 보내는 어느 시청의 과장이다. 어느 날 자신이 암에 걸려서 남은 생이 얼마 안 됨을 알고 사회에 도움이 될 방법을 모색한다. 반대하는 상사를 설득하고 폭력단의 협박을 이겨내며 시민들의 바람이었던 공원을 완성한다. 그리고 눈이 내리는 밤, 완성된 공원에서 그네를 타며 숨을 거둔다.

그렇게 주인공은 자신에게 주어진 '천직'을 끝내 완수한다. 이것은 자아실현의 한 가지로 볼 수 있다. 이제 앞서 임원이 어떤 오해를 했는지 알 수 있다. 자아실현은 상사와 관계가 없다. 자아실현은 자신의 존재에 관한 문제다.

매슬로는 자아실현을 이룬 인물로서 링컨, 아인슈타인 등의 위인을 꼽았다. 너무 대단한 인물이라서 도저히 '나도 자아실현을 하고 있다.'라는 생각이 안 든다. 그러나 그런 우리도 끊임없이 자아실현을 지향할 수 있다.

개중에는 "자아실현? 딱히 의욕이 안 생기는데……."라고 말하는 사람도 있는데, 이 또한 자아실현을 오해한 것이다. 의욕은 '솔로 탈출을 위해 이성에게 인기 있는 사람이 되고자 노력하는 것'과 같이 결핍 욕구를 충족할 때 필요한 것이다.

한편 자아실현의 욕구는 자신의 존재 가치를 위해 곁눈질도 하지 않고 무엇인가를 계속하는 것이다. 애초에 결핍이나 의욕과는 상관없다.

내가 'MBA 필독서' 시리즈를 계속 쓰는 근본적인 이유도 그저 쓰고 싶기 때문이다. 사람은 누구나 '더 높은 가치를 발휘하고 싶다.'라는 잠재적인 욕구를 가지고 있다. 매슬로는 '자아실현을 지향하는 사람'을 '좋은 사람'으로 여겼다.

'좋은 사람'과 '좋은 기업'의 관계

자아실현을 지향하는 사람은 끊임없이 성장하면서 점차 큰 힘을 발휘할 수 있게 된다. 그리고 '기업이 지향하는 사명'과 '개인이 지향하는 목표'가 일체화하면 개인은 업무에서 성취감을 느끼고, 정신적으로도 육체적으로도 건전함을 유지하며 큰 힘을 발휘해 기업의 실적을 향상시킨다. 기업과 개인이 목적을 공유할 수 있다면 그 밖의 다른 문제는 '목적에 걸맞은 수단을 선택한다.'라는 기술적인 문제에 불과하게 된다. '좋은 회사'는 바로 이런 환경을 직원에게 제공한다.

그러나 현실에는 "의욕 없는 부하 직원만 있어서 고민이야." 라고 말하는 리더가 많다. 내가 회사원이었을 때 각 부서가 모이는 교류회 이벤트에서 장기자랑 대회가 열린 적이 있다. 그런데 놀랍게도 평소에 직장 동료 모두가 '의욕이라고는 요만큼도 없는 사람'으로 여겼던 어떤 직원이 리더를 맡은 팀이 독보적인 지지를 받으며 우승을 차지했다. 그 직원은 완전히 몰입한 표정으로 멋진 댄스를 선보이며 같은 팀 동료들을 적극적으로 이끌었다. 평소 사무실에서 보던 그와는 완전히 다른 사람이었다. 그때 나는 생각했다.

'지금껏 그 직원이 의욕적이지 않았던 것은 개인의 문제가 아니라 그가 일에 몰두할 환경을 만들어주지 못한 탓이 아닐까?'

한 가지 예를 더 살펴보자.

리더가 빠지기 쉬운 권위주의의 함정

A사의 개발 부서는 사원 만족도 조사에서 항상 최고 점수를 받았다. 특히 부서장의 평가는 매번 100점이었고 '우수 리더'로서

표창도 받았다. 그러나 실상은 전혀 달랐다. 그는 부서의 모든 사원을 한 방에 모아놓고 자신의 감시 아래 감사 설문지를 기입하게 했고, 작성한 설문지를 한 장 한 장 꼼꼼이 검사했다. 업무는 부서장 자신이 모두 결정한 뒤 부하 직원들에게 일일이 지시를 내렸다.

이렇게 철저히 관리를 당하는 '권위주의' 조직에서 어떻게 반대 의견을 내놓겠는가? 얼마 후 이루어진 조사에서 부정이 발각되어 부서장은 좌천되었고, 이 부서에는 의욕 없이 상부에서 지시해주기를 기다리는 직원만이 남게 되었다.

특수한 사례처럼 보이지만, 여기에는 리더가 빠지기 쉬운 함정이 숨어 있다. 세상에는 인사권을 쥐고 권위주의적으로 부하 직원의 행동을 관리하는 리더가 많다.

사람은 지배당하고 결정권을 빼앗기는 것, 속는 것, 착취당하는 것, 지시만을 따르게 되는 것을 피하고 싶어 하는데, 권위주의 조직은 이런 일을 전부 한다. 대량 생산 시대의 잔재다. 이래서는 의욕 없이 지시를 기다리기만 하는 직원이 대량 생산될 뿐이다.

사람은 '자율적으로 결정하고 싶다.'라고 생각한다. 상응하는 책임을 지면서 주도권을 쥐고 자신의 힘으로 계획을 세운 뒤 행동을 결정하고 실행에 옮겨 성공함으로써 정당한 평가를 받고 싶어 한다. 그런데 이런 환경을 만들어주지도 않은 채 "의욕 없는 부하 직원만 있어서 고민이야.” 하고 한숨을 쉬는 리더는 본래 자신이 해야 할 일을 전혀 하고 있지 않은 것이다. 그런 리더는 먼저 권위주의적인 업무 방식을 버려야 한다.

경영학자 더글라스 맥그리거(Douglas McGregor)는 자신의 저서 《기업의 인간적 측면》에서 매슬로의 욕구 단계설을 바탕으로 X이론과 Y이론을 제창했다. 이는 리더의 사고방식을 다음의 2가지로 나눈 이론이다.

- X이론: 인간은 천성적으로 게으름뱅이다. 리더는 독재자가 되어서 그들을 통제하고 지시·관리해야 한다.
- Y이론: 인간은 성취감이 있는 일을 기꺼이 맡아서 하고, 성취감을 느끼고 싶어 하며, 아직 개발되지 않은 힘을 숨기고 있다. 관리자는 사람을 믿고 그들을 이끌 수 있는 사람이어야 한다.

‘좋은 회사’가 되려면 사고방식을 X이론에서 Y이론으로 바꿔야 한다.

조직과 개인의 상승효과를 추구하라

이 책의 개정판에는 높은 실적을 올리는 부서를 대상으로 그 요인을 찾기 위해 실시한 조사 결과가 실려 있다. 우수한 리더는 민주적이고 배려심이 있으며 친근하고 남을 잘 도울 뿐만 아니라 성실한 인품의 소유자였다.

컬럼비아 대학 연구팀이 1986년에 495개의 조직을 대상으로 실시한 조사에서도 이익을 직원들에게 배분하는 기업이나 직원들에게 널리 정보를 공개하고 사원 참가형 프로그램을 실시하는 기업이 그렇지 않은 기업보다 훨씬 높은 실적을 올린다는 결과가 나왔다. 직원을 대하는 방식을 바꾸면 기업의 생산성을 크게 높일 수 있다.

한편 매슬로는 "내 생각은 선택받은 사람들에게 유효하다. 반드시 만인에게 유효하다고는 할 수 없다."라고 솔직하게 말하기도 했다. 이 부분은 오늘날에는 논의의 여지가 있을 듯하다.

[Book 15]에서 소개하는 OKR은 매슬로에게 심취한 인텔의 전 회장 앤드루 그로브가 만들어낸 경영 수법이다. OKR은 창업 2년 차의 구글이 폭발적으로 성장하는 원동력이 되었으며, 실리콘밸리의 기업들 사이에서 널리 활용되고 있다.

세계적으로 수많은 신봉자를 둔 드러커도 매슬로의 영향을 받았다. 매슬로의 사상을 경영의 기본 규칙으로 삼고 있는 기업도 많다. 매슬로가 없었다면 비즈니스의 세계는 지금과 다른 모습이 되었을 것이다. 매슬로는 욕구 단계설을 더욱 발전시키려 했지만 1970년에 62세를 일기로 세상을 떠났다. 참으로 안타까운 일이다.

60년 전에 간행된 책이기에 지금 읽어보면 관점이 구시대적인 부분도 있고, 지역, 여성, 정신질환에 대한 편견도 보인다. 그러나 이 책의 날카로운 통찰은 오늘날에도 가치가 매우 크다. 시간을 내서 꼭 읽어보기를 바란다.

POINT

기업은 인간의 커다란 잠재력과 가능성을 아직 제대로 활용하지 못하고 있다.

BOOK.3

이것이
경영이다

Managing

리더는
저글링하는 곡예사가
되어야 한다

헨리 민츠버그
Henry Mintzberg

1939년에 태어났다. 캐나다의 맥길 대학 데자우털스 경영대학원의 클레혼 기념 교수. 매니지먼트의 바람직한 모습과 조직 형태, 전략 책정 프로세스 같은 매니지먼트 전반과 조직론을 연구 분야로 삼고 있다. MIT 슬로언 경영대학원에서 박사 학위를 취득한 뒤 맥길 대학에서 기계공학 학위를 취득했다. 2000년에 미국 경영학회에서 우수 연구원으로 선정되는 등 가장 영향력 있는 경영학자로 꼽힌다.

내가 회사원이 되어서 처음으로 본 팀 리더는 시원시원하고 멋진 사람이었다. 업무를 숙지하고 많은 부하 직원에게 그 자리에서 지시를 내리면서 엄청난 양의 업무를 소화해냈다. 나중에 그와 같은 지위에 오른 나는 '그 팀 리더는 저글링을 하고 있던 거구나.'라고 실감했다. 실제로 내가 팀 리더가 되어보니 외부에서 본 모습과 큰 차이가 있음을 깨달았다. 이 책은 그런 리더의 실상을 그려낸 것이다.

민츠버그는 세계에서 가장 영향력 있는 경영학자로 꼽히는 인물로, 철저한 실전과 현장주의자다. 그는 경영자 5명에게 일주일씩 밀착해 그들이 어떻게 일하는지 관찰하고 박사 논문으

로 정리했으며, 그 논문을 1973년에《관리자의 업무의 본질
(The Nature of Managerial Work)》이라는 제목으로 출판했다. '리
더는 이러해야 한다.'라는 경영학자들의 정설을 근본부터 뒤엎
은 이 책은 그를 일약 유명 인사로 만들었다.《관리자의 업무의
본질》을 간행한 지 30년 후에 새롭게 29명의 팀 리더를 관찰하
고 다시 쓴 책이 바로《이것이 경영이다》이다.

드러커는 [Book 1]에서 관리자에 관해 이렇게 말한다.

"팀 리더는 오케스트라의 지휘자인 동시에 작곡가다."

드러커의 말을 보고 '나는 팀 리더는 못하겠는데……'라며 자
신없어하는 사람이 있을지도 모르겠다. 한편 민츠버그는 이렇
게 말한다.

"(팀 리더가 지휘자와 유사하다면) 온갖 문제가 잇달아 발생하고
그때마다 신속하게 문제를 수정해야 하는 리허설 때의 지휘자
와 같다."

이 말에 공감하는 사람이 많을 것이다. 내가 팀 리더였을 때도
그랬다.

리더의 현실

유능한 리더가 일하는 모습을 상상한다면 대개 이런 모습일 것
이다.

오 부장은 조사 자료를 앞에 놓고 깊은 생각에 잠겨 있다. 경쟁자들이 잇달아 뛰어들며 시장이 격변하고 있어 대항책이 필요한 시점이다. 대항책은 있다. 10년 동안 남몰래 준비해온 획기적인 비책이다. "슬슬 비장의 카드를 꺼낼 때가 되었군." 오 부장은 이렇게 중얼거리며 연구실 소장에게 전화를 걸었다.

이런 리더는 소설이나 드라마에나 존재한다. 민츠버그가 관찰한 현실의 리더를 요즘 회사 분위기에 맞게 각색해보면 이런 식이다.

아침 9시 28분. 서 부장은 탕비실에서 만난 이 팀장과 고객 불편 상황에 관해 몇 마디 이야기를 나눈다. 자신의 자리로 돌아와 비서와 함께 산더미 같은 서류와 씨름하다 자신의 앞을 지나가는 김 대리를 발견하고는 '아, 김 대리. 그 안건 잠시 보류하게.'라고 지시한다. 15초 후, 다시 이 팀장과 아까 나누던 이야기를 계속한다. 탕비실에 인사과의 노 대리가 와서 예전에 지시했던 건을 보고한다. 몇 초 후, 다시 이 팀장과 이야기를 이어간다. 그러자 이번에는 박 대리가 잔뜩 들뜬 기색으로 나타나 "A사의 주문 수주했습니다!"라고 말한다. 서 부장은 "잘했어!"라며 박 대리와 하이파이브를 한다. 이때 시각이 9시 35분. 7분밖에 지나지 않았다. 오늘의 업무는 이제 막 시작되었을 뿐이다.

내가 경험한 바로도 리더의 일상 풍경은 후자에 더 가깝다. 리더는 시간을 잘게 쪼개면서 일을 멈추지 않고, 계속해서 찾아오는 사람들과 대화를 나누며, 여러 가지 지시를 한다. 그런 상황 속에서 어떻게 대국적·장기적인 사고를 하겠는가.

현실의 리더는 오 부장처럼 정리된 정보를 손에 들고 의사 결정을 하지 않는다. 수많은 업무를 바쁘게 처리하고 다양한 커뮤니케이션을 거듭하며 정보를 모아 의사 결정을 한다. 전화, 회의, 이메일 등을 통한 어수선한 커뮤니케이션 자체가 리더의 업무인 것이다.

리더는 조직에서 '정보의 중추신경'

44쪽의 그림은 민츠버그가 리더의 업무를 모델화한 것이다. 현장에서 거리가 멀리 떨어져 있는 것부터 가까운 것까지 '정보의 차원 → 인간의 차원 → 행동의 차원'의 순서다.

- 정보의 차원: 리더는 조직에서 정보의 중추신경 역할이다. 서 부장처럼 수시로 부하 직원을 만나 정보를 주고받음으로써 조직의 정보를 누구보다 철저히 숙지하고 있고 여기저기에 그 정보를 전하여 사람들을 움직인다. 리더는 사람을 직접 만나 오감을 총동원함으로써 말로는 표현할 수 없는 감각을 포함한

정보를 수집한다. 이는 AI가 발전하더라도 대체할 수 없는 역할이다.

- **인간의 차원:** 리더는 기본적으로 직접 실무를 처리하지 않는다. 부하 직원을 통해서 성과를 만들어낸다. 이를 위해 부하 직원에게 영향을 끼치고, 그들의 성장을 지원하며, 필요하다면 구성원 간 대립을 해소한다. 또한 조직을 대표해서 외부와의 창구가 된다. 내가 IBM의 부장이었을 때도 부서 대표로서 외부와 교섭하고 조직으로서 의뢰를 받을지 말지 판단하는 것이 나의 임무였다.

- **행동의 차원:** 리더는 자신의 조직에서 가장 중요한 업무를 직접 실행하기도 한다. 조직의 외부(상층부, 사외의 협력 회사, 고객)와 교섭 또는 거래를 함으로써 부하 직원이 일하기 좋은 환경을 만들어 부서의 성과를 만들어낸다. 내가 IBM의 부장이었을 때도 경영진과 교섭해 부서의 예산이나 인원을 확보하는 것이 내 임무였으며, 부하 직원이 일하기 쉬운 환경을 만들고자 끊임없이 고심했다.

이 모델의 중심에는 리더가 있다. 조직 구성원이 일하기 쉽도록 체계적으로 업무의 기본 설정을 하고, 그것을 올바르게 실행하기 위한 일정을 궁리한다. 리더는 일정을 짜고 행동함으로써 조직 전원의 시간 활용법에 영향을 끼치고 조직을 움직인다.

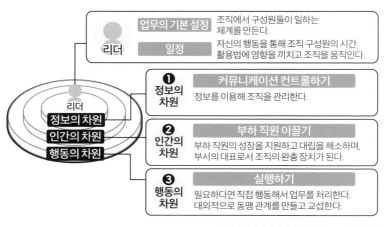

매니지먼트의 모델

| | 업무의 기본 설정 | 조직에서 구성원들이 일하는 체계를 만든다. |
| 리더 | 일정 | 자신의 행동을 통해 조직 구성원의 시간 활용법에 영향을 끼치고 조직을 움직인다. |

❶ 정보의 차원 — 커뮤니케이션 컨트롤하기
정보를 이용해 조직을 관리한다.

❷ 인간의 차원 — 부하 직원 이끌기
부하 직원의 성장을 지원하고 대립을 해소하며, 부서의 대표로서 조직의 완충 장치가 된다.

❸ 행동의 차원 — 실행하기
필요하다면 직접 행동해서 업무를 처리한다. 대외적으로 동맹 관계를 만들고 교섭한다.

출처: 《이것이 경영이다》를 바탕으로 필자가 작성

과학, 예술, 공예의 균형이 중요하다

전문 기술이나 이론만으로는 매니지먼트를 할 수 없다. 매니지먼트는 업무의 실천과 경험으로 익히는 것이며, 발상이나 감각도 중요하다.

민츠버그는 46쪽의 그림처럼 "과학, 예술, 공예라는 3요소의 균형이 중요하다."라고 주장한다.

다만 이 3요소가 꼭 균등해야 할 필요는 없다. 자신의 강점을 살리면 된다. 당신이 과학 요소에 강점이 있다면 분석 중시의 두뇌형, 예술 요소에 강점이 있다면 아이디어와 비전 중시의 통찰형, 공예 요소에 강점이 있다면 경험을 중시하면서 부하 직원을 도우며 자신도 업무를 처리하는 관여형인 것이다.

그러나 어느 한 요소만 지나치게 강하면 좋지 않다. 과학 요소가 지나치게 강하면 계산만 할 뿐 중요한 점을 망각하는 계산형이 되고, 예술 요소가 지나치게 강하면 성과를 생각하지 않고 예술만 중시하는 나르시시스트형이 되고, 공예가 지나치게 강하면 자신의 경험만 믿는 좁은 시야의 고리타분형이 된다.

두 요소가 지나치게 강해도 좋지 않은데, 논리가 없고 지리멸렬한 무질서형, 경험을 무시하고 착실하지 못한 현실 도피형, 비전이 없고 무엇을 하고 싶은지 알 수가 없는 무기력형이 된다.

이래서는 제대로 된 매니지먼트를 할 수 없으므로 3요소의 균형이 중요하다.

리더가 3요소를 모두 지니고 있지 못하더라도 팀이 지니고 있다면 문제가 없다. 가령 소니는 비전과 감각이 예리하여 예술 요소가 특출한 모리타 아키오와 장인의 기술력이 있어 공예 요소가 특출한 이부카 마사루의 팀워크로 성장했다.

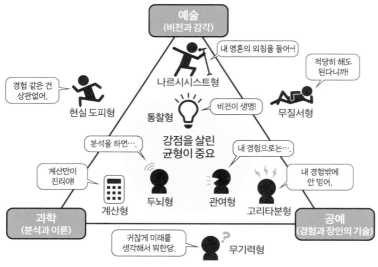

매니지먼트 유형 피라미드

예술
(비전과 감각)

내 영혼의 외침을 들어!

나르시시스트형

경험 같은 건 상관없어.

현실 도피형

적당히 해도 된다니까!

무질서형

통찰형

비전이 생명!

강점을 살린
균형이 중요

분석을 하면…

내 경험으로는…

계산만이
진리야

계산형

두뇌형

관여형

내 경험밖에
안 믿어.

고리타분형

과학
(분석과 이론)

귀찮게 미래를
생각해서 뭐한담.

무기력형

공예
(경험과 장인의 기술)

출처: 《이것이 경영이다》를 바탕으로 필자가 작성

리더가 실패하는 3가지 이유

팀 리더가 실패하는 원인은 주로 다음의 3가지다.

원인1 본인의 자질 부족

"팀 리더가 되고 싶어."라고 입버릇처럼 말하던 동료가 수십 명의 부하 직원을 두게 되었다. 그러나 리더가 된 순간 "리더가 이렇게 바쁜 건지 전혀 몰랐어. 게다가 의논할 일이 있다면서 찾아와서는 쓸데없는 소리만 하는 부하 직원은 또 왜 이렇게 많은 거야?"라고 불평하더니 몇 개월 만에 리더의 자리에서 내려왔다.

리더는 잡무가 많다. 게다가 리더의 성과는 부하 직원에게 달려 있다. 리더로서 능력이 부족하거나 인간관계가 서투르면 본인도 부하 직원도 고통스럽다. 부하 직원을 돕지 못하는 사람을 리더 자리에 앉혀서는 안 된다.

원인2 직무 내용

가령 제2차 세계 대전 말기에 아무리 우수한 지휘관이 독일군에 있었다고 한들 승리하기는 불가능했을 것이다. 본인에게 능력이 있더라도 업무 자체가 수행 불가능한 것이라면 성과는 나지 않는다. 그런 경우, 리더를 탓해서는 안 된다.

원인3 적재적소를 실천하지 못함

민츠버그는 이 책에 미국의 어느 비즈니스 스쿨이 트럭 운송회사의 경영자였던 인물을 학장으로 초빙한 예를 소개한다. 그 경영자는 "대학 교수의 관리도 트럭 운전사의 관리와 다를 게 없다."라고 자신만만하게 말했다. 하지만 그 경영자의 일방적인 관리에 우수했던 교수진은 비즈니스 스쿨을 떠나고 말았다고 한다.

리더와 조직에는 상성이 있다. 이것은 부부의 궁합과 같다. 내게는 최고의 반려자가 다른 사람에게도 최고의 반려자라는 보장은 없다. 민츠버그는 '좋은 아내', '좋은 남편'이 아니라 '좋은 부부'만이 존재하듯이 리더와 조직의 관계도 서로의 상성이 중요하다고 말했다. 어떤 상황에서나 '좋은 리더'는 존재하지 않는다.

좋은 리더는 그 조직에 필요한 스타일을 실천할 수 있는 인물이다. 요컨대 조직 환경과 상성이 좋은 리더를 선택해야 한다. 온갖 조직에서 유능한 전지전능한 리더는 존재하지 않는다. '프로 경영자'라고 불리는 사람이 성과를 내지 못하는 경우도 많다. 그렇다면 어떻게 리더를 선택해야 할까?

어떻게 리더를 선정·평가·육성해야 할까?

"김 팀장에게는 굉장한 비전이 있더군. 그러니 김 팀장에게 이 프로젝트 팀을 맡기자고."

이런 식으로 어떤 한 가지 자질에만 주목해서 리더를 선정할 때가 많은데, 이는 매우 위험하다. 민츠버그는 "리더를 선정할 때는 결점을 파악해야 한다."라고 말한다. 업무 내용과 조직 환경을 기준으로 각 리더 후보자의 결점을 검토해야 한다. 무엇이 결점인지는 조직의 상황에 따라 다르다. 그러므로 이전의 직장

혹은 직위에서 어떻게 일했느냐는 참고가 되지 않는다.

한 가지 방법은 후보자의 부하 직원에게 발언권을 주는 것이다. 그 인물을 가장 잘 아는 사람은 부하 직원이다. 민츠버그는 컨설팅 업계에서 오랫동안 정상의 자리를 지키는 매킨지가 팀 리더들의 비밀 투표로 최고 책임자를 뽑는 사례를 예로 들었다.

리더는 교실에서 연수를 받게 하는 수동적인 방법으로 키울 수 있는 존재가 아니다. 리더 연수에서는 리더 자신이 자신의 업무를 되돌아보고 주체적으로 생각할 환경을 만듦으로써 스스로 깨닫고 성장하도록 돕는 것이 중요하다. 업무와 분리된 연수는 아무리 많이 한들 성과를 내지 못한다.

민츠버그는 "내 목적은 매니지먼트에 관한 새로운 관점을 세상에 제시하고 모두가 생각해보도록 주의를 환기하는 데 있다. 매니지먼트는 절대 해결되지 않는 역설이나 모순, 미스터리와 마주하는 일이다. 매니지먼트에 필승법 따위는 존재하지 않는다."라고 말한다.

이 책은 리더로서 고민하고 있는 사람이라면 고개가 끄덕여지는 내용일 것이다. 그리고 '리더로서 열심히 일해볼까?' 하고 알 수 없는 힘도 북돋아주는 책이다.

POINT

'리더의 모순'을 깨닫고 궁리하라.

BOOK.4

하이 아웃풋 매니지먼트

High Output Management

실리콘밸리 CEO들이
탐독한 전설의 명저

앤드루 S. 그로브

Andrew S. Grove

미국의 기업인. 1936년에 헝가리의 부다페스트에서 태어나 1956년에 미국으로 이주했다. 뉴욕주립대학 화학공학과를 수석으로 졸업한 뒤 캘리포니아 대학에서 박사 학위를 취득했다. 인텔사의 창설에 참여해 제1호 사원이 되었으며, 1979년에 사장으로 취임했다. 이후 1998년에 인텔의 CEO를 사임하고, 2004년에는 회장에서 물러났다. 스탠퍼드 대학 경영대학원에서 24년에 걸쳐 학생들을 지도했다. 2016년에 세상을 떠났다.

이 책은 실리콘밸리의 CEO들이 읽어온 실천적 경영서다. 그로브는 인텔의 창업 멤버로 CEO와 회장도 맡았던 전설적인 인물이다. [Book 6]의 저자이며 창업가인 벤 호로위츠는 이 책의 추천사에서 "내가 창업했을 당시, 실리콘밸리의 리더들이 이 책을 앞다투어 읽었다."라고 말한다.

초판은 1983년에 나왔고, 1995년에 개정되었다. 이제는 고전이라고도 할 수 있지만, 오늘날에도 실리콘밸리에서는 바이블로 통한다.

대상 독자는 팀 리더이지만, 업무의 기본을 공부할 수 있기에 일반 기업의 회사원에게도 도움이 된다. [Book 3]을 쓴 헨리 민츠버그의 통찰과 공통되는 부분도 많다. 경영 최전선의 실천가인 그로브와 연구 최전선의 연구가인 민츠버그가 같은 결론에 도달했다는 점이 매우 흥미롭다. 비교해서 읽어보면 리더의 바람직한 모습이란 무엇인지 가닥이 잡힐 것이다.

리더의 '아웃풋'

"리더의 아웃풋이란 무엇일까?"라고 물어보면 "의사 결정 아니겠어?", "계획 세우는 일이 아닐까?", "부하 직원 교육?", "사람·물자·돈의 배분?" 등의 대답이 돌아올지도 모른다. 그로브에 따르면, 이런 것들은 아웃풋을 내기 위한 활동에 불과하다. 리더의 업무는 직속 부하뿐만 아니라 관계자의 능력을 집결해 성과를 내는 것이다. 가령 고등학교 교장의 아웃풋은 고등 교육을 마친 학생들이다. 요약하면 다음과 같은 식이 된다.

> **리더의 아웃풋**
> **= 자신의 조직의 아웃풋 + 자신의 영향력이 미치는 조직의 아웃풋**

그렇다면 어떻게 일해야 할까? 그로브는 자신의 어느 하루 업무를 예로 들어 소개한다. 잇달아 사람들을 만나고, 상담에 응하고, 회의에 참석하고, 전화로 이야기를 나누고, 편지나 보고서를 읽는다. [Book 3]에서 민츠버그가 제시한 바쁜 리더의 모습과 같다. 그로브는 그날 25가지 활동을 했는데, 그 대부분이 정보 수집이었다. 이야기하고, 전화하고, 읽고, 회의에 참석한다. 이는 전부 좋은 의사 결정을 하는 데 중요한 정보원이 된다.

리더는 정보통이어야 한다. 내가 IBM 사원이었던 시절에 모셨던 부장은 업무에 관한 것은 무엇이든 숙지하고 있었다. 그 부장은 평소에도 많은 사람과 간단한 대화를 나누면서 열심히 정보를 수집했다. 그렇게 얻은 지식을 바탕으로 매우 적확한 의사 결정을 했고, 그 의사 결정은 틀린 적이 거의 없었다.

그로브도 가장 유용한 정보는 간단한 대화에서 나온다고 말한다. 대화를 통한 정보는 문자로 기록된 정보보다 훨씬 빠르게 귀에 들어온다. 시의적절한 대화에서 얻을 수 있는 정보는 가치가 매우 높다.

한편, 조직 내부에서는 대화 정보와 별개로 보고서 같은 문자 정보도 작성된다. 놓쳤을지도 모르는 정보를 보고서로 건져낼 수 있다. 보고서는 담당 작성자의 자기 훈련 수단이기도 하다. 보고서로 작성하려면 구두로 말할 때보다 논리적으로 생각해야 하기 때문이다.

리더는 '지렛대'를 최대한으로 활용해야 한다

그로브는 "리더의 아웃풋은 지렛대 원리를 사용하면 커진다."라고 말한다. 지렛대를 사용하면 작은 힘으로 큰 물건을 움직일 수 있다. 이와 마찬가지로 리더가 부하 직원이나 관계자를 움직이면 더 큰 아웃풋을 만들어낼 수 있다.

반대로 리더가 혼자서 업무를 끌어안아버리면 지렛대 원리는 작용하지 않는다. 리더는 지렛대를 철저히 활용해야 한다. 리더 한 명당 최적의 부하 직원 수는 6~8명이다. 지렛대 원리 활용을 위해 부하 직원 한 명당 일주일에 반나절을 할애한다고 전제했을 때 6~8명이 최대한의 인원수다.

다만 부하 직원의 개별적인 상담에 대응하는 것이 리더의 중요한 업무임은 분명하나 자신의 업무를 중단하는 게 고민일 수 있다. 이 또한 지렛대 원리를 활용하면 큰 폭으로 개선할 수 있다.

내가 IBM에서 일하던 시절, 하루는 동료인 신임 팀 리더가 "아침부터 저녁까지 미팅, 미팅, 또 미팅……. 도저히 내 업무를 볼 수가 없어."라고 한탄한 적이 있다. 개중에는 "미팅은 시간 낭비일 뿐이야."라고 잘라 말하는 사람까지 있었다. 하지만 리더의 업무가 정보나 노하우의 제공이라고 생각하면, 무릎을 맞대고 하는 미팅은 리더가 지렛대 원리를 활용해서 업무를 수행하는 데 매우 효과적이며 귀중한 수단이다.

미팅을 전략적으로 활용해 압도적인 경쟁력을 만들어내는 회사도 있다. 일본 생활용품 회사 아이리스오야마는 코로나 바이러스가 유행하는 가운데 남들보다 일찍 마스크를 대량 생산해 실적이 크게 향상했다. 아이리스오야마가 신속하게 대응할 수 있었던 요인 중 하나는 미팅을 통해 의사 결정을 하는 시스템이다.

대부분의 기업은 현장의 신상품 개발 제안을 경영진이 승인하는 데 수개월이 걸린다. 그러나 아이리스오야마는 매주 월요일 하루를 통째로 사용하는 신상품 개발 회의에서 전부 결정한다. 사장을 비롯한 경영진, 개발 부서, 영업 부서, 홍보 부서, 물류 부서의 모든 책임자가 집합해 개발 멤버의 의견을 바탕으로 세세한 부분에 관해서까지 대화를 나누고 그 자리에서 결정한다. 책임자 전원이 주 5일 중 하루를 통째로 구속당하지만, 이 회의에서 매주 50개 안건의 가부를 즉시 결정한다. 그 결과 부서 사이에 사전 조율을 할 필요도 없이 맹렬한 속도로 상품 개발을 진행할 수 있다.

이처럼 미팅을 효과적으로 활용해야 한다. 그로브는 다음과 같이 지렛대 원리를 활용한 미팅 방법을 소개한다.

방법1 1on1

리더와 부하 직원이 1 대 1로 하는 미팅이다. 부하 직원이 안고 있는 잠재적인 트러블을 사전에 알아챌 수 있으며, 리더가 현장의 업무를 아는 수단이 된다. 부하 직원 한 명이 2주 동안 80

시간을 일하는데, 2주일에 1회씩 90분 동안 1on1을 실시하면 그 80시간의 업무의 질이 향상되며 부하 직원의 업무에 대한 이해도도 높아진다. 1on1은 지렛대 효과가 매우 크다.

방법2 스태프 미팅

리더와 부하 직원 전원이 참가한다. 동료들의 교류 기회도 된다. 이런 미팅을 하게 되면 모든 진행을 좌지우지하고 발언권도 독차지하고 싶어 하는 리더가 많은데, 주연은 어디까지나 부하 직원이며 리더는 조연일 뿐이다. 리더는 진행자 역할에 전념하고 각 문제의 해명과 해결법의 제시는 부하 직원에게 맡겨야 한다.

방법3 미션 중심의 미팅

'새 공장을 어디에 건설할 것인가?'와 같이 특정 문제를 해결하기 위해 그때그때 개최하는 미팅이다. 그렇다고 해서 안일하게 개최해서는 안 된다. 리더의 시간은 비싸다.

가령 팀 리더 10명이 2시간 동안 모인다면 그 비용은 수백만 원에 이른다. 수백만 원어치의 비품을 사려면 까다로운 사내 승인을 거치면서 미팅은 별다른 고민 없이 개최되는 경우가 많다. '그 미팅은 정말로 필요한가? 바람직한가? 개최하는 이유를 말할 수 있는가?'를 자문해서 전부 그렇다는 대답이 나오지 않는다면 소집하지 말아야 한다. 만약 그렇다는 대답이 나와 미팅을

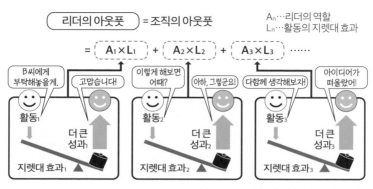

리더는 지렛대 원리를 활용해 아웃풋을 만들어야 한다

리더의 아웃풋 = 조직의 아웃풋

A_n…리더의 역할
L_n…활동의 지렛대 효과

$$= (A_1 \times L_1) + (A_2 \times L_2) + (A_3 \times L_3) \cdots\cdots$$

B씨에게 부탁해놓을게.

고맙습니다!

이렇게 해보면 어때?

아하, 그렇군요!

다함께 생각해보자!

아이디어가 떠올랐어!

활동1

더 큰 성과1

지렛대 효과1

활동2

더 큰 성과2

지렛대 효과2

활동3

더 큰 성과3

지렛대 효과3

출처:《하이 아웃풋 매니지먼트》를 바탕으로 필자가 작성

개최한다면 반드시 전원 참가시킨다.

이때 지각해서 모두의 시간을 낭비하게 만드는 자를 내버려두는 것은 범죄나 다름없다. 사회자는 당일의 규율을 유지하는 데도 책임이 있다. 미팅이 종료된 뒤에는 전원에게 의사록을 보내 동의 사항과 대응책을 확인하고 사후 지원을 철저히 해야 한다.

플래닝 3단계

지렛대 효과를 활용해 팀을 움직일 때는 플래닝이 유용하다. 플래닝은 우리가 일상적으로 하고 있다. 가령 내일 교외로 드라이브를 가기 위해 주유소에 가서 휘발유를 주유하는 것도 플래닝이다. 그로브는 다음의 3단계로 진행할 것을 제안한다.

  · 1단계: 현재와 1년 후를 보고 니즈와 수요를 파악한다.
  · 2단계: 현재의 상황을 파악한다. 니즈나 수요에 대응할 수 있을지 파악한다.
  · 3단계: 1단계와 2단계의 간극을 메우기 위해 무엇을 해야 할지 결정한다.

휘발유 주유를 예로 들면 그림과 같다. 운전 도중에 휘발유가 떨어져서 당황하는 것은 플래닝 실패다. 만약 오늘 1단계와 2단계 사이에 간극이 있다면 과거의 어떤 시점에 플래닝이 실패한 것이다.

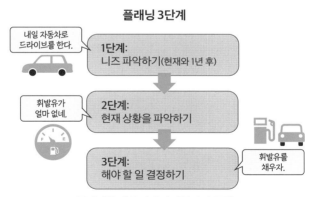

플래닝 3단계

내일 자동차로 드라이브를 한다.

1단계:
니즈 파악하기(현재와 1년 후)

휘발유가 얼마 없네.

2단계:
현재 상황을 파악하기

3단계:
해야 할 일 결정하기

휘발유를 채우자.

플래닝을 게을리하면 예측하지 못한
사태(운전 중에 휘발유가 떨어짐)를 초래하게 된다.

출처:《하이 아웃풋 매니지먼트》를 바탕으로 필자가 작성

부하 직원의 육성을 남에게 맡겨서는 안 된다

'직원 교육은 연수 부서가 할 일'이라고 생각하는 리더가 많은데, 이는 큰 착각이다. 부하 직원 교육은 업무를 숙지하고 있고 부하 직원에게 어떤 일을 맡길지 궁리해야 하는 리더가 직접 해야 한다. '그러고 싶지만 바빠서 시간이 없다.'라고 생각할 수도 있다. 하지만 교육은 엄청난 지렛대 효과를 일으켜 업무 효율을 높여준다.

리더가 1년에 4회 부하 직원 10명을 모아서 1시간 동안 강의를 한다고 해보자. 강의 준비에 2시간이 걸린다고 가정했을 때 1년에 12시간(3시간×4회)을 투자하게 된다. 이 강의를 통해 부하 직원 10명의 생산성이 1퍼센트 향상된다면 10명분의 연간 노동 시간인 2만 시간의 1퍼센트인 200시간을 추가로 얻는 셈이다. 12시간을 투자해서 200시간을 얻을 수 있다면 엄청난 투자 수익률이 아닌가.

그로브에 따르면, 사람이 일하지 않는 이유는 2가지뿐이다. 바로 '능력이 없어서'이거나 '의욕이 없어서'다. "부하 직원에게 엄격하다."라는 평가를 받았던 그로브다운 지적이지만, 그는 이 인식을 전제로 "리더의 업무는 부하 직원이 최고의 실적을 내도록 이끄는 것이므로 훈련과 동기 부여가 중요하다."라고 말한다. 리더의 본분은 의욕이 있는 사람이 활약할 수 있는 환경을 갖추는 것이다.

30대 초반에 한 팀을 맡게 되었을 때 나는 먼저 모든 팀원과 1on1을 실시했다. 이를 통해 팀원들이 맡고 있던 업무가 사실은 하고 싶었던 일이 아니었음을 알게 되었다. 나는 팀원들이 원하는 일을 할 수 있도록 업무를 조정했다. 그 결과 전년도의 절반으로 줄어든 인원수로 전년도 이상의 성과를 낼 수 있었다.

그 밖에도 이 책은 회사 업무의 전체상을 조식 공장(Breakfast Factory)에 비유해 알기 쉽게 설명한다. 조직 설계, 조직 관리, 인사 고과, 채용 면접, 사직하려는 사원을 만류하는 방법 등 매우 실용적인 내용이 담겨 있다. 그로브가 인텔을 대기업으로 성장

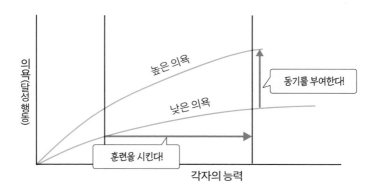

리더가 실적을 올릴 방법은 부하 직원의 '훈련'과 '동기 부여'

출처: 《하이 아웃풋 매니지먼트》를 바탕으로 필자가 작성

시키는 과정에서 터득한 노하우가 기업의 리더도 활용할 수 있는 형태로 정리되어 있다. 현대의 스타트업 경영자뿐만 아니라 대기업의 팀 리더에게도 바이블이 될 것이다.

POINT
항상 지렛대 효과를 머릿속에 그리면서 팀의 아웃풋을 확대하라.

BOOK.5

매니징
Managing

유니클로를 세계적인
기업으로 성장시킨
경영의 교과서

해럴드 제닌
Harold Geneen

1910년에 영국의 본머스에서 태어났다. 존스 앤
드 로클린 강철회사와 레이시온사에서 기업 경영
에 참여했고, 1959년에 ITT의 사장 겸 최고 경영
책임자에 취임해 '58사분기 연속 증익'이라는 미
국 기업 역사상 공전의 금자탑을 쌓아 올렸다. 17
년의 취임 기간 동안 인수·합병·흡수한 회사의 수
는 80개국의 350사에 이르며 제닌이 은퇴한 뒤
그룹은 해체되었다. 1997년에 세상을 떠났다. 공
저자인 앨빈 모스코우는 AP통신 출신의 언론인
이다.

제일선의 경영자가 쓴 비즈니스 고
전으로 현대에도 통용되는 살아 있
는 견식이 담겨 있다. 이 책은 그런
비즈니스 고전 중에서도 독보적으
로, 강렬한 인상을 주는 말이 가득
하다.

패스트리테일링의 창업자 야나이 다다시는 이 책을 두고 "내
게 가장 훌륭한 교과서다."라고 말한다. 야나이는 이 책이 일본
에 번역 출판된 1984년에 한 문장을 읽고 '나는 지금까지 안일
하게 경영을 해왔구나.' 하고 충격에 빠져 경영 이념을 180도 바
꿨다고 한다. 이 책의 제2장에 나오는 다음의 문장이다.

"책은 처음부터 끝으로 읽어나가지만 사업 운영은 반대다. 끝에서부터 시작하여 그 목표 지점에 도달하기 위해 필요한 일들을 하나씩 처리해야 한다."

야나이는 이 책의 내용을 충실히 실천해 패스트리테일링을 세계적인 기업으로 성장시켰다.

이 책의 저자는 미국의 콩글로머리트(복합 기업) ITT의 CEO에 취임해 58사분기 연속 증익을 달성했다. 18년 후에 사임할 때까지 매출과 이익을 20배로 부풀려 미국의 상위 500개 기업 순위 '포천 500'의 11위 기업으로 키워낸 경영자다.

목표에 맞춰 조직과 전략을 바꾼다

이 책을 만나기 전까지 야나이는 '캐주얼 의류를 파는 교외형 점포가 먹힐지도 모른다.'라는 막연한 아이디어를 조금씩 구체화해나가는 것이 경영이며, 그 노력이 중요하다고 생각했다. 당시의 야나이와 같은 아이디어를 떠올린 리더도 많았을 것이다.

당시의 패스트리테일링은 야마구치현 우베시에 위치한 작은 의류점이었지만, 이 책을 만난 후부터 야나이는 '세계 최고의 캐주얼 의류 체인이 되겠다.'라고 마음먹었다.

그리고 이를 위해 '먼저 점포의 수를 100개로 늘리고 주식을 상장한다', 다음에는 '일본 최고의 캐주얼 의류 체인이 된다'라는 목표를 정했다. 또한 매출액 1,000억 엔(1조 원)을 돌파하자

경영은 끝부터 시작하여
그 목표 지점에 도달하기 위해 최선을 다하는 것

흔히 볼 수 있는 경영
(당시의 야나이 다다시)

지향하는 목표가 없으면 성공하지 못한다.

지향해야 할 미래

② 어라? 뭘 하려고 했더라?

① 캐주얼 의류를 파는 교외형 점포가 쏠쏠할지도?

현재

본래의 경영
(그 후의 야나이 다다시)

무엇을 지향할지 결정하고 계속 행동한다.

지향해야 할 미래

① 세계 최고가 된다.

② 일본 최고가 된다.

③ 매출액 1,000억 엔(1조 원), 경영진 쇄신

④ 100점포, 주식 상장

현재

출처:《매니징》을 바탕으로 필자가 작성

현장 감각만으로 하는 경영에 한계를 느끼고 이사진을 개편해 경영진을 쇄신했다. 패스트리테일링은 그때그때의 목표에 맞춰서 인재의 능력·인재 확보 수단, 조직의 형태, 전략과 전술을 끊임없이 바꿔나갔다.

리더를 평가하는 유일한 잣대는 실적이다. '나는 무엇을 하고 싶은가?'를 분명히 확인하고 그것을 계속해야 한다.

'4가지 사실'을 확인한다

추리 드라마에서 탐정 조수가 갑자기 탐정 사무실로 달려와서 "큰일 났습니다!"라고 외치는 장면이 나온다면 그것은 무엇인가 좋지 않은 사건이 일어났다는 뜻이다. 깜짝 이벤트의 99퍼센트는 나쁜 일이다. 제닌의 기본 방침도 '노 서프라이즈(깜짝 놀라게 하지 마라)'였다. 서프라이즈의 95퍼센트를 미연에 방지할 수 있다면 남은 에너지를 다른 주요 문제에 쏟을 수 있다.

제닌은 월차 보고서 첫머리에 문제점을 적게 하고, 한 달에 한 번 열리는 제너럴매니저(경영 관리자) 회의에서 모두와 함께 그 문제점의 해결책을 궁리했다. 이때 중요한 것이 사실의 확인이다. 많은 사람이 다음의 4가지를 사실이라고 생각하지만, 이는 대부분 사실이 아니다.

① 언뜻 사실로 보이는 '표면적 사실': ○○은 매출에서 가장 중요한 상품이다(사실은 손해를 보면서 파는 중).

② 사실로 간주되는 '가정적 사실': 품질은 타협할 수 없다(고객은 적당한 품질이면 만족할지도).

③ 누군가가 말을 한 '보고된 사실': 그가 이렇게 말했다(실제로 그렇게 말했는지는 확인이 안 됨).

④ 본인의 바람을 반영한 '희망적 사실': 경쟁자는 없겠지(사실은 호시탐탐 기회를 노리고 있음).

리더에게는 '흔들리지 않는 사실'을 확인하려는 집념, 지적 호기심, 약간의 당돌함이 필요하다. 이를 위해 때로는 현장에 가서 직접 확인해야 한다.

'누가 옳은가?'가 아니라 '무엇이 옳은가?'

안타깝게도 '부하의 행동을 하나하나 세심하게 지시하는 것'이 리더십이라고 착각하는 사람이 여전히 많다. 이런 구닥다리 사고는 즉시 박물관으로 보내버려야 한다.

제닌은 리더십을 설명하기 위해 축구 감독을 예로 들었다. 축구 감독은 선수들에게 이기는 전략을 제시하고 반복적으로 연습시킨다. 그러나 경기 상황은 끊임없이 변화한다. 감독이 "지금 슛을 해!", "지금 패스를 해!"라고 일일이 명령할 수는 없다. 선수 개개인이 스스로 생각하고 임기응변을 발휘하며 움직여야 한다. 감독과 선수가 '명령하는 사람'과 '명령대로 행동하는 사람'의 관계여서는 경기에서 승리할 수 없다.

비즈니스도 마찬가지다. 리더는 목표와 전략을 제시하고, 팀원은 그것을 어떻게 실행할지 궁리해야 한다. 본래의 리더십은 '모든 구성원이 대등 관계'다. 각자가 자신의 의견을 내놓고 자유로운 분위기에서 솔직하게 커뮤니케이션할 수 있는 환경을 정착해야 한다. 이것이 사람을 움직일 때의 원칙이다. 경영 조직 전체에 개방적이고 솔직하게 커뮤니케이션할 수 있는 환경을 조성하는 것이다.

그러려면 현장 리더와 경영자가 긴장감 있는 대등 관계를 만들어야 한다. 야나이 다다시는 "사장이 한 말이 그대로 실행되지 않는 회사가 제일 좋은 회사다."라고 말했다. 제닌도 이를 위해 열정적이고 실행력이 있으며 자신이 원하는 바를 위해서는 고생을 마다하지 않는, 유능하고 경험이 많은 인물을 찾았다.

중요한 것은 '누가 옳은가?'가 아니라 '무엇이 옳은가?'다. '무엇이 옳은가?'를 끊임없이 추구해나가면 리더의 체면 따위는 사소한 문제가 된다.

리더의 가장 무서운 병 '에고티즘'

지인 중에 자신을 엄격하게 다스리고 매사 분별력이 있으며 매우 겸손한 사람이 있었다. 그런데 어느 날 꿈도 꿔본 적 없던 커다란 권한을 손에 넣자 그는 서서히 오만해졌다. 오랜만에 만난 그는 자신을 '선생님'이라고 부르게 하며 반론을 일절 용납하지 않는 사람이 되어 있었다. 사람이 달라지자 진정성 있는 사람들은 점점 그의 곁을 떠났고, 그의 주위에는 아첨하는 사람들만 남았다.

제닌은 리더가 걸리는 가장 무서운 병이 에고티즘(Egotism)이라고 말한다. 비슷한 말로 에고이즘(Egoism)이 있는데, 이는 '이기주의'라는 의미다. 에고티즘은 '나는 대단한 사람이라고. 받들어 모셔.'라는 꼴사나운 사고방식이다.

팀 리더로 발탁되어 큰 권한이 생겼지만, 어쩌다 보니 운 좋게 그 팀을 맡게 된 것뿐이다. '내게는 능력도 권력도 있어.'라고 착각하기 시작하는 순간 에고티즘이라는 병에 걸린다. 무서운 것은 에고티즘에 걸려 서서히 미쳐 가더라도 본인은 자각 증상이 없어서 주위 상황도 보지 못한다는 사실이다.

비즈니스 현장에서는 실패할 때도 많다. 그런데 에고티즘에 걸린 리더는 '나는 절대로 잘못을 저지르지 않아.'라고 진심으로 믿기 때문에 실패를 인정하지 않는다. 실패로부터 겸허히 교훈을 얻으려 하지도 않는다. 객관성도 상식도 잃어버린 리더는 절대 성공할 수 없다.

에고티즘이 심해져서 더욱 오만해지면 주위 사람들까지도 서서히 오염시킨다. 부하 직원들은 그런 상사를 내심 바보로 취급하고 무시해버린다. 능력 있는 사람들이 떠나 조직이 와해되며, 비위를 맞추는 '예스맨'만 남는다. 에고티즘 말기가 되면 기업의 실적이 악화된다. 남의 일이라고 웃을 일이 아니다. 누구나 에고티즘에 감염될 위험성이 있다. 정말 무서운 병이다.

제닌은 마음가짐에서 중요한 것은 '성공을 능숙하게 다룰 수 있는가, 없는가?'라고 말한다. 에고티즘의 바이러스로부터 몸을 지킬 수 있는가? 추종자들의 아첨으로부터 거리를 두고 객관적으로 바라볼 수 있는가? 결국은 본인에게 달려 있다.

야나이는 "에고티즘과의 싸움은 영원히 끝나지 않는다."라고 말했다. 주위로부터 "너무 겸손하신 거 아닙니까?"라는 말을 들을 만큼 겸손함을 유지하는 것이 바람직하다. 그러나 인간은 약한 존재다. 그러므로 입바른 말을 해줄 수 있는 인물을 곁에 두는 방법도 효과적일 것이다.

회사의 '숫자'는 체온계다

몸 상태가 나쁘면 우리는 체온계로 열을 재어보고 열이 있으면 몸조심을 한다. 무리하면 증상이 악화된다. 비즈니스의 숫자도 체온계와 마찬가지로 '무엇인가가 일어나고 있는 징조'를 가르쳐준다. 숫자를 일찍 볼수록 필요한 조치를 일찍 취할 수 있다.

숫자가 보내는 신호를 등한시하면 경영은 엉망이 된다. 그러나 열이 있다는 것만으로는 몸의 어디가 아픈지 알 수 없듯이, 숫자도 무엇을 해야 할지까지는 가르쳐주지 않는다. 생각하기 위한 힌트를 줄 뿐이다.

숫자를 확인하는 것은 단조롭고 지루한 일이지만, 경영자의 필수 덕목이다. 그렇다면 어떻게 숫자를 해석해야 할까? 4억 엔(40억 원)의 이익을 내는 사업부가 있다고 해보자. 아무리 눈을

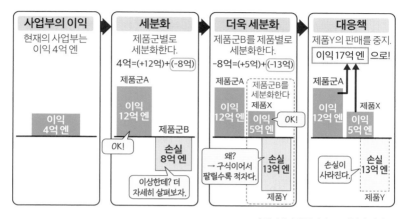

경영자의 필수 능력, 숫자를 해석하는 힘

출처:《매니징》을 바탕으로 필자가 작성

크게 뜨고 들여다본들 '4억 엔'이라는 숫자만으로는 알 수 있는
것이 없다. 일단은 세분화한다.

이를테면 제품군별로 살펴본다. 가령 제품군A가 이익 12억
엔(120억 원), 제품군B가 손실 8억 엔(80억 원)이라면 '제품군B의
손실 8억 엔에 문제가 있음'을 알게 된다. 그래서 다시 8억 엔에
주목해 더욱 세분화해보니 제품Y가 13억 엔(130억 원)의 손실을
내고 있음이 발견되었다. 또한 제품Y가 구식이어서 팔릴수록
적자가 커짐을 알게 된다면 제품Y의 판매를 중지함으로써 사업
부의 이익을 4억 엔에서 17억 엔(170억 원)으로 늘릴 수 있다.

이처럼 모든 숫자에는 반드시 의미가 있으며, 경영자에게는 그 의미를 해석하는 힘이 필요하다. 비즈니스에서 회복 불가능한 실패가 있다면 그것은 현금이 바닥나는 것이다. 나머지는 전부 긁힌 상처 수준이다. 숫자를 보는 것은 괴로운 일이지만, 숫자를 보면 경영이 편해진다.

제닌은 이 책의 마지막 부분에서 이렇게 말한다.

"실적만이 당신의 자신감, 능력, 용기를 측정할 수 있는 가장 좋은 척도다. 당신 자신으로 성장할 자유를 당신에게 부여해준다. 실적이야말로 당신의 실제 모습이다. 다른 것은 아무래도 상관없다. 그렇기 때문에 경영자란 '실적을 가져다주는 사람'이다."

경영이란 무엇인가를 이루는 것이다. 달성하겠다고 맹세한 것은 달성해야 한다. 경영자는 '경영'을 해야 한다. 창업을 지향하는 사람은 명심하기 바란다.

POINT

경영은 '끝'부터 생각해야 한다.

BOOK.6

하드씽
The Hard Thing About Hard Things

리더의 난제는
악몽이 덮쳤을 때
해답을 찾는 것이다

벤 호로위츠
Ben Horowitz

1966년에 태어났다. 실리콘밸리 거점의 벤처 캐피털 앤드리슨 호로위츠의 공동 창업자 겸 제너럴 파트너로, 차세대의 최첨단 테크놀로지 기업을 만드는 창업가들에게 투자하고 있다. 지금까지 에어비앤비, 페이스북, 트위터 등에 투자했다. 이전에는 옵스웨어의 공동 창업자 겸 CEO였으며, 16억 달러(2조 원)가 넘는 금액에 회사를 휴렛팩커드에 매각했다.

나는 롤러코스터를 무서워한다. 용기를 내서 타보기도 했지만, 롤러코스터는 일단 타면 다시 돌아올 때까지 절대 내릴 수 없다. 울고불고 비명을 지르며 '내가 이걸 왜 탔을까……' 하고 후회한다. 그런데 이 책에 따르면 창업도 마찬가지다.

최근 일본에 성공한 창업가가 늘었다. 그들은 방송에서 자신만만하게 자신의 성공담을 이야기한다. 그러나 사실 그들은 악몽 같은 상황을 수도 없이 겪었을 것이다. 파산 일보 직전의 위기 상황에 정신적으로 무너질 것 같아도 도망치지 못하고 어떻게든 버텨냈으리라. 사업을 한다는 것은 롤러코스터의 공포와 똑같다. 이 책은 우리가 본 적이 없는 그런 창업가의 생생한 현실을 알려준다.

호로위츠는 창업한 회사를 8년에 걸쳐 키워낸 뒤 HP(휴렛팩커드)에 16억 달러(2조 원)를 받고 매각했다. 이후 벤처 캐피털을 경영하며 차세대 창업가에게 투자하고 있다. 실리콘밸리에서 가장 존경받고 있으며 경험도 있는 창업가 중 한 명이다.

이처럼 매우 화려한 경력의 소유자이지만, 그도 '창업의 공포'를 겪었다. 그래서 "성공의 비결은 없지만, 내가 경험했던 고난(Hard things)이라면 이야기할 수 있다. 그 교훈을 소개하고 싶다."라며 이 책에서 자신의 경험을 적나라하게 전한다. 페이스북을 창업한 마크 저커버그도 "위대한 기업을 만들어 성장시키고 싶은 사람들에게 이 책은 많은 참고가 될 것이다."라고 추천했다.

창업 현장은 궁극의 비즈니스다. 이 책에는 비즈니스 성공의 정수가 담겨 있다. 그중 우리에게 참고가 될 만한 부분을 엄선해 소개하고자 하는데, 그에 앞서 먼저 호로위츠의 창업가 경력을 살펴보자.

창업가를 덮치는 '악몽'들

74쪽의 그림은 호로위츠가 창업하고부터 사업을 매각하기까지 8년 동안의 상황을 나타낸 것이다. 그야말로 롤러코스터다.

창업했을 때는 실리콘밸리에 투자 열풍이 불고 있어서 거액의 자금을 유치해 우수한 엔지니어를 다수 고용할 수 있었고, 고객 유치와 신규 계약이 이어지면서 사업이 순조롭게 정상 궤도에 올랐다.

그러던 차에 IT 버블이 붕괴되면서 보유 자금이 급속하게 줄어들었다. 호로위츠는 공포 속에서도 주식 상장으로 어떻게든 자금을 조달해 위기를 극복했다. 그러나 매출은 계속 하락했고, 결국 괴로운 심정으로 직원의 15퍼센트를 해고할 수밖에 없었다.

9.11의 대혼란은 대형 계약을 획득한 덕분에 극복했지만, 동업자들이 파산하는 모습을 지켜봐야 했다. 호로위츠는 '이 사업은 리스크가 크구나.'라는 생각에 잠도 이루지 못하며 하루하루를 보내다 '사내에서 사용하고 있는 소프트웨어를 외부에 판매하자.'라는 아이디어를 떠올렸다. 그리고 소프트웨어 판매를 준비했는데, 그 직후에 이번에는 대형 고객이 도산하는 사건이 일어났다. 이로 인해 거액의 미지급 대금을 회수할 수 없게 되면서 또다시 자금 위기에 빠졌다.

호로위츠는 대책을 궁리한 끝에 본업을 EDS사에 매각해 현금을 확보했다. 그러나 소중한 사원 150명이 EDS사로 이직했고, 여기에 140명을 해고해야 했다. 매출액은 다시 제로가 되었다.

회사는 소프트웨어 판매 회사로 다시 출발했다. 초대형 고객으로부터 계약 해지를 통보받는 위기도 있었지만, 간신히 60일의 유예 기간을 얻어낸 뒤 총력을 기울여서 고객의 요망에 대응함으로써 계약 해지를 회피할 수 있었다. 그런데 그 직후에 이번에는 강력한 경쟁자가 등장해 고객을 하나둘 빼앗기 시작했다. 이에 제품 개발팀이 철야 근무를 통해 제품의 기능을 대폭 강화했고, 그 덕분에 비즈니스가 겨우 정상 궤도에 올랐다.

비즈니스가 정상 궤도에 오르자 다수의 기업에서 사업 인수를 타진했다. 호로위츠는 그 기업들 가운데 HP사에 16억 달러 (2조 원)를 받고 사업을 매각했다. 창업의 현장은 이처럼 악몽의 연속이다.

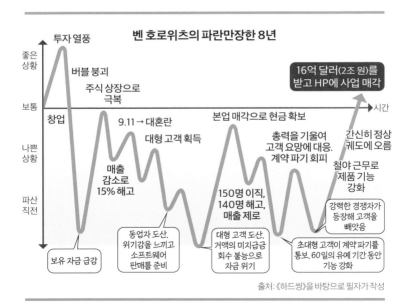

벤 호로위츠의 파란만장한 8년

출처:《하드씽》을 바탕으로 필자가 작성

정신적으로 무너지지 않기 위한 3가지 방법

호로위츠는 이런 자신의 경험에 입각해, 정신적으로 무너지지 않고 위기를 극복하기 위한 힌트를 소개했다.

[방법①] 혼자서 전부 짊어지지 않는다

CEO는 '괴로운 상황을 입 밖으로 꺼내면 동료들이 힘들어할 거야.'라고 생각해 고민을 혼자 끌어안는 경향이 있다. 그런데 사실은 정반대다. 동료들은 기꺼이 무거운 짐을 같이 들어준다.

[방법②] 아무리 최악의 상황으로 보이더라도 타개책은 반드시 존재한다

절체절명의 상황에서도 포기하지 않고 끈질기게 싸워나간다면 상황이 바뀌어서 행운을 거머쥘 수 있을지도 모른다. 특히 테크놀로지 분야는 오늘과 내일이 완전히 다르다. 오늘은 해결 불가능한 일이라도 내일은 해결할 수 있게 될지 모른다.

[방법③] 피해자 의식을 갖지 않는다

자신도 모르게 타인의 탓으로 돌리기 쉬운데, 문제의 대부분은 자신의 책임이다. 사람은 누구나 실수한다. 책임을 전가하지 말자. 그렇다고 과도한 죄책감을 품지도 말고 주체적으로 해결하자.

문제를 있는 그대로 이야기하라

'회사를 뒤흔들 수 있는 큰 문제야. 하지만 이야기했다가는 부하들이 걱정할 테니 누구에게도 말해서는 안 돼. 내가 직접 해결하자.' 이렇듯 사람은 높은 자리에 오르면 이렇게 생각하면서 문제를 끌어안는 경향이 있다. 그러나 호로위츠는 "문제를 있는 그대로 이야기하고 그 문제를 해결할 수 있는 사람에게 맡겨라."라며 3가지 이유를 들었다.

이유1 신뢰가 형성된다

서로를 깊이 신뢰하는 부부는 배우자가 무엇을 하든 이상한 억측을 하지 않는다. CEO와 직원의 관계도 마찬가지다. 필요할 때 이루어지는 커뮤니케이션의 정도는 상호 신뢰도와 비례한다. CEO가 진실을 이야기하지 않으면 직원들도 진실을 말하지 않는다. 먼저 CEO가 있는 그대로를 이야기하면 직원들은 CEO를 신뢰하게 되며, 그 결과 사내 커뮤니케이션의 질과 효과가 크게 상승한다.

이유2 어려운 문제에 몰두하는 두뇌는 많을수록 좋다

사내에는 두뇌가 우수한 인재가 많다. 그 우수한 인재들을 명석한 두뇌를 문제 해결에 사용하지 않는 것은 커다란 낭비다.

이유 3 **나쁜 소식은 빨리 전해지는 것이 좋은 기업 문화다**

부진에 허덕이는 회사는 나쁜 소식이 전해지지 않아서 해결할 기회를 놓치는 경우가 많다. 나쁜 소식을 공유하는 것이야말로 건전한 기업 문화다. CEO도 있는 그대로 이야기해야 한다. 당연히 용기가 필요한 일인데, 그렇기에 더더욱 CEO가 솔선수범해야 한다.

호로위츠의 생각은 [Book 38]에서 소개하는 '본심을 숨기지 않고 자신다움을 관철하는 리더'라는 발상과 일맥상통하는 측면이 있다.

· 고난 극복 노하우 3 ·
사원을 올바르게 해고하는 6가지 방법

나는 사원을 해고하는 위치에 있었던 적이 있다. 해고 사실을 전하는 것은 괴로운 경험이었다. 하지만 해고당하는 부하 직원은 나보다 훨씬 괴로웠으리라. '평생직장'이라는 개념이 무너진 오늘날, 우리는 누군가를 해고하는 처지가 될 가능성이 높다. 그러므로 해고의 마음가짐을 생각해볼 필요가 있다.

실적 변동이 심한 스타트업에서는 해고가 일상다반사다. 그러나 해고하는 쪽도 해고당하는 쪽도 마음이 아픈 것은 한국인이든 미국인이든 마찬가지다. 호로위츠는 이 책에서 해고의 마음가짐을 소개한다.

　해고는 회사의 문화를 망가트릴 위험성이 높다. 동료가 해고당하는 모습을 본 직원은 회사에 헌신하려 하지 않게 된다. 그러나 호로위츠는 수차례에 걸쳐 직원을 해고하면서도 기업을 부활시켰다. 실리콘밸리에서도 드문 일이라고 하는데, 이는 그가 올바른 방법으로 직원을 해고함으로써 기업 문화를 지킨 덕분이다. 호로위츠가 책에서 소개한 'CEO가 사원을 올바르게 해고하는 방법'은 다음과 같다.

[방법①] 정신 바짝 차리기: 직원을 해고하는 것은 CEO에게도 괴로운 일이다. 이럴 때일수록 스스로 심적 동요를 가라앉히고 냉정해져야 한다.

[방법②] 실행 미루지 않기: 해고하기로 결정했다면 실행하기까지의 시간은 짧은 편이 좋다. 정보가 새어나가면 사내에 의심증이 퍼져서 분위기가 되돌릴 수 없는 지경으로 나빠질 수 있다. 그 전에 실행해야 한다.

[방법③] 해고 이유 명확히 하기: 해고하는 이유는 단순하다. 실적이 나빠서다. 이것은 CEO의 책임이다. 먼저 자신의 실패를 인정하고 이를 있는 그대로 전함으로써 신뢰를 되찾아야 한다.

[방법④] 관리직 훈련하기: CEO의 지시를 받고 부하 직원에게 해고

사실을 전하는 사람은 팀 리더다. 팀 리더에게 해고를 통보받은 사람은 그날의 일을 말 한마디, 몸짓 하나까지 전부 기억하게 된다. 이때 회사의 대표자로서 그때까지 함께 일했던 동료와 정면으로 마주할 수 있느냐는 매우 중요한 문제다. 그러므로 부하 직원에게 잘 설명할 수 있도록 팀 리더를 명확히 지도하는 것이 중요하다.

[방법⑤] CEO가 해고 경위를 모두에게 설명하기: 다른 직원들도 '내일은 내 차례일지 몰라.'라고 생각하며 해고당하는 사람들에 대한 처우를 주시한다. 해고 경위를 알리는 것은 회사에 남은 사람들에게 메시지를 전하는 것이기도 하다.

[방법⑥] 모두의 곁에 머물기: '해고는 통보했어. 피곤하니 한잔하러 가자.' 하고 자리를 떠나면 안 된다. 사무실에 있으면서 모두와 이야기를 나눠야 한다. 짐을 나르는 것을 돕고, 그들의 노력에 감사의 마음을 전해야 한다.

· 고난 극복 노하우 4 ·
'은 탄환'은 환상일 뿐, '납 탄환'을 대량으로 써라

비즈니스에서 기적을 기대해서는 안 된다. 호로위츠는 비즈니스의 기적적인 상황을 '은 탄환'에 비유했다. '은 탄환'은 무서운 늑대인간을 한 단발에 쓰러트릴 수 있는 궁극의 무기다. 비즈니스에서도 늑대인간처럼 무서운 적을 만날 때가 있다. 호로위츠가 CEO였을 때도 적이 강력한 제품을 앞세워서 대형 고객을 차례차례 빼앗아간 적이 있었다. 이때 우수한 부하 직원들이 다양한 아이디어를 내놓았다.

대중 노선으로 방향 전환, 다른 회사를 인수해서 기능을 강화, 서비스 사업에 특화 등 언뜻 그럴듯한 아이디어 같다. 하지만 모두 현실을 직시하지 않고 적으로부터 도망치는 것에 불과하다.

현실을 직시하면, 시장에는 고객이 있다. 제품도 사고 있다. 단지 자사의 제품이 아니라 적의 제품을 선택하고 있을 뿐이다. '은 탄환'은 동화 세계에서나 나오는 이야기다. 현실 세계에서는 무서운 적을 만나더라도 평범한 '납 탄환'을 대량으로 쏘면서 싸우는 수밖에 없다. 싸워야 할 때 도망쳐서는 안 된다. 마법 같은 해결책에 의지하지 말고 언뜻 불가능해 보이더라도 제품 기능의 강화 같은 정공법에 집중하며 꾸준히 최선을 다하는 수밖에 없다.

· 고난 극복 노하우 5 ·
가장 어려운 것은 '마음의 컨트롤'

사람들은 흔히 'CEO는 정신력이 매우 강하다.'라고 생각하지만, 꼭 그런 것만은 아니다. 호로위츠는 자신의 마음을 컨트롤하는 것이야말로 CEO로서 가장 어려운 일이었다고 말한다. 인간의 마음은 그렇게 강인하지 않다. 본인은 강인하다고 생각하지만 실제로는 마음이 여린 경우가 많다.

CEO가 어떤 일을 하는지는 직접 경영을 해보지 않고서는 알 수 없다. 'CEO가 되기 위한 훈련' 같은 것은 존재하지 않는다. 전부 자기 책임이며, 현실에서는 실수도 많이 한다. CEO는 끊임없이 스트레스에 시달린 끝에 정신적으로 피폐해져버리기 십상인데, 자신의 감정을 분리시킨다면 마음을 진정시킬 수 있다. 이를 위해서는 다음의 방법이 효과적이다.

[방법①] 친구 만들기: 같은 경험을 쌓은 친구와 이야기를 나누면 마음을 진정시킬 수 있을지도 모른다.

[방법②] 문제점을 종이에 적기: 종이에 적는 행위를 통해 심리적인 속박에서 자유로워지면 결단을 내리기가 쉬워진다.

[방법③] '무엇을 해야 하는지'에 집중하기: 지나치게 걱정하고 문제를 회피하려고만 하면 정신의 균형이 무너질 수 있다. '무엇을 피할 것인지'가 아니라 '무엇을 해야 하는지'에 집중해야 한다.

CEO는 항상 불완전한 정보를 기반으로 의사 결정을 해야 하는 상황에 놓인다. 최대한 정확한 정보에 입각해서 판단하려면 자사에 관한 온갖 정보를 항상 아는 것이 중요하다. 그러려면 지속적·조직적으로 정보를 입수해야 한다. 이것은 [Book 3]에서 민츠버그가 "팀 리더는 조직에서 정보의 중추신경 역할이다."라고 말한 것과 일맥상통한다.

이 책을 읽다 보면 '이렇게 괴로운 창업을 대체 왜 하려고 하는 거지?'라는 생각이 든다. 그러나 한편으로 이런 생각도 든다. 앞에서도 이야기했듯이 나는 롤러코스터를 굉장히 무서워하지만, 어째서인지 스릴을 원하며 또다시 롤러코스터를 타고 만다. 어쩌면 창업가도 그런 심리인지 모른다. 호로위츠는 이 책에서 가장 전하고 싶은 가르침을 이렇게 적었다.

"악전고투를 사랑하라."

악전고투를 사랑할 수 있는 사람이 창업을 하는지도 모른다. 그리고 롤러코스터와 창업 사이에는 결정적인 차이가 있다. 그것은 '꿈'이다. 호로위츠는 이 책의 마지막에 이런 말을 남겼다.

"행복해지기를. 꿈을 실현하기를."

모든 것은 꿈을 실현하기 위해서다. 창업가가 악전고투를 사랑할 수 있는 이유는 실현하고 싶은 꿈이 있기 때문이다.

POINT

끝없이 계속되는 악몽과 악전고투를 넘어선 그곳에는 창업가의 꿈이 있다.

스티븐 P. 로빈스
Stephen P. Robbins

조직 행동학의 권위자. 샌디에이고 주립대학 교수였다. 애리조나 대학에서 박사 학위를 취득한 뒤 네브래스카 대학과 볼티모어 대학, 서던 일리노이 대학 등에서 학생들을 가르쳤다. 이 책은 매니지먼트와 조직 행동학 분야에서 세계 최고의 베스트셀러 교과서로 누적 발행 부수는 200만 부가 넘는다. 미국 대학뿐 아니라 세계 각국의 비즈니스 스쿨에서 교재로 사용되고 있다. 그 수는 1,000여 곳에 이른다.

매니지먼트의 문제 중 대부분은 결국 사람의 문제로 귀결된다. 그러나 비즈니스 스쿨이 대인 관계 문제를 중시한 시기는 극히 최근이다. 이때 탄생한 것이 조직 행동학이다. 조직 행동학은 조직 속에 있는 인간의 행동이나 태도를 체계적으로 고찰하는 학문이다. 조직 행동학을 공부하면 회사의 조직에서 조우하는 다양한 문제의 대처법을 알 수 있다.

이 책은 전 세계 비즈니스 스쿨 1,000여 곳에서 사용되는 조직 행동학의 교과서이자 200만 부가 넘게 발행된 베스트셀러다. 저자는 다수의 대학에서 교편을 잡은 스티븐 P. 로빈스 교수로, 조직에 관한 거의 모든 문제를 간결하게 정리했다.

　조직 행동학은 개인·그룹·조직이라는 세 층위에서 인간의 행동을 해명한다. 이 책도 세 층위에 관해 광범위한 이론을 소개한다. 여기서는 그중에서 가장 흥미 있는 이론을 살펴보자.

· 조직 행동학 포인트 1 ·
조직은 같은 목표를 공유하는 집단이다

조직이란 무엇일까? 비행기를 함께 탄 승객들은 각기 다른 개인이 모여 있는 것일 뿐 조직이라고는 말할 수 없다. 그런데 이 비행기가 고장 나서 사막 한가운데에 불시착했다고 가정해보자. 다행히 승객은 전원 무사했지만, 통신 장비는 망가지고 스마트폰도 전파가 닿지 않아 무용지물이다. 모두 힘을 합쳐 위기로부터 탈출해야 하는 상황이다. 바로 이 순간, 승객들은 '위기로부터 탈출한다.'라는 목적을 공유하는 집단으로 변신한다.

　이처럼 집단이란 특정한 목적을 달성하기 위해 모여서 서로에게 영향을 끼치는 사람들의 모임을 의미한다. 회사 조직 역시 같은 목표를 공유하는 집단이다. 그리고 집단은 다양한 성격을 지닌다.

성격1 **규범**

집단에는 독자적인 규범이 있다. 은행원은 반드시 정장을 착용해야 하지만, IT 벤처기업 직원은 '티셔츠가 유니폼'인 경우가 많다. 이 규범 덕분에 집단의 구성원은 동조 행동을 하게 된다.

솔로몬 애시라는 연구자는 카드를 2장 나눠준 뒤 "X와 길이가 같은 막대는 무엇입니까?"라고 질문하는 실험을 실시했다(그림 참조). 간단한 테스트이므로 보통은 오답률이 1퍼센트 이하다.

그래서 애시는 피험자 1명 이외에는 전부 바람잡이인 7~8명의 그룹을 만들고, 바람잡이 전원에게 틀린 답을 말하게 한 다음

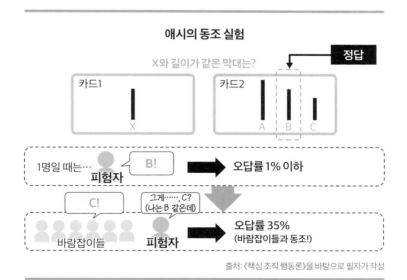

애시의 동조 실험

X와 길이가 같은 막대는?

정답

카드1

X

카드2

A B C

1명일 때는… B! 피험자 → 오답률 1% 이하

C! 그게······, C? (나는 B 같은데) 바람잡이들 피험자 → 오답률 35% (바람잡이들과 동조!)

출처:《핵심 조직 행동론》을 바탕으로 필자가 작성

피험자에게 질문했다. 그러자 피험자의 35퍼센트가 올바른 답을 알고 있으면서도 바람잡이들과 같이 틀린 답을 말했다. 틀린 답임을 알면서도 동조한 것이다. 이처럼 집단에는 동조를 강요하는 집단 규범이 있다.

불상사를 일으킨 대기업을 보면서 우리는 '왜 아무도 잘못되었다고 말하지 않은 걸까?'라고 생각한다. 그러나 애시의 동조 실험 결과와 같이 사람은 집단 속에서 주위와 다른 의견을 말하는 것에 강한 부담감을 느낀다.

성격2 응집성

내가 회사원이었던 30대에는 동료와 아침부터 저녁까지 함께 일한 뒤 밤늦게까지 같이 술을 마셨다. 그 덕분에 서로를 깊게 이해할 수 있었고, 업무도 원활하게 진행할 수 있었다. 이처럼 집단 내에서 서로 뭉치는 정도를 응집성이라고 한다.

한편 응집성이 높은 집단은 '회사의 방침에 절대 반대'라는 방향으로 일치단결해 강력한 저항 세력이 되기도 한다.

그림처럼 집단 응집성이 높고 집단과 조직의 목표가 일치한다면 조직의 생산성은 크게 상승하지만, 일치하지 않는다면 생산성은 저하된다. 집단 응집성을 높이면서 그 집단과 조직이 목표를 공유하는 것이 중요하다.

그렇다면 집단 응집성을 높이려면 어떻게 해야 할까? 집단을

집단 응집성과 생산성의 관계

집단 응집성

생산성이 대폭 상승	생산성이 어느 정도 상승
생산성이 저하	생산성에 이렇다 할 영향 없음

집단 목표와 조직 목표의 일치도 (세로축: 높음 → 낮음)

높음 ← 낮음 (집단 응집성 가로축)

출처:《핵심 조직 행동론》

소규모로 만들고, 구성원들과 함께 보내는 시간을 늘려야 한다. 또한 다른 집단과의 경쟁을 촉진하고 개인이 아닌 집단에 보수를 줘야 한다.

성격3 규모

규모도 집단의 행동에 영향을 준다. 12명 이상의 집단은 다양한 의견이나 정보를 얻을 수 있지만, 7명 전후의 집단이 생산성은 더 높다.

한편 집단에서는 사회적 태만이 발생한다. 심리학자 막스 링

겔만(Max Ringelmann)은 줄다리기에서 개인과 집단의 실적을 비교했다. 8명이 한 팀이 되어서 끌면 개인의 8배의 힘을 낼 수 있을 것 같지만, 실험해보니 3명일 때는 2.5배, 8명일 때는 4배의 힘밖에 나오지 않았다. 집단에서는 노력하지 않고 일명 '무임승차'를 하는 사람이 늘어나기 때문이다. 개인의 공헌이 평가되지 않으면 태만해지는 사람이 나온다는 말이다.

성격4 집단과 개인의 의사 결정

개인의 의사 결정은 책임이 명확하며 신속하다. 한편 집단의 의사 결정은 더 많은 선택지를 검토할 수 있어서 개인의 의사 결정보다 뛰어난 성과를 올리지만, 시간이 걸린다.

개인의 의사 결정과 집단의 의사 결정 중 어느 쪽이 나은지는 상황에 따라 다르다. 중요성이 낮거나 충분한 정보가 있다면 의사 결정을 개인에게 맡기는 편이 낫다. 반대로 중요성이 높거나 정보가 부족하다면 질이 높은 집단에게 의사 결정을 맡기는 편이 낫다.

[Book 6]에서 저자 벤 호로위츠가 "있는 그대로 이야기하고 수많은 두뇌를 활용하라."라고 말한 것도 집단의 의사 결정의 장점을 생각한 것이다.

리더십에 꼭 필요한 '신뢰'

리더십은 어떠해야 할까? 금방 답이 나올 것 같지만, 의외로 어려운 주제다. 많은 연구자가 연구해왔지만 '리더십은 이러해야 한다.'라는 모습은 아직 발견하지 못했다.

명확한 비전과 강한 영향력을 가진 카리스마형 리더가 이상적인 리더십일까? 위기 상황에서는 카리스마형이 실적이나 부하 직원의 만족도를 극적으로 높인다는 연구 결과가 있다. 그러나 평상시에는 문제도 많이 일으키는 데다, '카리스마형은 조직을 약하게 만든다.'라는 연구 결과도 늘어나고 있다.

카리스마 있던 카를로스 곤(Carlos Ghosn)은 파산 직전의 닛산 자동차를 단기간에 부활시켰지만, 그 후 보수로 받은 금액을 유가 증권 보고서에 허위 기재한 혐의로 체포되었으며 CEO와 회장직에서도 해임당했다. 카리스마형 리더는 [Book 5]의 저자 해럴드 제닌이 지적한 에고티즘에 사로잡혀 자신의 이익과 조직의 이익을 명확히 구분하지 않는 경향도 있다.

오늘날의 리더에게 중요한 것은 신뢰다. 부하 직원이 '우리 상사는 말과 행동에 일관성이 있어.'라고 생각하면 안심하고 리스크를 맡긴다. 연구에 따르면 신뢰를 쌓기 위한 열쇠는 성실성, 능력, 일관성, 충성심, 개방성의 5가지라고 한다. 신뢰를 구축하려면 상대방에게 의사 결정의 이유와 근거를 명확히 설명하고 정보를 공유해야 한다. 공정하고, 자신의 감정을 말로 표현하며, 진실을 성실하게 이야기해야 한다. 언동이 일관적이며 약속을 지켜야 한다. 그리고 개인에게 들은 비밀을 지키며 자신의 능력을 보여줘야 한다. 즉 당연한 일들을 착실히 하면 된다.

다만 리더십이 필수는 아니다. 리더십은 성공하기 위해 필요한 다양한 요인 중 하나에 불과하다. 실제로 현장에는 단 한 번도 사장을 본 적이 없는 직원이 많은데, 그런데도 대부분의 회사는 잘 운영되고 있다.

참고로, 최근 연구에서는 리더에게 EI(감정 지능)가 필요하다는 사실이 밝혀졌다. 평균적인 관리직과 뛰어난 상급 관리직의

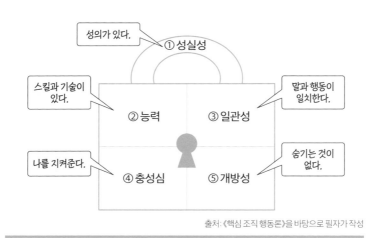

리더가 조직에서 신뢰를 쌓는 열쇠

성의가 있다. → ① 성실성

스킬과 기술이 있다. → ② 능력

말과 행동이 일치한다. → ③ 일관성

나를 지켜준다. → ④ 충성심

숨기는 것이 없다. → ⑤ 개방성

출처:《핵심 조직 행동론》을 바탕으로 필자가 작성

차이점 중 90퍼센트는 EI의 차이에 따른 것이었다. EI에 관해서는 [Book 37]에서 자세히 소개하겠다.

· 조직 행동학 포인트 3 ·
조직 문화를 만들어내고 끊임없이 변혁하라

2011년에 동일본 대지진으로 대중교통이 마비되어 수도권에서 많은 사람이 귀가하지 못했을 때, 데이코쿠 호텔은 로비와 연회장을 개방해 2,000명을 받아들였다. 데이코쿠 호텔은 1923년에 간토 대지진이 발생했을 때도 사람들에게 주먹밥을 제공했다고 한다. '어려움에 처한 사람을 보면 돕는다.'라는 조직 문화를 가진 데이코쿠 호텔의 직원들로서는 자연스러운 행동이었을 것이다.

조직 문화는 그 조직의 구성원이 공유하는 관점이며 행동을 결정하는 대본이다. 강한 조직 문화는 데이코쿠 호텔처럼 직원의 행동에 큰 영향을 끼친다.

조직 문화의 원형은 창업할 때 형성된다. 다시 말해 창업 시기야말로 강한 기업 문화를 만들어낼 최적의 기회다. 이때 중요한 것이 창업자의 행동이다. 아마존 창업 당시, 창업자 베이조스는 절약을 위해 홈센터에서 구입한 문짝을 책상으로 사용했다. 또한 오랫동안 혼다 어코드를 몰았으며, 출장을 갈 때는 이코노믹

클래스를 이용했다. 최고 경영자가 온갖 수단을 동원해 몸소 비용 절약을 추구하는 자세를 보였는데, 이것이 아마존의 조직 문화가 되었다. 창업자의 사고방식과 행동은 조직 문화로서 정착한다.

조직 문화에 관해서는《사장을 위한 MBA 필독서 50》에서 소개한《기업 문화 혁신 전략》[Book 38]을 참조하기를 바란다.

최근까지만 해도 많은 사람이 조직은 기본적으로는 평상시의 운영을 유지하면 되며, 예외적으로 비상 상황이 발생했을 때만 변혁하면 된다고 생각했다. 비유하자면 조직은 어떤 특정한 항구를 향해서 잔잔한 바다를 항해하는 커다란 배와 같은 존재였다. 선장과 선원은 수백 번도 넘게 같은 항로를 항해했다. 때때로 폭풍우를 만나기도 하지만, 선장이 그때마다 적절히 대응하면 바다는 곧 다시 잔잔해진다.

그러나 오늘날에는 역동적인 변화가 지속적으로 일어나고 있다. 그렇기에 조직도 끊임없이 변혁이 필요하다. 이제 조직은 격류가 흐르는 강을 내려가는 작은 뗏목과 같다. 게다가 선원 10명은 함께 일한 적이 없으며 이 격류도 경험해본 적이 없다. 심지어 주위는 캄캄한 어둠에 싸여 있다. 어디에 장해물이 있는지도 알 수 없고, 목적지도 명확하지 않다. 선원도 계속 교체된다. 이런 상황에서는 변혁이 끊임없어야 한다.

이처럼 조직 변혁이 일상이 되면 조직을 '학습하는 조직'으로 바꿀 필요가 있다. 이에 관해서는 [Book 9]에서 자세히 소개하겠다.

이 책에는 동기 부여 이론이나 조직 구조를 설계하는 방법도 소개되어 있다. 창업해서 조직을 운영할 때 도움이 될 것이다.

POINT

조직 행동학을 공부하면 조직을 통제하는 방법이 보인다.

BOOK.8

전략과 구조
Strategy and Structure

조직은 전략을 따른다,
그리고
전략은 조직을 따른다

알프레드 D. 챈들러 Jr.
Alfred D. Chandler Jr.

하버드 비즈니스 스쿨의 전(前) 명예 교수. 경영학
자인 동시에 역사가이기도 했으며 경영사(史)의
일인자다. 1918년에 태어나 1940년에 하버드 대
학을 졸업한 뒤, 해군과 MIT, 존스 홉킨스 대학을
거쳐 1970년에 하버드 대학 교수가 되었다. 대표
적 저작인 이 책에서 그는 1920년대의 미국 대기
업의 발자취를 상세히 추적하고 "조직은 전략을
따른다."라는 명언을 남겼다. 2007년에 세상을
떠났다.

이 책도 많은 사람이 실제로 읽어보
지도 않고 떠도는 이야기만 듣고 내
용을 오해하고 있는 고전적 명저 중
한 권이다. "'조직은 전략을 따른다.'
라는 내용이지?"라면서 직접 읽지
는 않는 사람이 많다. 하지만 저자
는 이 책의 개정판 서문에서 "나는 그런 말을 한 적이 없다."라고
부정하며 다음과 같이 말한다.

"전략이 조직에 영향을 끼치는 것과 마찬가지로, 조직도 전략
에 영향을 끼친다."

하버드 비즈니스 스쿨의 명예 교수였던 저자는 경영 전략론
을 공부할 때면 반드시 이름이 나오는 경영사(史)의 일인자다.

1961년에 간행된 이 책은 철저한 기업 연구를 통해 오늘날에도 변하지 않은 매니지먼트의 본질을 제시한다. 전략도 중요하지만, 전략을 실현하는 조직도 중요하다. 바람직한 조직의 모습을 공부할 때 무(無)의 상태에서 궁리하는 것보다 과거의 사례를 통해 궁리하면 이해도가 높아진다.

4개의 혁신적 기업이 도달한 결론인 '사업부제 조직'

이 책은 사업부제 조직이 탄생한 경위를 분석하고, 그 본질과 함께 조직과 전략의 관계를 해명했다. '이제 와서 사업부제?'라며 의아할지도 모르지만, 사업부제의 본질을 이해하지 못해 강점을 살리지 못하고 있는 조직이 아직도 많다.

사업부제는 앞서 과제에 직면한 이들이 시행착오를 거친 끝에 만들어낸 시스템이다. 그 경위를 이해하면 사업부제의 강점을 살릴 방법도, 새로운 조직을 만드는 방법도 보이게 된다.

저자는 1920년대에 4개의 기업이 사업부제 조직을 만든 것을 발견했다. 듀폰, 제너럴 모터스(GM), 뉴저지 스탠더드오일(현재의 엑슨모빌), 시어스로벅이다.

조직에는 모든 의사 결정권을 최고 경영자가 쥐고 있는 집권적 조직과 의사 결정권을 위양하는 분권적 조직이 있다. 4개의 기업은 본래 당시의 미국 기업에서 일반적이었던 집권적 조직이었는데, 사업을 다각화하면서 어떤 과제에 직면했다.

과제 직면 기업1 듀폰

본래는 화약 제조사였다. 그러다 잉여 인원 대책으로 사업을 다각화했는데, 실적 부진에 빠졌다. 젊은 관리자를 여러 명 투입해 분석한 결과, 사업 다각화에 적합한 조직을 만들지 않은 것이 원인임을 알게 되었다.

예를 들어 법인 고객을 상대할 때와 개인 소비자를 상대할 때의 비즈니스 방식은 전혀 다른데, 그럼에도 같은 사업부가 법인에 화약을 톤 단위로 파는 한편으로 도료를 팔기 위해 소매점과 교섭하고 있었다. 사내 곳곳에서 이런 일이 일어나 회사가 혼란에 빠져 있었다.

과제 직면 기업2 GM

GM은 확대 노선을 밀어붙인 창업자가 수많은 자동차 회사를 인수해 산하에 둠으로써 거대해졌는데, 문제는 창업자가 조직을 만드는 데 관심이 없다는 것이었다. 그 결과 인수된 수많은 자회사가 방치된 채 따로따로 자동차를 만들 뿐이었다. 서로 연계가 이루어지지 않아 낭비가 많았다. 수요가 왕성했을 때는 큰 문제가 없었지만 불황으로 자동차의 수요가 급감하자 단번에 부진에 빠졌고, 결국 창업자는 퇴임하고 말았다.

뉴저지 스탠더드오일

석유왕 록펠러가 창업한 거대 기업인 스탠더드오일은 독점 금지법에 따라 34개의 회사로 분할되었다. 뉴저지 스탠더드오일은 그중 한 회사였다. 분할로 수많은 사업을 잃었기 때문에 해외 시장 진출을 통해 다각화를 꾀했지만, 조직 체제가 미숙한 탓에 수요 급감이나 과잉 생산 등의 위기에 대응하지 못했다.

시어스로벅

시어스로벅은 미국의 농촌 지역을 대상으로 한 카탈로그 판매로 성공을 거두고 있었다. '자동차가 보급되어 도시화가 진행되고 있으니 그 기회를 잡자.'라는 생각으로 직영 소매점을 전개한 결과, 1925~1929년에 사업이 급속히 확대되었다. 그러나 카탈로그 판매 비즈니스는 잘 알고 있어도 소매 직영점에 관해서는 경영 노하우도 인재도 없는 채로 사업이 급속히 확대되는 바람에 사업 운영이 혼란에 빠졌다.

4개 기업은 서로 업계도 비즈니스 환경도 달랐지만, 각자의 업계에서 처음으로 사업을 다각화했고 그 결과 한 번도 경험한 적이 없던 다양한 과제에 직면했다는 공통점이 있었다.

집권적 조직이었던 4개 기업은 처음에 최고 경영자가 여러 가지 문제에 직접 대응했다. 그러나 이를 위해서는 다양한 지식이 필요했고, 판단도 복잡해졌다. 최고 경영자 한 명이 대응하기는 무리였고 판단을 그르치는 일도 많았다. 실무에 쫓긴 나머지 본래 최고 경영자만이 할 수 있는 업무인 '회사의 미래를 생각하는 일'을 할 시간도 낼 수 없었다.

4개 기업은 개별적으로 시행착오를 거친 끝에 집권적 조직을 분권적 조직으로 바꾸고 권한을 위양할 필요가 있다는 교훈을 얻었다. 그리고 '하나의 사업은 하나의 사업부에 맡기고, 최고 경영자는 실무에 관여하지 않는다.'라는 사업부제 조직에 도달해 이후 회사를 성장시켰다.

조직 변혁 기업1 듀폰

각각의 제품 라인을 주시하고 확실히 이익을 올릴 책임을 누구도 지고 있지 않음을 깨달았다. 그래서 제품군별 사업부제 조직으로 변혁하고 책임을 명확히 했다.

조직 변혁 기업2 GM

창업자가 퇴임한 뒤, GM의 부품 자회사의 젊은 사장인 알프레드 슬론이 GM을 사업부제 조직으로 바꿀 것을 제안해 경영진의 승인을 얻었다. 그리고 1921~1925년에 걸쳐 각 사업부를 조정하고 실적을 평가하는 체계적인 절차를 마련했으며, 자금 조달·생산·마케팅을 연계시켜 수요 변동에 대응할 수 있는 체제도 구축했다. 그 결과 GM은 강한 결속력을 가진 기업으로 새롭게 태어났다.

조직 변혁 기업 3) 뉴저지 스탠더드오일

듀폰이나 GM처럼 명확한 계획은 없었지만, 수요 급락과 과잉 생산 등의 다양한 위기에 직면해 시행착오를 거듭하면서 서서히 조직 체제를 정비했다. 그리고 최종적으로는 듀폰이나 GM과 비슷한 사업부제 조직에 도달했다.

조직 변혁 기업 4) 시어스로벅

조직 개편은 우왕좌왕 시행착오를 거듭했지만, 최종적으로 1948년에 사업부제 조직을 실현했다.

이처럼 4개 기업은 각기 다른 복수의 고객층에 전혀 다른 제품을 판매하는 과정에서 한계를 느끼고 사업부제를 만들어냈다. 그리고 이후 수많은 미국 기업이 그들의 사업부제 조직을 모방했고, 이것이 미국의 발전을 불러왔다. 그렇다면 사업부제 조직은 어떤 조직일까?

집권적 조직과 분권적 조직

출처: 《전략과 구조》를 바탕으로 필자가 작성

사업부제 조직의 장점과 단점

과거에 내가 몸담았던 IBM도 사업부제 조직이어서, 서버를 판매하는 시스템 사업부와 소프트웨어를 판매하는 소프트웨어 사업부, 컨설팅과 서비스를 판매하는 서비스 사업부의 3개 사업부가 있었다. 같은 IT 상품이라도 사업부별로 성격과 비즈니스 형태, 판매 방식이 전혀 다르다. 그래서 IBM은 사업부제 조직을 만든 것이다.

저자는 "사업부제 조직의 매니지먼트 활동은 4계층 구조로 실시된다."라고 말한다.

- **종합 본사**: 최상위에서 회사 전체의 매니지먼트에 전념하고 회사 전체의 실적에 책임을 진다. 실무와는 거리를 두며, 경영진이나 전문 인력이 여러 사업부의 실적을 평가하고 경영 자원을 배분한다.
- **사업부 중앙 본사**: 단일 사업을 하는 하나의 회사처럼 특정 제품군이나 지역을 담당하고, 본사로부터 받은 경영 자원을 활용하면서 실무를 통해 성과를 올릴 책임을 진다. 이 사업부 중앙 본사의 산하에는 판매·연구·제조·구매·재무 등의 다양한 직능을 담당하는 부본부(部本部)가 있으며, 그 산하에는 현업 부서가 있다.

가령 당시 나는 IBM에서 소프트웨어 사업부라는 사업부 중앙 본사의 직원으로서 마케팅 전략을 담당한 뒤 부본부의 관리자로서 인지 육성을 담당했다.

사업부제 조직으로 새롭게 태어난 듀폰, GM, 뉴저지 스탠더드오일, 시어스로벅은 그 후 성장했다. 5년에 걸쳐 사업부제 조직을 정비한 GM은 1924~1927년에 걸쳐 미국 자동차 시장의 점유율을 19퍼센트에서 43퍼센트로 끌어올리며 자동차 업계의 정상에 올랐고, 그 후에는 오랫동안 미국 자동차 시장을 지배했다.

사업부제 조직에서는 책임이 명확해지고 의사 결정도 신속해진다. 사업부의 사원은 스페셜리스트로서 전문성을 갈고닦을 수 있으며, 사업부의 최고 책임자가 경영자의 관점에서 사업에 임하기에 사내에 다수의 경영 인재를 키울 수 있다.

종합 본사는 사업부에 경영 자원을 배분하고 실적을 평가함으로써 각 사업부를 통제한다. 종합 본사의 최고 경영자는 실무로부터 해방되어 회사 전체의 시점에서 장기적인 성장 전략을 추구할 수 있게 된다.

사업부제의 본질은 사업부에 대한 분권화와 강력한 종합 본사를 통한 전략성이다. 사업부제라는 조직이 새로이 전략을 만들어내는 것이다. 챈들러가 말하듯이 조직도 전략에 영향을 끼친다.

히타치의 나카니시 히로아키 전(前) 회장은 IBM의 사업을 인수해서 발족한 히타치 글로벌 스토리지 테크놀로지(HGST)의 최고 책임자로서 미국으로 건너가 경영을 재건했다. 그리고 이 경험은 이후 히타치가 실시한 글로벌 개혁의 선행 체험이 되었다 (2014년 10월 21일 자 〈니혼게이자이신문〉의 기사 '히타치 부활을 귀국파가 견인: 세계무대에서 싸우는 법을 전수'에서 인용).

히타치의 최고 경영자에 취임한 나카니시는 놀랍게도 자신이 재건한 HGST의 사업 매각을 단행했다. 회사 전체 차원의 전략인 사회 인프라 사업에 집중하기 위해서다(2011년 3월 8일 자 〈니혼게이자이신문〉의 기사 'HDD 사업 매각. 히타치, '최대의 과제' 해결. 사회 인프라 분야에 공세'에서 인용).

히타치는 사업부제 조직 덕분에 사업 회사인 HGST에서 부활의 열쇠가 되는 글로벌화의 선행을 이룰 수 있었으며, 종합 본사의 최고 경영자가 회사 전체의 시점에서 전략적으로 HGST 매각을 단행할 수 있었다.

사업부제 조직이면서도 무슨 일만 있으면 본사 최고 경영자의 지시를 기다리는 사업부 관리자나 각 사업부에 참견만 할 뿐 회사 전체 차원의 전략은 궁리하지 않는 본사 최고 경영자는 사업부제의 본질을 이해하지 못했다고 할 수 있다.

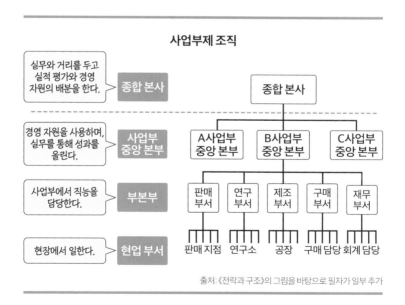

사업부제 조직

출처:《전략과 구조》의 그림을 바탕으로 필자가 일부 추가

조직은 어떤 때 진화하는가?

사업부제는 거의 100년 전에 탄생했다. 사업부제만이 조직에 최고로 적합한 해법은 아니다. 기술이 진화한 현대에는 네트워크 기술을 활용해서 분권화를 더욱 진행해 개인에게 100퍼센트 재량권을 주는 틸(Teal) 조직 같은 형태도 탄생하고 있다. 그리고 이 책에 묘사되어 있듯이, 최적의 조직 형태를 결정하는 것은 비즈니스의 과제다. 그렇다면 어떻게 과제를 파악하고 조직을 바꿔나가야 할까?

챈들러는 4개 기업 이외에도 수많은 기업을 연구했는데, 그 결과 이런 말을 남긴다.

"조직에 크게 메스를 가하는 것은 대부분 최고 경영자가 교체된 뒤다."

회사를 성장시키는 경영자는 사업 확대에는 열심이지만 조직체제에는 무관심할 때가 많다. 그 결과 조직의 문제가 방치되고, 겉으로 드러나지 않은 큰 문제로 발전한다. 저자가 소개한 4개기업도 창업 당시의 경영진은 퇴진할 때까지 조직의 문제에 손을 대지 않았다. 실적이 부진에 빠진 기업은 최고 경영자가 끌어안고 있는 이런저런 집착 때문에 조직의 문제가 방치되고 있는경우도 많다.

그래서 최고 경영자의 교체가 조직을 변혁할 기회인 것이다. 만약 당신이 현장 직원인데 새로운 최고 경영자가 취임한다고

하자. 바로 이때가 마음속에 담아두었던 새로운 전략과 조직 변혁을 제안할 최고의 기회다.

조직의 바람직한 모습은 앞으로도 계속 진화할 것이다. 그것을 공부한 상태에서 경영의 역사책이라고도 할 수 있는 이 책을 읽는다면 많은 것을 얻을 수 있을 것이다.

POINT

전략과 함께 '바람직한 조직 구조의 모습'도 궁리하라.

BOOK.9

학습하는 조직

The Fifth Discipline

'관리하는 조직'에서 '끊임없이 학습하는 조직'으로 진화하라

피터 M. 센게

Peter M. Senge

매사추세츠 공과 대학(MIT) 슬론 경영대학원의 상급 강사. 조직 학습 협회 창설자. 1947년에 미국에서 태어났다. MIT 슬론 경영대학원의 박사 과정을 수료하고, 동(同) 학교의 교수를 거쳐 현직에 이르렀다. 자율적이고 유연하게 변화를 거듭하는 '학습하는 조직' 이론을 제창했다. 또한 이론 구축에 머무르지 않고 전 세계의 비즈니스·교육·의료·정부의 리더들과 협력해서 학습 커뮤니티를 만들어 조직·사회의 과제를 해결하고자 힘쓰고 있다

[Book 6]와 [Book 7]에서 소개했듯이, 현대의 조직은 격류를 타고 내려가는 뗏목과 같다. 무슨 일이 일어날지 예측도 관리도 할 수 없다. 그런 까닭에 '관리하는 조직'에서 변화에 대응할 수 있는 '학습하는 조직'으로 진화할 필요가 있다. 이 책은 '학습하는 조직'으로 진화하기 위한 사고법을 제창한 것이다.

〈하버드 비즈니스 리뷰〉지는 이 책을 '최근 75년 사이 매니지먼트에 지대한 영향을 끼친 책 중 한 권'으로 선정했다. 미국 아마존의 서평을 봐도 높은 평점이 많다. 이 책이 널리 지지받고 있다는 증거다. 이 책은 기업이 진화해야 할 한 가지 방향을 제

시하고 있으며, 우리에게 많은 것을 가르쳐준다.

저자는 MIT 경영대학원의 상급 강사로, 조직 학습 협회의 창설자로서 '학습하는 조직' 이론을 제창했다. 이 책은 센게가 '학습하는 조직'을 실천하는 많은 사람과 만난 경험을 바탕으로 1990년에 간행했던 구판을 쇄신한 신판이다. 그러나 588페이지에 이르는 대작인 까닭에 "난해해서 완독이 힘들다."라고 말하는 사람도 많다. 그래서 요점만을 간추려보았다.

기존의 매니지먼트는 이제 한계에 다다랐다

학습하는 조직이란 극심한 변화 속에서도 스스로 학습해서 유연하게 진화하는 조직이다. 이를 위해서는 사람이 천성적으로 지닌 '스스로 학습하고자 하는 힘'을 이끌어내서 조직 전체가 학습해야 한다.

기존의 매니지먼트는 그 반대였다. 직원은 위에서 결정한 목표에 따라 관리되고, 결과는 실적으로 평가된다. 높은 평가를 받으면 보수를 받고, 낮은 평가를 받으면 감봉 또는 해고를 당한다. 이런 관리는 스스로 학습하고자 하는 힘, 자존심, 성취감, 호기심, 창조성을 파괴한다.

한편 목표는 회사 내부에서도 제각각인 것이 현실이다. 이제 관리만으로는 한계가 있다. 조직은 '학습하는 조직'으로 진화해

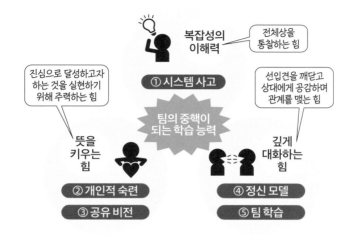

학습하는 조직은 5가지 학습 능력으로 만들어진다

복잡성의 이해력 — 전체상을 통찰하는 힘

① 시스템 사고

진심으로 달성하고자 하는 것을 실현하기 위해 주력하는 힘

선입견을 깨닫고 상대에게 공감하며 관계를 맺는 힘

팀의 중핵이 되는 학습 능력

뜻을 키우는 힘

깊게 대화하는 힘

② 개인적 숙련

③ 공유 비전

④ 정신 모델

⑤ 팀 학습

출처:《학습하는 조직》을 바탕으로 필자가 작성

야 한다. 이 책에서는 학습하는 조직이 획득해야 할 5가지 학습 능력으로 시스템 사고, 개인적 숙련, 공유 비전, 정신 모델, 팀 학습을 들었다. 이 책의 원제도 'Fifth Discipline(5개의 학습 능력)'이다. 그러면 각각의 능력을 살펴보자.

능력1 시스템 사고 ⋯ 전체를 통찰해서 근본 원인을 파악한다

'이상하네. 어제 마사지를 받았는데 왜 어깨가 더 뭉쳤지?' 이런 경험이 있지 않은가? 이는 어깨를 세게 주무르면 근섬유가 손상되어 근육이 딱딱해지기 때문이다. '어깨가 뭉친다 → 주무른다'라는 대증 요법으로는 문제가 악화될 때가 많다. '상품이 팔리지 않는다 → 가격을 내린다 → 일시적으로는 잘 팔리지만…… → 더는 팔리지 않는다'도 역시 대증 요법이다.

대증 요법은 일시적으로 증상을 개선할 수는 있어도 근본 원인에는 손을 대지 못한다. 문제를 더욱 악화시켜서 악순환에 빠질 때가 많다. 전체를 통찰해서 근본 원인을 파악하고 대응할 필요가 있다. 이때 도움이 되는 것이 시스템 사고다. 먼저 시스템 사고의 3가지 기본 요소를 이해하자.

① 강화 피드백: 나는 강연 후 실시한 설문 조사로 개선점을 발견하면 다음 강연에 반영해 내용을 개선한다. 피드백이란 이처럼 어떤 행동을 다음 행동에 반영시키는 체계다.

피드백에는 2가지가 있는데, 그중 하나가 자기 강화형 피드백이다. 눈덩이가 구르면서 점차 커지듯이, 작은 변화가 커다란 변화를 낳기 마련이다. 매출 증가로 고객이 늘어나고, 좋은 평판이 퍼져서 매출이 더욱 늘어나는 선순환이 있는가 하면, 매출 감소로 '저 가게는 곧 망할 것 같아.'라는 입소문이 퍼져서 매출이 더욱 하락하는 악순환도 있다.

② 균형 피드백: 안정된 상태를 유지하는 또 하나의 피드백이다. 가령 '춥다.'라고 느낀 사람은 두꺼운 옷을 입어서 몸을 따뜻하게

시스템 사고에 필요한 3가지 기본 요소

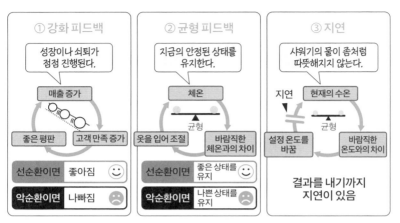

출처:《학습하는 조직》을 바탕으로 필자가 작성

함으로써 체온을 유지한다. 좋은 조직이 좋은 실적을 낳는 선순환이 있는가 하면, 나쁜 습관을 벗어나지 못하는 악순환도 있다.

③ 지연: 시스템에는 지연(遲延, 시차)이 있다. 샤워기를 쓸 때 온수를 틀어도 물이 따뜻해지기까지는 시간이 걸리듯이, 조직이 신상품을 내놓더라도 매출로 결과가 나오기까지는 수개월에서 수년이 걸린다.

이 3가지 기본 요소를 조합해 시스템 전체를 통찰할 수 있게 한 것이 시스템 원형이다. 이 시스템 원형을 알면, 언뜻 해결이 어려워 보이는 복잡한 문제에서 반복해서 나타나는 '틀'을 꿰뚫어보고 문제의 전체상을 파악하는 직감이 발동하게 된다. 이 책에 나오는 시스템 원형은 모두 9개인데, 그중 우리가 흔히 보는 시스템 원형인 '부담 떠넘기기'를 소개한다.

상품이 팔리지 않아 가격을 인하하자 더욱 팔리지 않는 악순환은 '부담 떠넘기기'에 빠진 것이다. 그림을 통해 설명하면, 먼저 문제의 증상은 '매출 부진'(①)이다. 루프 A는 대증 요법적인 해결책으로, 가격을 인하하지만 일시적으로 잘 팔리다가 이내 팔리지 않게 된다(②). 한편 루프 B는 근본적 해결책으로, 신상품을 개발·판매해 매출 확대를 정착시키고자 하지만 상품 개발이

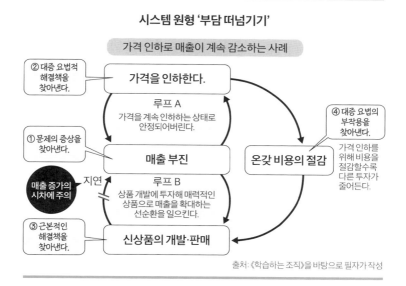

시스템 원형 '부담 떠넘기기'

가격 인하로 매출이 계속 감소하는 사례

② 대증 요법적 해결책을 찾아낸다.

가격을 인하한다.

루프 A
가격을 계속 인하하는 상태로 안정되어버린다.

④ 대증 요법의 부작용을 찾아낸다.

가격 인하를 위해 비용을 절감할수록 다른 투자가 줄어든다.

① 문제의 증상을 찾아낸다.

매출 부진

온갖 비용의 절감

매출 증가의 시차에 주의

지연

루프 B
상품 개발에 투자해 매력적인 상품으로 매출을 확대하는 선순환을 일으킨다.

③ 근본적인 해결책을 찾아낸다.

신상품의 개발·판매

출처:《학습하는 조직》을 바탕으로 필자가 작성

매출 증가로 이어지는 데는 1~2년의 지연이 있다(③). 한편 가격 인하에는 다른 부작용도 있다. 가격을 인하하려면 회사 전체가 온갖 비용을 철저히 절감해야 한다. 그 결과 상품 개발비도 삭감되기 때문에 애초에 신상품 개발에 돈을 쓸 수 없게 된다(④).

이런 전체상을 알면 '가격 인하의 유혹을 참아내고 상품 개발에 투자해야 함'을 알 수 있다. 상품 개발이 매출 증가로 이어지는 1~2년의 지연을 참을 수 있느냐가 열쇠다.

능력2 개인적 숙련 ⋯ 목표를 향해서 올곧게 성장한다

다음은 메이저리거였던 야구 선수 이치로가 초등학교 6학년에 썼던 작문이다.

"제 꿈은 일류 프로야구 선수가 되는 것입니다. 그러려면 훈련이 필요합니다. 저는 만 3세부터 훈련을 시작했고, 초등학교 3학년부터 365일 중 360일은 힘든 훈련을 하고 있습니다. 그렇게 훈련을 하고 있으니 반드시 프로야구 선수가 될 수 있으리라 생각합니다. 고등학교를 졸업하면 프로야구단에 입단할 생각입니다."

개인적 숙련은 이치로처럼 개인이 진심으로 하고 싶은 일(개인의 비전)을 명확히 하고 에너지를 쏟아붓는 학습 능력이다. 비전과 현실이 보이면 양자의 괴리가 고무줄처럼 팽팽한 창조적 긴

'창조적 긴장'은 개인적 숙련의 에너지원이 된다

장감을 낳는데, 이는 도전의 에너지원이 된다. 비전 실현을 위해 행동하고, 모든 일은 비전 실현을 위한 배움의 기회로 바뀐다.

    조직은 개인이 모여서 구성된다. 조직 학습의 대전제는 개인 학습이다. 다만 타인에게 개인적 숙련을 강제할 수는 없다. 개인적 숙련은 개인의 마음속에서 자연스럽게 솟아나는 것이다. 상사는 평소에 개인의 성장을 중시해야 한다. [Book 2]에 나오는 '자아실현'의 의미도 꼭 이해하기 바란다.

능력 3 **공유 비전 … 조직이 지향하는 방향을 결정한다**

센게는 이 책에 존 F. 케네디 대통령이 1961년에 발표했던 성명을 소개한다.

"10년 이내에 인류를 달에 착륙시키고 또 무사 귀환시키겠다."

미국은 이 공유 비전 아래에서 힘을 모아 1969년에 인류를 달 표면에 착륙시켰다.

공유 비전은 '우리는 무엇을 하고 싶은가?'에 대한 답이다. 공유 비전이 있으면 조직으로서 '무엇을 학습해야 하는가?'에 대한 답이 결정되어 조직의 초점을 좁힐 수 있다.

공유 비전은 조직에 속한 사람들이 진심으로 '달성하고 싶다.'라며 흥분하는 구체적인 것이어야 한다. 비전은 고무줄처럼 현

조직 구성원의 방향성을 하나로 모은다

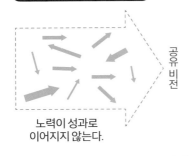

방향성이 일치하지 않는 팀

공유 비전

노력이 성과로
이어지지 않는다.

공유 비전과 개인 비전이 일치하는 팀

공유 비전

에너지의 낭비가 적다.

출처: 《학습하는 조직》을 바탕으로 필자가 작성

실을 목표로 끌어 올리는 힘이 있다. 반대로 비전이 없으면 조직에서는 현상을 유지하려는 힘이 우세해진다.

공유 비전은 개인 비전과의 상호작용으로 탄생한다. IBM을 재건한 루이스 거스너(Louis Gerstner)는 저서 《코끼리를 춤추게 하라》에서 컴퓨터 기업이던 IBM을 서비스 기업으로 변혁시켰을 때의 상황을 이야기한다. 거스너의 비전은 IBM의 자회사 ISSC사의 책임자인 데니 웰시의 구상에 바탕을 둔 것이었다. 웰시는 타사의 제품도 채용하면서 고객의 시스템 구축부터 관리 운용까지 전부 떠맡는 것을 이상적인 기업상으로 여겼다. 웰시의 비전은 거스너가 IBM의 고객 기업을 경영했을 때 열망했던 것이었다. 역사에 남을 IBM의 변혁도 출발점은 웰시라는 개인의 비전이었던 것이다.

능력4 정신 모델 … 선입견을 극복한다

게임을 좋아하는 아들이 "전 프로게이머가 될 거예요."라고 말하면 대부분의 부모는 경악할 것이다. 개중에는 맹렬히 반대하는 부모도 있을지 모른다. 그러나 세계에는 연간 1억 엔(10억 원)을 벌어들이는 프로게이머가 드물지 않다.

부모가 경악하는 이유는 '게임은 놀이'라는 선입견, 즉 정신 모델이 있기 때문이다. 우리는 정신 모델을 통해 세상을 바라본다. 정신 모델은 잠재의식 속에 있으므로 평소에는 보이지 않지만, 우리를 속박해 진실을 못 보게 하며 학습을 방해한다.

이 책에는 미국 자동차 회사의 중역이 일본 자동차 회사의 공장을 견학한 이야기가 나온다. 그 중역은 "진짜 공장은 왜 보여주지 않는 거지?"라며 불만을 표했다. 재고가 없었기 때문이다. "나는 제조업계의 밥을 30년이나 먹어 왔기 때문에 다 안다고. 재고가 제로라는 건 시찰 온 사람을 속이기 위한 연극이 분명해."

그 중역이 견학한 공장은 '재고 제로'를 실현한 도요타 생산방식의 공장이었다. 그러나 '공장에는 재고가 있다.'라고 믿어 의심치 않았던 그의 눈에는 최신 공장의 진정한 모습이 보이지 않았던 것이다. 과거의 경험이 정신 모델을 만든다. 선입견을 극복하려면 '나의 대전제가 틀린 것이 아닐까?' 하고 의심하며 토론을 통해 자신을 되돌아보아 자신의 결점을 찾아야 한다.

조직이 정신 모델을 이해하면 '학습하는 조직'의 구축을 향해 크게 한 발을 내디딜 수 있다. 여기에 [Book 10]에 나오는 이원순환 학습을 함께 공부하면 이해가 더욱 쉬울 것이다.

능력5 팀 학습 … 대화로 답을 탐구한다

'학습하는 조직'은 전체가 일체감이 있는 상태를 지향한다. 개인 비전과 조직의 공유 비전의 방향성이 일치하면 상승효과가 일어난다. 그래서 팀 학습이 필요하다. 팀의 지성을 활용하면 개인의 지성을 크게 능가하는 깊은 통찰이 생긴다. [Book 7]에서 로빈스가 "집단의 의사 결정은 개인의 의사 결정보다 우월하다."라고 말한 대로다.

그리고 이를 위해서는 의견의 대립을 두려워하지 말아야 한다. 의견이 대립하면 "좋게, 좋게 해결합시다."라고 말하는 사람이 나오게 되는데, 이는 팀 학습을 방해하는 최악의 행동이다. 미숙한 팀은 대립을 피하고, 혹여 대립하게 되면 자기변호를 시작하며 끝내 싸움을 벌인다.

개개인이 솔직하게 대화해 대립을 가시화하고 그 대립을 해결책의 실마리로 살리는 것이 중요하다. '의견이 대립하고 있을 뿐 우리 자신이 대립하고 있는 것이 아님'을 인식해야 한다. 팀 학습에서는 토론이 아니라 대화가 필요하다. 토론의 목적은 의견을 주장해 논쟁에서 승리하는 것이다. 승자와 패자가 나온다. 한편 대화는 각자의 생각의 차이를 명확히 하면서 팀이 함께 해결책을 만들어내 모두가 승리자가 될 것을 지향한다. 팀 대화에는 다음의 3가지가 필요하다.

① 참가자 전원은 자신의 생각이 어디까지나 시안(試案)일 뿐이라고 생각하며, 자신의 의견을 고집하지 않는다.
② 참가자는 모두 동료라고 생각하며 직함이나 서열을 끌어들이지 않는다.
③ 전원이 하나의 답을 탐구한다.

센게는 "학습하는 조직은 프로토타입의 단계다."라고 말한다. 다양한 조직이 변혁에 착수하기 시작한 단계라는 의미다. 이 책에는 다양한 조직의 사례가 소개되어 있다.

나도 현대 비즈니스에서는 '조직의 학습'이 가장 중요하다는 데 깊이 공감한다. 업무 현장에서 끊임없이 학습하는 우리는 매니지먼트의 체계를 새로 만들려는 시도의 최전선에 있다.

POINT

'학습하는 조직'으로 변혁하는 데는 시간이 필요하다.
차분하게 임하라.

BOOK.10

조직의 함정

Organizational Traps

리더의 방어적 사고가
조직을 함정에 빠뜨린다

크리스 아지리스
Chris Argyris

세계적으로 영향력이 있는 조직 연구의 대가로, '조직 학습론의 아버지'로 불린다. 1923년에 미국 뉴저지주에서 태어나 클라크 대학에서 심리학과 비즈니스를 전공했다. 캔자스 대학에서 석사 학위(경영학·심리학)를, 코넬 대학에서 박사 학위(조직 행동론)를 취득했다. 이후 예일 대학 교수(경영학)를 거쳐 1971년부터 하버드 대학 교수와 하버드 비즈니스 스쿨 교수, 하버드 대학 명예 교수가 되었다. 2012년에 세상을 떠났다.

"허심탄회하게 이야기를 나누고 서로 신뢰하는 조직으로 만들고 싶습니다. 그러려면 여러분의 도움이 필요합니다."

어느 회의에서 신임 CEO가 이렇게 열변을 토했지만, 팀 리더들은 침묵을 지켰다. 회의에 동석했던 아지리스는 그 모습을 보고 말했다. "방식이 바뀌면 난감한 사람도 있을 겁니다. 여러분은 반대하시는 것이 아닌지요?" 그러나 침묵은 계속되었고, 이윽고 한 고참 팀 리더가 입을 열었다. "회사 방침이라면 저희는 따를 뿐입니다."

그 고참 팀 리더는 회의가 끝나자마자 아지리스에게 다가와 이렇게 말했다.

"솔직히 말하면 아까 말씀하신 대로 정말 난감합니다. 그분께는 나중에 직접 말씀드리겠습니다."

그래서 아지리스가 "왜 아까 말씀하시지 않은 겁니까?"라고 묻자 "저희 조직에서는 그런 말을 할 수가 없습니다."라는 대답이 돌아왔다.

이튿날 신임 CEO는 "그 고참 팀 리더한테 실망이 크군. 솔직하게 말해줄 줄 알았는데 말이야."라며 불평했다. 아지리스가 "본인에게 그렇게 말씀하셨습니까?"라고 묻자 "아니, 면전에서 그런 말을 어떻게 하나?"라고 대답했다.

이 이야기는 아지리스가 미국 국무성에서 경험한 실화다. "허심탄회하게 이야기를 나누자."라고 말하는 신임 CEO 본인도 허심탄회하게 말하지 않았고, 고참 팀 리더도 겉으로는 동의하면서 속마음을 말하지 않았다. 조직의 탓으로 돌리면서 말이다.

이 이야기에 크게 공감하는 사람이 많을 것이다. 조직 변혁이 저해되는 주요 원인은 이런 개인의 사고가 빠지는 함정에서 기인하는 조직의 함정이다. 그러나 기존의 조직 행동학은 이 조직의 함정을 무시했다.

이 책은 조직의 함정에 정면으로 도전한다. 아지리스는 '조직학습론의 아버지'로 불리는 조직 행동학의 대가다. 이 책은 그가 장기간에 걸친 연구를 집대성한 것이다.

겉모습과 속마음이 다른 이유

아지리스는 30년 동안 경영 컨설턴트로서 현장에서 조직 변혁에 관여해왔다. 그의 경험에 따르면 앞에서 소개한 사례처럼 '말(겉모습)'과 '행동(속마음)'이 다른 상황이 많은 조직에서 실제로 일어나고 있다. 겉모습과 속마음이 다르면 조직 변혁이 저해된다.

신봉 이론은 겉모습이다. 가령 신임 CEO의 "허심탄회하게 이야기를 나누는 조직으로 만들자."라는 말이나 고참 팀 리더의 "회사 방침이라면 따르겠습니다."라는 말처럼, 사람들 앞에서 자신의 생각을 말할 때 근간이 되는 생각이다. 한편 사용 이론은 속마음이다. 신임 CEO도 고참 팀 리더도 "그건 말할 수 없어."라고 말한 것처럼, 실제 행동으로 연결되는 생각이다. 신봉 이론과 사용 이론 사이에는 대부분 괴리가 존재하지만, 당사자는 그 사실을 깨닫지 못한다. 그래서 문제가 생긴다.

신임 CEO는 "허심탄회하게 이야기를 나누자."라고 말하면서도 속으로는 '나는 신임이니까 가급적 풍파를 일으키지 말자.'라고 생각해 본심을 말하지 않는다. 고참 팀 리더는 "회사 방침이라면 따르겠습니다."라고 말하면서도 속으로는 '그게 이상적인 것은 맞고, 상사의 명령이니 따라야지. 하지만 우리 조직은 얽혀 있는 게 많아서 무리야.'라고 생각한다.

그리고 두 사람 모두 '나는 절대 틀리지 않았어.'라고 생각한다. 이렇게 해서 무의식중에 '나는 틀리지 않았어. 잘못한 건 상대방이야.'라고 생각하는 사고의 틀이 모델 I(방어적 사고)이다. '내가 틀렸을지도 몰라.'라고는 꿈에도 생각하지 않는다.

여기까지 읽고 '맞아. 그런 사람이 많다니까. ○○ 씨도 그렇고 (하지만 나는 달라).'라고 생각할지도 모른다. 사실은 이것이야말로 모델 I(방어적 사고)의 함정이다. 모델 I(방어적 사고)의 무서운 점은 당사자가 예외 없이 '나는 피해자야. 문제는 조직이나 주위 사람들에게 있어.'라고 믿는다는 것이다. 누구도 책임을 지지 않는다. 이것이 '조직의 함정'의 정체다.

신봉 이론과 사용 이론을 일치시켜서 그림의 오른쪽처럼 말(겉모습)과 행동(속마음)이 같게 해야 한다. 이를 위해서는 사실을 바탕으로 계속 학습하고, 필요하다면 자신의 생각을 주저 없이 바꾸는 자세가 필요하다. 아지리스는 이를 모델 Ⅱ(건설적 사고)라고 부른다.

신임 CEO가 정말로 '허심탄회하게 이야기를 나누는 조직으로 바꾸고 싶다.'라고 생각했다면, 아무도 발언하지 않을 때 '내 생각이 옳은 걸까?'라고 자문자답한 다음 팀 리더들에게 "이 방침이 잘못되었다고 생각하십니까? 방침에 따를 수 없다면 이유는 뭡니까? 솔직하게 알려주십시오."라고 묻고 충분히 시간을 들여서 이야기를 나눴어야 했다.

CEO를 포함한 조직 구성원들이 모델 Ⅱ(건설적 사고)로 바뀌

겉모습과 속마음을 일치시킨다

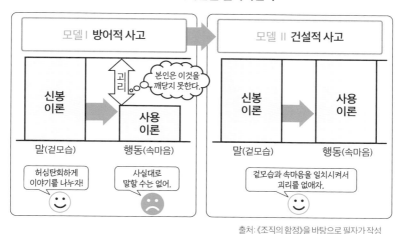

출처:《조직의 함정》을 바탕으로 필자가 작성

어서 '잠깐, 진짜 원인은 나인지도 모르겠군. 내 생각을 바꿔야 하지 않을까?'라고 깨달을 때 비로소 조직의 변혁이 시작된다. 그렇다면 구체적으로는 어떻게 해야 할까?

'일원 순환 학습'에서 '이원 순환 학습'으로

아지리스는 CEO 34명이 참가한 세미나에서 "차기 CEO로 내정되어 있었지만 '나르시시즘이 강하고 건방지다.'라는 이유로 CEO가 되지 못했다."라고 말하는 COO(사실은 세미나 지도원이 연기하는 가짜)를 등장시켰다. 그리고 CEO들에게 "상담 상대가 되어서 그의 단점을 교정해주십시오."라고 요청했다.

　CEO들은 차례차례 세심한 충고를 해줬는데, COO는 "이해가 잘 안 되니 좀 더 구체적으로 말해주시오."라며 조언을 받아들이지 않았다. 화가 난 CEO들은 입을 모아 "고집이 센 친구군. 말로는 더 발전하고 싶다고 하지만 정말로 그럴 마음이 있는지 모르겠어."라고 말했다.

　이때 세미나의 진행자가 이렇게 말했다. "여러분 중 누구도 '저는 당신을 돕고 싶습니다. 제 조언이 도움이 되지 않는다고 생각하셨다면 그 이유를 물어봐도 되겠습니까?'라고 묻지 않으시는군요."라고 말했다. 이 말에 CEO들은 일제히 입을 다물었다. CEO 34명 모두가 '나는 옳다.'라는 모델 I(방어적 사고)에 빠져 있었던 것이다.

　모델 I(방어적 사고)을 모델 Ⅱ(건설적 사고)로 바꾸려면 학습이 중요하지만, 그렇게 쉬운 일이 아니다. 사람은 무의식중에 '나는 옳다.'라고 생각하기 때문이다. 사람은 일원 순환 학습에 빠지면 대전제를 조금도 의심하지 않고 정해진 목표를 실현하고자 도전을 거듭하게 된다.

　CEO들은 '왜 그는 내 조언에 수긍하지 않는 걸까? 내 조언이 잘못된 것은 아닐까?'라고 생각했어야 했다. 그러나 그들은 일원 순환 학습으로부터 빠져나오지 못했다. '내 경험이라면 그를 변화시킬 수 있어.'라고 믿고 최선을 다해 설득했으며, 설득이

받아들여지지 않자 '내가 틀렸는지도 몰라.'라고는 꿈에도 생각하지 않고 '말로는 자신을 더욱 발전시키고 싶다고 하지만 정말로 그럴 마음이 있는지 모르겠군.'이라며 상대를 탓했다.

일원 순환 학습의 문제는 곳곳에서 일어난다. 가까운 예로는 "무슨 일이 있더라도 제품의 매출을 10퍼센트 올리겠어."라며 목표 달성을 위해 앞만 보고 달리며 노력하는 것도 일원 순환 학습의 산물이다. 승리에 집착하기 때문에 공격적으로 보이지만, 대전제가 바뀌더라도 목표나 전략을 재검토하지 않고 대전제를 밀어붙이는 '방어적 사고'에 빠진 것이다.

그래서 아지리스는 "대전제 자체를 의심하는 이원 순환 학습으로 진화하시오."라고 말한다. 전략이 있어도 대전제를 포함해 '애초에 이것은 정말로 옳은 것일까?'라고 의심한다. 대전제를 뒤엎는 사실이 검증되면 주저 말고 대전제·목표·전략을 바꾼다.

이원 순환 학습에서는 '제품의 매출 10퍼센트 증가'라는 목표가 있더라도 '제품을 단독으로 팔면 매출의 변동이 심할 수밖에 없어. 더 좋은 방법이 있지 않을까?'라며 대전제 자체를 의심한다. 이를테면 '구독 방식으로 제공해보는 것은 어떨까? 단기 매출은 하락하겠지만 안정된 수익 기반을 구축할 수 있을 거야.'라고 생각해 제품 판매를 철수하고 새로운 서비스에 힘을 쏟는다. 이는 소니가 게임 사업에서 실제로 실시해 성과를 올린 방법이다. 이런 식으로 '건설적 사고'가 대전제 자체를 재검토하는 것이다.

이원 순환 학습으로 이행하려면 '내가 틀렸을지도 몰라.'라고 가정하고 사실에 입각해 생각하며 겸손하게 학습을 계속해야 한다. 대전제를 의심하는 이원 순환 학습을 의식하기만 해도 모델 I(방어적 사고)에 빠질 위험성은 크게 감소한다.

이원 순환 학습은 1978년에 아지리스와 조직 학습의 연구자인 도널드 숀이 공동 연구를 통해서 탄생시킨 발상이다. 세상에는 다양한 조직 변혁 이론과 문헌이 있지만, 아지리스는 그런 것들을 개별적으로 검토한 뒤 "조직의 함정을 다룬 문헌이나 연구는 거의 없다. '조직을 바람직한 모습으로 만들면 조직 변혁은 성공합니다.'라고 주장하는 문헌만 가득하다."라고 지적했다.

이런 아지리스에게 감화된 사람으로 [Book 9]의 저자인 피터 센게가 있다. 그는 아지리스를 워크숍의 퍼실리테이터(진행 촉진자)로 초빙했는데, 불과 수분 만에 참가자들이 자신의 정신 모델을 깨닫고 단숨에 발전하는 모습을 목격하고 경탄했다고 한다.

나는 "조직에는 함정이 있다."라는 아지리스의 지적에 깊게 공감한다. 나도 현장에서 겉과 속이 괴리된 탓에 조직이 움직이지 않았던 경험이 수없이 많았다. 또한 사실을 바탕으로 허심탄회하게 이야기를 나누고 동료들과 함께 대전제를 바꾸자 조직이 움직인 경험도 수없이 많았다. 아지리스가 말했듯이 이원 순환 학습으로 대전제를 의심하는 것이야말로 성공의 열쇠다.

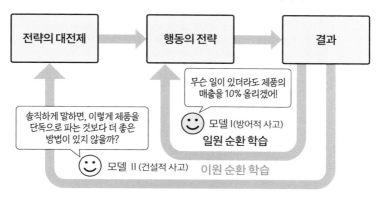

일원 순환 학습에서 이원 순환 학습으로 진화하라

출처:《조직의 함정》을 바탕으로 필자가 작성

2013년에 타계한 아지리스는 이 책에서 이렇게 말한다. "조직의 함정을 줄이는 것은 불가능하다고 말하는 사람이 있는데, 조직 개혁으로 함정을 줄이지 않고 무시하면 함정을 키우게 된다." 이 책은 아지리스의 도달점이었으며, 당신에게는 새로운 도전의 출발점이 될 것이다.

POINT

'이원 순환 학습'으로 대전제를 의심하라.

Chapter 2

시스템
System

조직에는 시스템이 필요하다. 조직의 시스템에는 정석이라고 할 수 있는 개념이 있고 이는 시대의 변화와 함께 바뀌어왔다. 제2장에서는 조직의 시스템을 공부하기 위한 실천서와 이론서 10권을 소개한다.

BOOK.11

마이클 포터의 경쟁 우위

Competitive Advantage

**경쟁 우위를 위한
'조직의 해부도'를
손에 넣으려면**

마이클 E. 포터
Michael E. Porter

미국의 경영학자. 하버드 비즈니스 스쿨 교수. 1947년에 미국에서 태어나, 1969년에 프린스턴 대학 항공우주기계공학과를 졸업하고 1971년에 하버드 대학 대학원에서 경영학 석사 학위를, 1973년에 경영학 박사 학위를 취득했다. 1982년에는 하버드 대학 역사상 최연소 정교수로 취임했다. 세계 각국의 정부 요인과 기업 경영자의 고문으로도 활약하고 있다.

비즈니스에서는 라이벌과의 경쟁을 피할 수 없다. 현명한 기업은 라이벌과의 소모전을 교묘히 피하며 여유 있게 승리한다. 이 책은 비즈니스 경쟁의 승리 패턴을 알려준다.

저자는 《사장을 위한 MBA 필독서 50》에 소개한 《마이클 포터의 경쟁 전략》[Book 1]에서 경쟁에 승리하기 위한 '3가지 기본 전략'을 제시했다. 이 책에서는 3가지 기본 전략을 실천하기 위해 가치 사슬(Value Chain)이라는 개념을 제안한다. 가치 사슬을 알면 그전까지 보이지 않았던 비즈니스의 전체상을 파악할 수 있어 경쟁 우위를 구축할 수 있다. 그러면 먼저 가치 사슬의 개념부터 살펴보자.

가치 사슬을 구성하는 9가지의 활동

30대 회사원 다영 씨는 좋은 재료로 빵을 구워 지인에게 나눠주기를 좋아한다. 다영 씨의 빵은 맛있어서 인기가 많다. 그러던 어느 날, 근처 빵집에서 "빵이 참 맛있더군요. 저희 가게에서 팔고 싶습니다."라는 제안을 주었다. 다영 씨는 회사를 그만두고 빵을 만드는 회사를 창업했다. 빵 만들기에 특화된 빵 공장을 만들고 직원도 고용해 주거지 근방 빵집 십여 곳에 빵을 제공했다.

다영 씨의 회사는 여러 가지 활동을 하는데, 이를 가치 사슬의 개념으로 정리할 수 있다. 가치 사슬은 구매자의 가치를 만드는 9가지의 활동과 이윤으로 구성된다. 구매자의 가치를 만드는 활동은 5가지의 본원적 활동과 본원적 활동을 지원하는 4가지의 지원 활동으로 나뉜다. 이윤이란 회사가 만들어내는 총가치와 가치를 만들어내는 활동의 합계 비용의 차이, 즉 이익이다. 다영 씨의 빵 공장의 본원적 활동은 다음의 5가지다.

① 구매 물류: 빵을 만들기 위해 재료를 매입한다. 즉 원재료를 구입해 저장하는 활동이다.

② 제조: 빵을 만든다. 즉 원재료의 가공이다.

③ 출하 물류: 갓 구운 빵을 근처의 빵집에 배송한다. 제품을 구매자에게 전달하는 활동이다.

④ 판매·마케팅: 빵집에 판매한다. 구매자가 구입할 수 있게 하는 활동이다.

⑤ 서비스: 불량품이나 클레임에 대응한다.

5가지의 본원적 활동을 통해서 빵이 빵집(구매자)에 전달된다. 그러나 회사를 움직이려면 그 밖에 다음의 4가지 지원 활동이 필요하다.

⑥ 조달 활동: 설비 및 소모품의 조달이다. 빵 공장의 설비를 만들고 소모품을 조달한다.

⑦ 기술 개발: 품질과 효율의 향상. 더 맛있는 빵을 만드는 방법을 개발한다.

⑧ 인사·노무 관리: 직원의 채용·교육·육성·동기 부여·급여 지급이 필요하다.

⑨ 전반 관리(인프라): 가치 사슬 전체의 관리. 빵 공장을 운영하는 것이다.

다영 씨 빵 공장의 가치 사슬

| 전체의 관리(경영/기획) | | | | 회사의 이익 |

4개의 지원 활동
- ⑨ 전반 관리(인프라)
- 직원의 채용/육성 → ⑧ 인사·노무 관리
- 맛있는 제조법의 개발 → ⑦ 기술 개발
- 공방이나 소모품의 조달 → ⑥ 조달 활동

5개의 본원적 활동
| ① 구매 물류 | ② 제조 | ③ 출하 물류 | ④ 판매·마케팅 | ⑤ 서비스 | 이윤 |

- 엄선한 재료의 매입과 저장
- 엄선한 재료로 제빵
- 빵을 근처의 빵집에 배송
- 빵집에 판매해 소비자도 개척
- 불량품의 클레임 대응

출처: 《마이클 포터의 경쟁 우위》를 바탕으로 필자가 작성

어떤 회사든 사내 활동은 가치 사슬의 9가지 활동으로 나눌 수 있다. 가치 사슬은 기업의 구조를 해명한 해부도. 당신이 일하는 회사의 가치 사슬이 어떻게 되어 있는지 한번 생각해보기 바란다.

회사의 경쟁 우위는 9가지의 활동 중 몇가지 활동으로 만들어진다. '경쟁 우위의 원천은 제품을 만드는 제조에 있겠지.'라고 생각하기 쉽지만, 반드시 그렇다고는 장담할 수 없다. 가령 다영 씨 회사가 좋은 재료를 독점적으로 매입할 수 있다면 구매 물류가 경쟁 우위의 원천이 된다. 독자적인 궁리를 통해 소비자가 먹기 직전에 갓 구운 상태의 빵을 전달할 수 있다면 출하 물류가 경쟁 우위의 원천이 된다.

어떤 기업의 가치 사슬은 가치 시스템이라는 거대한 시스템의 일부다. 다영 씨의 빵 공장은 공급 업자에게서 재료를 사서 빵을 만들고, 근방의 빵집(유통 업자)을 거쳐 소비자에게 빵을 전달한다. 이들 공급 업자와 물류 업자도 자사의 내부에 독자적인 가치 사슬이 있다. 각 회사의 가치 사슬이 서로 연결된 결과 최종 소비자에게 상품이 전달되는 것이다.

이 가치 시스템을 볼 수 있으면 업계 내에서 자사의 위치를 알 수 있고, 나아가 다른 회사와 어떻게 손을 잡아야 경쟁 우위를 높일 수 있을지도 알 수 있다. 가령 세계 최대의 할인점인 월마트와 세계적인 일용품 제조사 P&G는 판매 상황을 공유한다. 그

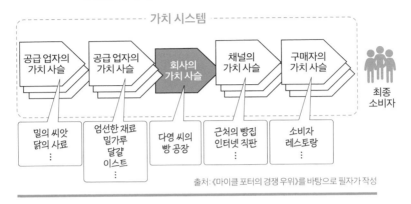

상품은 가치 시스템을 통해 구매자에게 전달된다

가치 시스템

| 공급 업자의 가치 사슬 | 공급 업자의 가치 사슬 | 회사의 가치 사슬 | 채널의 가치 사슬 | 구매자의 가치 사슬 |

최종 소비자

밀의 씨앗 닭의 사료 ⋮

엄선한 재료 밀가루 달걀 이스트 ⋮

다영 씨의 빵 공장

근처의 빵집 인터넷 직판

소비자 레스토랑

출처:《마이클 포터의 경쟁 우위》를 바탕으로 필자가 작성

럼으로써 P&G는 제조·출하 물류의 계획을 세워서 저가격·고품질의 상품을 월마트에 제공한다. 가치 사슬을 효과적으로 연결하면 경쟁 우위를 높일 수 있다.

경쟁을 우위로 만드는 3가지 전략

가치 사슬을 이해하면 경쟁 우위를 획득해 비용 우위 전략, 차별화 전략, 집중 전략이라는 3가지 기본 전략을 구사할 수 있다.

비용 우위 전략

비용 우위 전략은 업계의 다른 경쟁사보다 낮은 비용을 실현함으로써 고수익을 올리는 전략이다. 가치 사슬의 활동별로 비용의 분포를 파악하면 어떤 활동에서 비용이 발생하고 있는지를 가시화할 수 있으며, 회사 전체의 시점에서 효과적으로 비용을 절감할 수 있다.

그림은 어떤 회사의 자산을 고정자산(장기간 보유하는 건물이나 설비 등의 자산)과 유동자산(상품·원료·예금·외상 매출금 등 단기간에 현금화할 수 있는 자산)으로 나눠서 그 비용 내역을 나타낸 것이다.

가시화하면 대책도 보이게 된다. 가령 나라면 회사 자산 비용 가운데 구매 물류에서 6퍼센트, 제조에서 8퍼센트, 출하 물류에

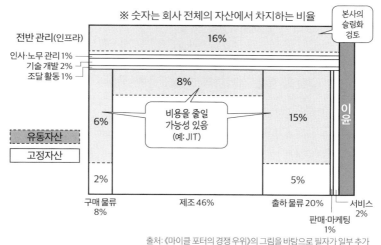

가치 사슬로 자산 비용의 분포를 가시화해 '비용 우위 전략'으로

출처: 《마이클 포터의 경쟁 우위》의 그림을 바탕으로 필자가 일부 추가

서 15퍼센트를 차지하는 유동자산(원재료나 상품 재고)을 줄이기 위해 작업 전체를 재검토하고, 도요타의 저스트 인 타임(JIT) 생산 시스템처럼 각 활동의 원재료·부품·상품을 줄임으로써 비용 절감을 검토한다. 또한 회사 전체 비용의 16퍼센트나 차지하고 있는 본사 관리 업무의 슬림화도 검토한다.

비용은 다음의 비용 구조 요인에 좌우된다. 이 요인들을 기본적 활동별로 확인한다.

[요인 1] 규모의 경제성·비경제성: 규모가 커지면 비용이 하락하는 것이 규모의 경제성이다. 빵 1개당 비용은 하루에 10개를 생산할 때보다 100개를 생산할 때 더 하락한다. 그러나 규모가 지나치게 커지면 조정이 복잡해져서 오히려 효율이 떨어지는 규모의 비경제성이 발생한다. 예를 들어 빵을 하루에 수십만 개 만들려고 하면 생산 조정이나 배송이 복잡해져 비용이 상승할 수도 있다.

[요인 2] 숙련도: 같은 직원이라도 장기간 빵을 만들면 숙련도가 높아져 더 많은 빵을 고품질로 만들 수 있게 되므로 비용이 하락한다. 숙련도는 작은 발전이 쌓여 생긴다.

[요인 3] 연결 관계: 가치 사슬의 다른 활동과 효과적으로 연결하면 전체 비용이 하락한다. 예를 들어 고품질의 맛있는 빵을 효율적으로 만드는 기술이 있으면 제조 비용이 하락한다.

[요인 4] 가치 사슬의 재구성: 라이벌과는 전혀 다른 가치 사슬을 만

들어내면 비용을 낮출 수 있다. 예를 들어 판매처인 빵집에 제조법을 제공해 제조를 위탁하고 자사는 기술 개발과 엄선한 식재료 조달에 특화하면 비용의 대부분을 차지하는 제조 비용이 필요 없어진다.

차별화 전략

차별화 전략은 구매자에 대해 '그 니즈에 부응할 수 있는 곳은 우리 회사뿐'인 상황을 만들어 경쟁자와 차별화하는 전략이다.

다영 씨의 빵 공장은 구매자(빵집)의 상품을 매력적으로 만들

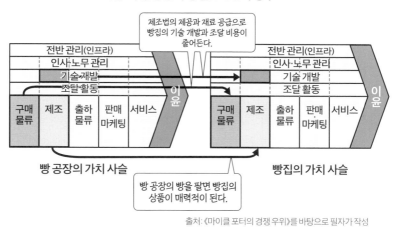

판매자와 구매자의 가치 사슬을 연결해 차별화를 꾀하라
다영 씨 빵 공장과 빵집(구매자)의 경우

어 소비자에게 사고 싶다는 마음이 들게 한다. 또한 빵 공장은 기술 개발과 엄선한 식재료의 제공에 전념하고, 빵집에는 제조 법과 재료를 제공한다. 그렇게 빵집이 맛있는 빵을 만들 수 있게 하면 빵집은 기술 개발과 재료 조달의 비용을 줄일 수 있다.

이처럼 차별화 전략에서는 서로의 가치 사슬을 연결해 구매 자의 비용을 낮추거나 구매자의 실적을 향상시킴으로써 구매자 의 가치 사슬을 강화해 구매자의 경쟁 우위를 만들어낸다.

집중 전략

집중 전략은 좁은 타깃에 자사를 최적화함으로써 다른 회사 를 배제하는 전략이다. 가령 일본 고급 식빵 전문점 노가미처럼 식빵에 특화하는 것은 제품의 종류를 좁히는 집중 전략이다. 또 한 세이코마트가 땅이 넓고 인구가 적은 홋카이도에 특화한 편 의점으로서 도민의 생활 기반이 되는 것도 고객을 좁히는 집중 전략이다.

집중 전략을 통해 좁은 특정 시장에 특화하면 그 시장에 저비 용으로 최적화할 수 있다. 노가미는 식빵, 세이코마트는 홋카이 도만을 생각하면 된다. 그럼으로써 폭넓은 타깃을 생각해야 하 는 다른 회사보다 강력한 비용 우위나 차별화를 실현할 수 있으 며, 구매자에게 최고의 판매자가 된다.

다만 집중 전략에는 함정도 있다. 다른 회사가 흉내 내기 쉬운 집중 전략은 과당 경쟁에 빠질 위험성이 있다. 노가미의 등장으로 '고급 식빵은 비싼 가격에 팔 수 있다.'라는 사실을 깨달은 라이벌들이 시장에 뛰어들면서 고급 식빵 시장의 경쟁이 치열해졌다.

집중 전략에는 다른 회사가 모방하기 힘들게 만드는 장벽도 필요하다. 가령 식빵에 전념한다면 다른 회사가 절대 흉내 낼 수 없는 제조법이나 재료로 차별화된 맛을 추구하는 식이다.

이 책을 이해하면 회사의 전체상에 입각해 어디에서 가치가 만들어지고 있는지 파악하고 경쟁 우위성을 획득하기 위한 힌트를 얻을 수 있다. 《마이클 포터의 경쟁 전략》과 함께 꼭 읽어보고 이해해야 할 책이다.

POINT

자사의 9가지 기본 활동을 파악하고 고객의 가치 사슬을 강화하라.

우치다 가즈나리
內田和成

경영학자이자 컨설턴트. 와세다 대학 비즈니스 스쿨 교수. 1951년에 태어나 도쿄 대학 공학부를 졸업하고 게이오기주쿠 대학에서 경영학 석사(MBA) 학위를 취득했다. 일본항공 주식회사를 거쳐 1985년에 보스턴 컨설팅 그룹(BCG)에 입사했으며, 2000년부터 2004년까지 BCG 일본 대표. 2009년 12월까지 시니어 어드바이저를 역임했다. 비즈니스 스쿨에서 경쟁 전략론과 리더십론을 가르치고, 기업의 리더십 트레이닝도 실시하고 있다

"프로젝트 계획 책정 건, 진행 상황은 어떤가?"

"정보 수집 중입니다."

"잘 진행되고 있나?"

"분석 중입니다."

어떤 프로젝트를 담당한 부서의 팀장과 팀원의 대화다. 기한 전날, 팀원은 방대한 서류를 완성했지만 서류에는 조사 결과만 있을 뿐 무엇을 할 것인지가 적혀 있지 않았다.

"그래서 이건 뭘 하려는 프로젝트인 건가?"라고 팀장이 물어도 팀원들은 서로 얼굴을 마주 볼 뿐 대답을 하지 못했다. 내일부터 프로젝트가 본격적으로 시작될 예정인데 아직 아무것도

결정되지 않은 것이다. 많은 회사에서 이런 일이 일어난다.

현대 비즈니스는 시간 싸움이다. 그러나 많은 사람이 '정보가 많을수록 의사 결정을 잘할 수 있다.'라고 생각한다. 그래서 경영진부터 현장 직원에 이르기까지 모두 '정보 수집가'가 되는데, 그래서는 골든타임을 놓쳐 프로젝트가 실패할 수밖에 없다. 비즈니스의 성패를 가르는 것은 의사 결정의 속도와 질이다. 그런 의미에서 이 책을 강력히 추천한다.

저자는 보스턴 컨설팅 그룹(BCG) 일본 대표로서 수많은 일본 기업의 경영 전략 책정 프로젝트를 담당했던 경영 컨설턴트다. 경영 컨설턴트는 일을 처리하는 속도가 빠르다. 그러나 우치다는 "경영 컨설턴트라고 해서 특별히 두뇌 회전이 빠른 것은 아니다. 후천적으로 가설 사고를 익힌 덕분에 문제 해결 속도가 크게 빨라진 것이다."라고 말했다.

이 책은 가설 사고법을 정리한 것이다. 가설 사고로는 먼저 답을 정한 다음에 일을 진행한다. 나도 일할 때 이 책에서 소개한 가설 사고를 실천해봤는데, 기획을 만들어내는 속도가 몇 배는 빨라졌고 결과물의 질도 높아졌다.

답을 내는 것이 빠른 사람은 분석이 진행되지 않은 단계에서도 자기 나름의 답을 내놓는다. 그들은 이른 단계에 자기 나름의 '가설'을 세워놓는다. 가설이란 '아직 증명되지 않았지만 가장 정답에 가깝다고 생각되는 답'을 의미한다.

'어려워 보이는데…….' 하고 주춤거릴 수 있는데, 사실 우리는 평소에 가설을 바탕으로 행동하고 있다. '오늘은 비가 내릴 것 같은데?' 하고 우산을 들고 집을 나서는 것도 가설에 입각한 행동이다. 우리가 평소에 하던 행동을 비즈니스에 응용한 것이 가설 사고인 셈이다.

'망라 사고'를 '가설 사고'로 바꿔라

우치다는 이 책에서 일본 장기 기사 하부 요시하루의 예를 든다. 일본 장기는 어떤 하나의 국면에서 둘 수 있는 수가 약 80가지에 이르는데, 하부는 그 80가지의 수를 전부 면밀하게 검토하지 않는다. 80가지 중 77~78가지는 과거의 경험을 통해 '생각할 필요가 없다.'라고 순간적으로 판단한 뒤 '이게 좋아 보인다.'라고 직감한 수 2~3가지에 집중한다. 하부는 "직감의 70퍼센트는 옳다."라고 말했는데, 이런 행동이 바로 가설 사고다.

비즈니스에서도 하나의 국면에서 생각할 수 있는 방책은 수십 가지에 이른다. 정보 수집가는 전체상을 보기 전에 무작정 정보를 모으며, 눈앞의 선택지를 하나하나 전부 검토하려 한다. 이것을 망라 사고라고 한다. 그러나 망라 사고로 장기를 뒀다가는 시간 초과로 패배하게 된다. 첫머리에서 소개한 팀처럼 말이다.

가설 사고에서는 먼저 몇 가지 선택지(가설)로 압축한 다음 그 가설이 옳은지를 검증한다. 이렇게 하면 망라 사고보다 속도가 훨씬 빠르며 가설도 깊이 검토할 수 있기에 성과의 질도 높아진다.

이렇게 말하면 '처음에 세운 가설이 틀렸으면 어떡하려고?' 라고 생각하기 쉬운데, 그것은 기우일 뿐이다. 가설이 틀렸다면 검증 단계에서 가설이 옳다는 증거가 모이지 않는다. 그럴 경우 빠르게 가설을 버리면 충분히 궤도를 수정할 수 있다. 가설 중 2~3가지가 틀렸다 해도 4번째 가설을 통해 정답에 도달하고 그 가설을 깊게 파고든다면 100개의 선택지를 망라하여 살펴보는 것보다 훨씬 빠르며 성과의 질도 높다.

의사도 가설 사고를 한다. 환자가 복통을 호소할 경우, 맹장염, 위궤양, 담석 등 다양한 원인을 생각할 수 있다. 의사는 증상

망라 사고에서 가설 사고로

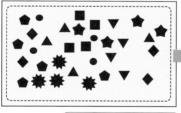

망라 사고 = 전부 검사하기   가설 사고 = 몇 개로 좁히기

전부 조사한 다음 답을 내지 않으면 불안해…….
빠짐없이 조사한다. 시간이 걸리며, 품질도 그저 그렇다.

가장 정답에 가까워 보이는 것으로 좁혀서 확인하자.
틀렸다면 즉시 수정한다. 훨씬 빠르고 고품질이다.

출처: 《가설이 무기가 된다》를 바탕으로 필자가 작성

을 본 다음 유력한 병을 가늠하고 특정 부위의 엑스선 촬영을 해서 원인을 좁힌다.

가설에는 '문제 발견'과 '문제 해결'이 있다

문제 해결에는 2단계의 가설이 있다. 문제 발견의 가설과 문제 해결의 가설이다.

A사의 가전제품은 수요도 상품력도 있는데 잘 팔리지 않는다. 가설 사고를 사용해 해결책을 생각해보자.

먼저 '문제 발견의 가설'을 세운다. 여기서는 '잘 팔리지 않는 이유'로 '아마도 이것일 거야.' 싶은 것으로, '경쟁자보다 비싼 가격', '판촉', '판매 채널'의 3가지 문제로 좁힌다.

그다음에 실제로 점포에 가서 조사해본 결과 다음과 같은 사실을 알았다. 가격은 경쟁자와 차이가 없었고, 판촉도 다르지 않았으며, 양판점에서는 경쟁자와 비교했을 때 진열된 자사 상품의 수가 적었고, 점원에게 상품에 관해 물어보니 타사의 제품을 추천해줬다. 여기까지 검증하면 문제점을 판매 채널로 좁히고 다른 두 가지는 무시해도 무방하다.

다음에는 '문제 해결의 가설'을 세운다. 다음 그림은 양판점의 매출을 확대하기 위한 방책을 상품 개발과 영업 강화로 나누고 각각 구체적으로 파고든 것이다. 방책들이 실제로 효과가 있을

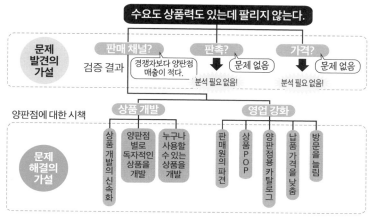

지를 비용, 인원, 체제, 양판점의 강점·약점 등의 시점으로 검증하면서 방책을 짜낸다. 이렇게 가설 사고로 생각하면 신속하고 적확히 정답에 도달할 수 있다.

좋은 가설과 나쁜 가설

가설에는 좋은 가설과 나쁜 가설이 있다. '잘 팔리지 않는 이유'로서 다음의 가설은 어떨까?

[가설 ①] 영업의 효율이 나쁘다.

[가설 ②] 영업사원이 교육을 받지 않았다.

가설 ①, ②는 나쁜 가설이다. 깊게 파고들지 않았으며, 구체적이지도 않다. '그래서 뭐?'라는 생각이 들 수밖에 없다. 그렇다면 다음의 가설은 어떨까?

[가설 ③] 영업사원이 사무를 처리하느라 바쁜 나머지 거래처에 갈 시간이 없다.

[가설 ④] 영업 소장이 자신의 업무를 끌어안고 있어서 부하 직원을 지도하지 못하고 있다.

가설 ③, ④는 좋은 가설이다. 구체적이며 검증 결과, 가설이 옳다면 대책도 세울 수 있다. 가설 ③이 문제로 밝혀졌을 때는 사무를 줄이면 되고, 가설 ④가 문제로 밝혀졌을 때는 소장의 업무를 재분배하면 된다. 계속 '그래서 뭐?'하고 자문하면서 구체적이고 좋은 가설을 만들어내면 문제 해결은 원활히 진행된다.

가설 검증 경험이 쌓이면 무의식적으로 뇌 속에서 빠르게 가설을 검증할 수 있고, 처음부터 이치에 맞는 가설을 세울 수 있다. 그리고 직감적으로 문제의 답을 알 수 있다. 가설 검증 경험을 쌓는 것이 중요하다. 가설을 세우고 그것이 틀렸다면 다음 가설을 세우며 가설을 진화시킨다. 이 훈련을 계속하면 틀림없이 가설 사고력이 생긴다.

이를 위해서는 실패로부터 배워야 한다. 실패를 두려워하지 말고 '가설 구축 → 검증 → 진화'의 단계를 거듭해 가설의 정확도를 높인다. 정확도가 높아질수록 문제 해결 속도는 빨라진다. 두뇌가 좋고 나쁘고는 별로 상관없다. 계속 도전하면서 실패로부터 배울 줄 아는 사람이 성공한다. 우직함이 중요하다.

가설 사고는 처음에 답을 정해놓기 때문에 익숙하지 않을 때는 불쾌감이 든다. 이 불쾌감을 극복하지 않고서는 가설 사고를 자신의 것으로 만들 수 없다. 이와 관련해 우치다는 "생굴을 먹는 것과 같다."라고 말한다. 생굴은 징그럽게 생겼지만, 일단 먹어보면 '이렇게 맛있는 것이 있었다니!'라며 놀라는 사람이 적지 않다.

가설 사고를 제대로 활용할 수 있게 되면 제2장에서 소개한 다른 책들도 자연스럽게 활용할 수 있게 될 것이다. 부디 '가설 검증의 불쾌감'을 극복하고 가설 사고를 익히기를 바란다.

POINT

가설 검증의 불쾌감을 극복하라.

BOOK.13

경영자가 되기 위한 노트

経営者になるためのノート

'경영자의 시선'이란

야나이 다다시

柳井正

패스트리테일링의 대표이사 회장 겸 사장. 1949년에 야마구치현 우베시에서 태어나 와세다 대학을 졸업했으며, 1984년에 캐주얼 의류 소매점 유니클로 제1호점을 출점하고 사장에 취임했다. 1991년에 회사명을 패스트리테일링으로 변경했고, 1999년에 도쿄증권거래소 제1부에 상장했다. 2002년에 대표이사 회장에 취임하면서 사장의 자리에서 물러났지만 2005년에 다시 사장으로 복귀했다. 2001년에 유니클로를 런던에 출점한 이래 적극적으로 해외 진출을 진행하고 있다.

50대 후반이 되어 느낀 점은 비즈니스 인생은 참 알 수 없다는 것이다. 지인 중 한 명은 학창 시절에 지극히 평범했는데, 지금은 일본을 대표하는 경영자다. 한편 입사 당시에는 우수했던 동기가 지금은 크게 성장하지 못한 경우도 있다. 비즈니스 종사자가 경영자로서 성공할지 어떨지는 의외로 아무도 알 수 없다.

패스트리테일링의 회장 겸 사장으로 일본을 대표하는 경영자인 저자는 책에서 "나는 무능한 경영자였다."라고 말한다. 오랫동안 야나이의 컨설턴트로 일하고 있는 가와이 다이스케는 이 책의 해설에서 "(야나이는)대학 시절에 수업에도 들어가지 않고 마작 등을 하며 한량처럼 살았다. 일하기 싫다고 생각하면서 취직했고, 결국 10개월도 채우지 못한 채 퇴직했다. 그리고 고향으로 돌아가서 가업을 이어받아 하고 싶은 대로 했더니 한 명을 제외한 전원이 사표를 냈다."라고 말한다.

현재의 야나이에게서는 상상도 할 수 없는 모습이지만, 그런 상태에서 각오를 굳히고 '경영자로서의 자신'을 만들기 시작했다. 이 책은 그런 야나이가 수많은 실패 속에서 경영의 원리 원칙을 배우고 실천을 거듭하는 가운데 배운 점들을 정리한 것이다.

야나이는 "이 책을 읽는 독자 여러분은 틀림없이 나보다 우수한 사람들이다. 여러분이 이른 단계에 경영의 원리 원칙을 배우고 실천을 통해서 그것을 몸에 익힌다면 나보다 빨리 더 훌륭한 경영자가 될 수 있을 것이다."라고 말한다.

회사원은 자칫하면 회사의 간판에 안주하며 지시받은 대로 일하는 나날을 보내기 쉽다. 그래서는 성장하지 못한다. 경영자의 시선을 갈고닦는 것이 중요하다. '나는 평사원이니까 상관없어.'라고 생각할지도 모르지만, 경영자의 시선을 갖추면 큰 차이를 만들어낸다. 경영자의 시선이란 '바람직한 모습'을 그리고 '현재의 상황'을 파악한 뒤 '무엇을 해야 할지'를 궁리해 실현하는 것이다. 그런 힘을 갖추면 현장에서 일하는 직원도 업무 성과가 비약적으로 향상된다.

경영자의 시선은 하루아침에 갖출 수 없다. 젊은 시절부터 갈고닦을 필요가 있다. 그래서 이 책을 추천한다. 패스트리테일링에서는 점원부터 집행 임원에 이르기까지 모두가 이 노트를 바탕으로 교육을 받는다. 본래 기업 비밀이었지만 야나이가 '나라 전체에 좀 더 활기를 불어넣고 싶다.'라는 바람에서 공개했다.

이 책에는 여백이 많은데, 이는 자신이 깨달은 점을 여백에 적을 수 있도록 한 디자인이다. 그렇게 자신만의 기록을 채우며 세계에서 단 한 권밖에 없는 나만의 '경영자가 되기 위한 노트'를 만들어나가는 것이다. 그럼 지금부터 이 책의 포인트를 살펴보자.

수익만 내면 된다는 생각은 틀렸다

경영자란 성과를 올리는 사람이다. 성과란 약속이다. 경영자는 고객, 사회, 직원, 주식 시장 등의 관계자에게 "이것을 하겠다."라고 말했으면 무슨 일이 있어도 그것을 해내서 성과를 올려야 한다. 그래야 비로소 관계자들에게 신뢰를 얻을 수 있고 회사를 존속시킬 수 있다.

성과를 올리기 위해서는 자신의 존재 의의, 즉 사명(使命)을 생각해야 한다. 가령 패스트리테일링은 '옷을 바꾸고, 상식을 바꾸고, 세상을 바꿔나간다.'가 사명이다. 경영자는 사명에 조금이라도 가까이 다가가기 위해 "이것을 하겠다."라고 약속하고 성과를 올린다.

또한 경영자는 수익을 내는 것도 중요하다. 다만 '수익만 내면 된다.'라는 말은 아니다. 개중에는 수익을 좇은 나머지 상품이 없어서 곤란에 빠진 고객에게 비싼 가격을 붙여서 파는 사람도 있다. 이런 사람은 '윤리가 없는 장사꾼'이지 '경영자'가 아니다. '수익을 내는 것이 중요하다'와 '수익만 내면 된다'는 전혀 다른 말이다.

경영자의 올바른 모습은 회사의 사명에 걸맞게 약속하고 성과를 올리며 올바르게 수익을 내는 것이다. 그리고 경영자가 성과를 올리기 위해서는 4가지 힘(4가지 얼굴)이 필요하다. 변혁하는 힘(혁신가의 얼굴), 수익을 내는 힘(장사꾼의 얼굴), 팀을 만드는 힘(리더의 얼굴), 이상을 추구하는 힘(사명감으로 사는 자의 얼굴)이다. 여기에서는 '변혁하는 힘'에 관해 살펴보겠다.

변혁하는 리더가 되기 위한 7가지 습관

습관1 목표를 높게 갖는다

[Book 5]에서 해럴드 제닌이 말했듯이, 경영은 일단 도착점을 결정하고 목표를 설정하는 것부터 시작한다. 이때 목표를 현재의 10~20퍼센트 증가가 아니라 3~5배 증가로 세우면 '기존의 연장선'이라는 발상의 속박으로부터 해방된다. 패스트리테

일링도 매출액이 80억 엔(800억 원)이던 시절부터 '세계 최고의 의류 회사'를 목표로 설정했다. 그리고 주위의 비웃음 속에서도 시행착오를 거듭하며 성장해왔다.

습관2 상식을 의심한다

회사의 성장과 진화를 방해하는 가장 큰 적은 '상식'이다. 우리는 지금의 상황을 상식이라고 제멋대로 생각해버린다. '플리스 소재의 의류는 아웃도어 의류 회사가 파는 것'도 상식이었다. 그런 규칙을 정해놓은 사람은 사실 아무도 없음에도 선입견에 빠져서 잠재 능력을 봉인하고, 불안감에 제멋대로 '그런 건 무리야.'라고 생각한다. 해보지도 않고 말이다.

경영자는 불안감에 사로잡혀서는 안 된다. 불안한 점을 구체적으로 종이에 적어서 그 정체를 밝혀내자. 정체를 밝혀내면 사실은 고민한들 의미가 없는 일이며 그다지 대단한 문제도 아님을 알게 될 것이다. 일단 해보는 것이 중요하다.

습관3 기준을 높게 잡는다

유니클로의 히트텍은 2003년에 상품화되면서 150만 벌이 팔렸다. 이후 매년 기능을 추가했고 2006년에 도레이와의 제휴로 더욱 진화했다. 그 결과 2010년에는 판매량 8,000만 벌을 달성했다. 이제 '겨울에는 히트텍'은 상식이 되었다. 질의 기준을 높이려고 매년 노력한 결과다.

기준을 높게 잡으면 대개 처음에는 실패로 끝난다. 그래도 상관없다. 고객이 '진짜 좋다.'라고 생각하는 질의 기준은 점점 상승한다. 그러므로 계속 기준을 높게 잡는 것이 중요하다.

또한 경영자는 높은 기준을 지향해야 한다. 안 그러면 도전하는 사람이 아무도 없을 것이다. "나는 나름 잘하고 있어."라고 말하는 사람이 많은데, 단순히 낮은 기준을 설정했을 뿐인 경우가 대부분이다.

습관4 거침없이 실행하고 실패하면 다시 맞선다

'안정 지향'의 경영은 언뜻 좋은 말처럼 들리지만 회사를 망친다. 안정 지향인 사람은 도전하는 사람을 보고 "현실을 직시하지 않는다."라며 비웃는데, 현실은 엄청난 속도로 변화하고 있다. 그 점을 생각하면 안정 지향인 사람이 훨씬 현실을 직시하지 못하고 있는 셈이다.

리스크 없이는 이익도 없다. 리스크를 짊어지기로 결정했다면 결과가 나올 때까지 철저히 한다. 경험해본 적이 없으므로 처음에는 당연히 실패한다. 그러나 상관없다. 원인을 검증하고 다음에는 어떻게 해야 할지를 궁리해 또다시 실행하면 된다.

습관5 철저히 요구하고 핵심을 찌르는 질문을 한다

평범한 사람은 [Book 1]에서 소개한 드러커의 '고객 창조'라는 개념을 잘 모른다. 그러므로 경영자는 구체적으로 이야기해줘야 한다. 경영자는 "고객은 어떻게 생각하고 있지?"를 물어보고, 대답이 어설프면 "정말 그런가?", "왜 그렇게 생각하지?"라고 다시 물어서 곰곰이 생각해보도록 해야 한다. 도요타의 사원은 일할 때 항상 '왜?'를 5회 반복한다. 그 정도로 하지 않으면 고객에게 관심을 두고 상상력을 발휘하며 일하는 힘이 약해진다. 생각하는 힘의 약화는 고객 창조에 장해물이 된다.

습관6 자문자답한다

'항상 절벽 위를 걷고 있어서 조금이라도 방심했다가는 아래로 떨어진다.'라는 위기감을 갖는 것이 '정상적인 경영'이다. 나는 회사를 나와 창업하고 나서 늘 위기감을 품었다. 경영자일 때는 회사가 위기에 빠지지 않을지 불안해서 잠을 이루지 못한 날도 있다. 그렇기에 항상 방책을 궁리했다. 이것이 정상적인 모습이다. 부끄럽게도 회사원일 때는 위기감까지는 생각하지 않고 회사원의 처지에 안주하며 살았다.

평소에 진지하게 자문자답을 하고 많은 사람과 이야기를 나누면서 시행착오를 거듭하다 보면 감이 발동해 뛰어난 아이디어가 나오게 된다.

습관7 높은 곳을 지향하며 계속 공부한다

저자는 경영자가 쓴 책을 즐겨 읽는다고 한다. 다양한 간접 체험을 할 수 있기 때문이다. 항상 '내가 하려고 하는 일은 어딘가에서 누군가가 이미 하고 있는 것이다.'라고 생각하며 그런 사람들이 쓴 책을 읽고 또 실제로 보러 간다.

진짜배기들과 정보 교환을 하는 것이 중요하다. 그들은 진짜 정보를 가지고 있다. 또한 정보를 축적해 그들과 대화할 수 있는 힘을 키운다. 안 그러면 대화가 되지 않는다. 그리고 업무에서 실적을 올린다. 실적은 상대의 신용을 얻기 위한 수단이 된다. '저 친구는 힘이 되겠군.' 하고 인정받으면 진짜배기들과의 네트워크가 넓어지며, 이는 배움으로 이어져 선순환을 낳는다.

이 책은 금방 읽을 수 있는데, 한 번만 읽지 말고 시간이 날 때마다 여러 번 읽기를 바란다. 이 책을 한 번 읽은 사람과 여러 번 읽은 사람 사이에는 배움의 차이가 크다. 경영자가 되었다는 생각으로 일하면 일이 즐거워지고 성과도 명백히 달라진다. 경영자로서 활약하고 싶은 사람은 이 책에 열심히 메모하면서 철저히 읽기를 바란다.

POINT

경영자는 사명을 다하기 위해 올바르게 수익을 내야 한다.

BOOK.14

OODA LOOP

Certain to Win

압도적 경쟁자를
이기기 위한 승부수

쳇 리처드
Chet Richards

전략 컨설턴트. 항공기 기업과 전문적 서비스 기
업의 컨설턴트. OODA 루프를 고안한 미국 공군
대령 존 보이드의 가르침을 오랫동안 받으며 친
분을 쌓았다. 미시시피 대학에서 박사 학위(수학)
를 취득했으며, 미국 공군사관학교에서 강의하
고, 케네소 주립대학에서 학생들을 가르쳤다.

이 책에는 최강의 체스 선수에게 승
리할 방법이 담겨 있다. 규칙을 2개
만 바꾸면 된다.

① 대국 상대가 먼저 둔다.
② 대국 상대가 한 수를 둘 때마다 이쪽은
두 수를 둔다.

규칙 2개만 알면 체스 말을 몇 개 접어주고 두더라도 여유 있
게 이길 수 있다고 한다. 리처드는 소규모 조직이 양적인 핸디캡
을 극복하기 위한 힌트를 가르쳐준다. 최강의 적이라도 상대가
한 수를 두는 동안에 두 수를 두는 압도적인 속도를 획득하면 이

길 수 있다는 것이다. 이 방법은 비즈니스에서도 통한다.

　속도로 적을 압도하기 위해 저자는 OODA(우다) 루프라는 의사 결정 방법을 주장한다. OODA 루프를 활용하면 마치 체스에서 상대가 한 수를 두는 동안 두 수를 두듯이 압도적인 속도로 승리할 수 있다.

　OODA 루프는 다양한 분야로 확대되고 있다. 스타트업 IMVU의 공동 창업가 에릭 리스(Eric Ries)는 OODA 루프를 신규 사업의 설립에 응용한 린 스타트업을 제창했다. 또한 유니참은 과거에 PDCA 사이클을 바탕으로 한 경영 관리 시스템을 사용했는데, 계획에 지나치게 집착한 나머지 성과가 나지 않은 적도 있었다고 한다. 이래서는 예상치 못한 일이 종종 일어나는 지금의 시대에 대응할 수가 없다. 그래서 2019년부터 OODA 루프를 도입했다.

　OODA 루프는 본래 미국의 공군 전략가 존 보이드(John Boyd)가 만들어낸 사상이다. 이 책은 서양 각국의 군사 전략에 커다란 영향을 끼친 보이드의 사상을 직계 제자인 저자가 비즈니스용으로 정리한 것이다. 보이드는 동서고금의 전투뿐만 아니라 손자와 미야모토 무사시 등의 동양 사상, 오노 다이이치의 도요타 생산 방식 등을 깊이 연구해 자신의 이론을 체계화했다.

조직의 의사 결정을 생략한다

OODA 루프는 다음의 4가지 활동으로 구성된다.

① 관찰(Observe): 온갖 정보를 입수한다.

② 정세 판단(Orient): 가장 중요한 단계로 정보를 경험이나 가치관과 조합해 통찰을 얻는다.

③ 의사 결정(Decide): 방침을 결정한다.

④ 행동(Act): 실제 행동으로 옮긴다.

사실 이 'O → O → D → A'의 4단계를 밟는 것은 아직 OODA 루프의 초보 단계라는 뜻이다. 고수 단계 OODA 루프는 D를 생략하고 'O→O→A'로 움직여야 비로소 진가를 발휘한다.

에도시대의 전설적 검성 미야모토 무사시가 양손에 검을 들고 적을 순식간에 베는 모습을 상상해보라. 검의 달인은 찰나의 기척을 느끼고(관찰: Observe), 공격을 감지(정세 판단: Orient)한 순간 칼을 뽑아서 상대방을 벤다(행동: Act). 단련에 단련을 거듭한 결과 생각하는(의사 결정: Decide) 과정을 생략하고 'O → O → A'를 단숨에 실행하여 적을 속도로 압도해 베어버린다.

OODA 루프는 검의 달인의 경지를 조직에서 지향한다. '미야모토 무사시라면 몰라도, 조직이 그렇게 할 수 있을까?' 하고 의구심이 들지도 모른다. 그런데 그것을 실제로 실행한 조직이 있

OODA 루프

초보자의 OODA 루프

검술 훈련생

의사 결정이 필요하므로
그만큼 시간이 걸린다.

외부 정보
상황 변화

○○이군. │ ○○이니까
□□하자. │ ○○한다.

Observe
관찰

Orient
정세 판단

Decide
의사 결정

Act
행동

피드백

달인의 OODA 루프

검의 달인

순간적으로 반응해
속도로 압도한다.

외부 정보
상황 변화

○○이군. │ ○○한다.

Observe
관찰

Orient
정세 판단

Decide
의사 결정

Act
행동

(건너뜀)

피드백

출처:《OODA LOOP》를 바탕으로 필자가 작성

다. 보이드에게 OODA 루프의 힌트를 준 독일군이다.

압도적 불리함을 뒤집은 독일군의 '전격전'

1940년 5월, 독일군은 인접한 벨기에와 네덜란드를 경유해 프
랑스를 침공했다. 그러나 당시에는 독일군이 열세라 여겨졌다.
프랑스군보다 수적으로 우위성이 없었으며, 기술 측면에서도
뒤떨어졌다. 연합국인 프랑스와 영국은 과거 독일군의 기술을
철저히 연구했고, 국경의 지형도 숙지하고 있었으며, 독일군이

공격해올 것을 이미 예측하고 있었다. 기존의 상식대로라면 독일군이 승리할 가능성은 없었지만, 독일군은 압도적인 승리를 거뒀다.

전투가 시작되자 독일군은 유격대와 주력군이 밀접하게 연계하면서 적의 최전선에서 가장 방어가 허술한 지점에 병력을 집중했다. 적의 약점에 구멍을 뚫고 전차 부대를 투입해 전광석화처럼 수백 킬로미터를 진군했다. 1개월 뒤에는 프랑스 수도인 파리에 무혈 입성했다.

독일군은 '적보다 1분을 앞서는 것이야말로 우위성'이라는 생각으로 무엇보다 속도를 중시하며 전진을 계속했다. 한편 프랑스군은 행동 속도가 느린 탓에 시시각각으로 변화하는 상황에 대응하지 못해 군 내부가 마비 상태에 빠졌다. 그 결과 계속 독일군에 농락당하기만 했다.

실제 전장에서는 다양한 정보가 뒤섞인다. 프랑스군의 현장 지휘관은 수 킬로미터 내에 있는 적밖에 못 봐서 전체적인 상황을 파악하지 못한 채 '혼란스러운 상황'에 우왕좌왕할 뿐이었다. 반대로 독일군은 선수를 쳐서 혼란스러운 상황을 만들어내 프랑스군의 혼을 빼놓았다. 번개처럼 단기간에 승부를 낸 이 전법을 독일군은 '전격전'이라고 이름 지었다.

보이드는 전격전을 철저히 연구해 스피드를 무기로 삼는 OODA 루프의 개념을 만들어냈다. 여기에 도요타 생산 방식

(TPS)을 공부해 OODA 루프의 기본 원칙이 도요타에서도 실천되고 있음을 발견했다. 도요타의 경영진도 TPS를 이렇게 설명했다.

"TPS는 수주부터 차량 납품까지의 시간 단축을 지향한 것이다."

오퍼레이션의 성공을 위한 조직 문화

독일군의 전격전이나 도요타의 생산 방식은 그들 조직에 개개인의 힘을 조직의 힘으로 바꾸는 4가지 특성이 있었기 때문이다.

특성1 개인의 피부 감각과 직관적 능력

검의 달인이 찰나의 기척을 느끼듯이, 개인이 피부로 느낄 수준으로 직관적 감각을 익히면 혼란 속에서도 상황을 통찰할 수 있다. 독일군은 전격전을 시작하기 몇 개월 전부터 훈련을 계속해 직관적 감각을 익혔다.

화재 현장에서 재빨리 행동해야 하는 소방관도 직관적으로 판단하고 즉시 행동했을 때 최선의 성과를 만들어낸다. 이런 '직관적 감각'은 장기간의 경험과 자기 단련을 통해서만 획득할 수 있다. 무릇 경지에 이르려면 밤낮으로 단련해야 하는 법이다.

특성2 **동료의 상호 신뢰**

동료와의 상호 신뢰는 일체감과 결속력을 낳는다. 제1차 세계 대전에 패한 독일은 병력이 큰 폭으로 감소했으며, 소수의 직업 군인만 군에 머물렀다. 그리고 수많은 훈련을 통해 강한 상호 신뢰가 양성되었다.

싸움에서는 강한 집단 감정을 가진 쪽이 우위에 선다. 같은 시련을 공유하면 강한 신뢰로 유대감이 생긴다. 대부분의 회사원은 입사 동기와 반말하며 서로 강하게 신뢰한다. 기업이 대졸 신입 사원을 일괄 채용하고 연수를 실시하는 것은 동료 간 상호 신뢰를 양성하려는 목적도 있다.

특성3 **조직의 초점과 방향성**

상호 신뢰가 있는 조직이 미션을 공유하고 무엇을 지향할지를 명확히 하면 조직은 모든 활동에 집중할 수 있다. 조직의 미션이 결정되면 개개인도 자연스럽게 무엇을 해야 할지를 알게 된다. 독일군도 프랑스군에 대한 공격 목표를 명확히 정했다.

특성4 **전원이 미션을 이해**

예상 밖의 상황이 빈번히 발생하는 전장에서는 상부의 지시를 기다리고 있을 시간이 없다. 이때 뛰어난 능력을 지닌 개인이나 부대가 조직의 미션을 이해하면 로켓처럼 신속하게 움직여서 커다란 성과를 올릴 수 있다. 독일군도 현장이 자율적으로 움직이며 적을 속도로 압도했다. 상관과 부하가 서로를 신뢰하고 암묵적 이해로 의사소통할 수 있으면 자질구레한 지시는 필요가 없다.

[Book 4]에서 소개한 일본 생활용품 회사 아이리스오야마는 매주 월요일에 모든 책임자를 모아놓고 사장이 동석한 가운데 온종일 신상품 개발회의를 한다. 50개 안건이 넘는 신상품의 가부를 그 자리에서 결정한다. 합의가 되면 개발팀이 모든 책임을 지고 자율적으로 상품 개발에 매진한다. 이것이 로켓처럼 타사를 압도하는 상품 개발 속도의 비밀이다.

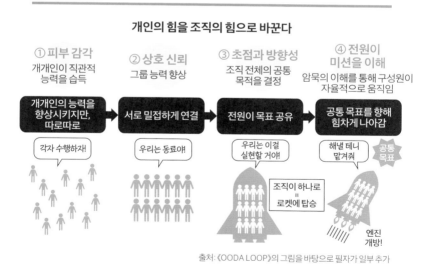

개인의 힘을 조직의 힘으로 바꾼다

① 피부 감각
개개인이 직관적 능력을 습득

② 상호 신뢰
그룹 능력 향상

③ 초점과 방향성
조직 전체의 공통 목적을 결정

④ 전원이 미션을 이해
암묵의 이해를 통해 구성원이 자율적으로 움직임

개개인의 능력을 향상시키지만, 따로따로 → 서로 밀접하게 연결 → 전원이 목표 공유 → 공통 목표를 향해 힘차게 나아감

각자 수행하자!

우리는 동료야

우리는 이걸 실현할 거야!

해낼 테니 맡겨줘

공통 목표

조직이 하나로 = 로켓에 탑승

엔진 개방!

출처:《OODA LOOP》의 그림을 바탕으로 필자가 일부 추가

이심전심이 압도적인 속도를 만들어낸다

조직이 압도적인 속도로 움직이려면 이심전심의 커뮤니케이션이 전제가 되어야 한다. 조직 내에서 생각이 이심전심으로 전해지면 전격전이나 도요타처럼 OODA 루프를 빠른 속도로 돌릴 수 있게 되고, 그 결과 압도적인 경쟁력을 획득해 적을 이길 수 있다. 검의 달인이 찰나의 기척으로 공격을 감지하고 순식간에 칼을 뽑아 상대를 베듯이, 조직에서도 D(결정)를 생략하고 'O → O → A'의 순서로 업무를 원활히 진행할 수 있게 된다.

이심전심의 커뮤니케이션은 조직이 압도적인 속도를 만들어 내기 위한 전제 조건이다. 그러나 과제도 있다. 그중 하나는 세계화가 진행된 오늘날, 국적이 다른 사람들과의 사이에서 어떻게 이심전심을 실현할 것이냐. OODA 루프를 실현할 수 있는 조직 문화를 만들어내기까지는 시간이 걸린다. 관계자를 사흘 일정의 연수에 참가시키는 식으로 간단히 가르칠 수 없다. 리처드는 조직 문화를 만드는 것을 정원 만들기에 비유했다.

경영진이 하는 일은 정원(조직 문화)을 설계하고 무엇(조직 문화의 요소)을 키울지 결정한 다음 그것이 잘 자랄 수 있도록 조건을 정비하는 것이다. 흙의 조건이라든가 기후 등에 대한 감각을 갖춘 전임 정원사(전임 담당자)도 필요하다. 조건을 정비해서 씨앗을 뿌리면 식물은 자연스럽게 자란다. 그리고 잡초(조직 문화의 장해물이나 반대자)를 솎아내는 것도 중요하다. 이렇게 해서 정원을 완성하기까지는 시간이 걸린다. 도요타도 TPS를 구축하고 정착시키는 데 28년이 걸렸다.

"OODA 루프를 고속으로 돌리는 목적은 시장의 변화에 신속하게 대응하기 위함이다."라고 말하는 사람이 있는데, 이는 잘못된 생각이다. OODA 루프의 목적은 수동적으로 변화에 대응하는 것이 아니다. 한발 앞서서 능동적으로 변화를 낳아 바람직한 시장을 만들어내는 것이다.

이 책의 발상은 '사람, 물자, 돈'에 이은 제4의 경영 자원인 '시간'을 조직이 철저히 활용하고자 할 때 크게 도움이 될 것이다.

POINT

OODA 루프를 통해 승리할 수 있는 시장을 스스로 만들어내라.

BOOK.15

OKR

Measure What Matters

구글의 결속력을 끌어낸
목표 관리법

존 도어

John Doerr

세계적인 벤처 캐피털 클라이너 퍼킨스의 회장
1951년에 미국에서 태어났다. 1980년에 클라이너 퍼킨스 코필드 앤 바이어스(KPCB)에 들어가 아마존, 구글, 트위터, 넷스케이프 등에 초기 단계부터 투자했다. 그가 투자한 기업은 시가 총액 세계 2위와 3위의 대기업으로 성장하는 등 세계적인 성공을 거뒀다. 공교육, 기후 변동, 빈곤 등의 문제에 관심을 쏟는 사회 창업가와도 함께 활동하고 있다.

이 책의 서문을 쓴 구글의 창업자 래리 페이지는 이렇게 말한다.

"OKR은 구글이 크게 성장하는 과정에서 중요한 역할을 했다."

실제로 구글은 창업 이듬해부터 OKR을 채용해 크게 성장했다. OKR은 직원의 잠재 능력을 끌어내면서 모두 단결해 같은 과제에 힘을 쏟는 목표 설정·관리 방법론이다. 전원이 같은 과제를 공유하고 개인의 능력을 최대한 끌어내서 그 과제에 몰두한다면 회사는 엄청난 힘을 발휘할 수 있다.

저자는 전설적인 벤처 캐피털리스트다. OKR의 전도사로서 수십 년 동안 구글을 비롯한 투자처에 OKR을 전도해왔다. 지금은 트위터, 링크드인, 오라클 등의 실리콘밸리 기업뿐만 아니라 BMW, 디즈니, 삼성, 엑슨 등의 대기업도 OKR을 활용하고 있다.

이 책은 수많은 관련 서적 중에서도 OKR에 관해 가장 잘 정리되어 있다. OKR은 목표(Objective)와 주요 결과(Key Result)의 머리글자를 딴 것이다. '목표를 결정하고 결과를 확인한다.'라는 당연한 일을 시스템화하는 것이다.

도어가 구글에서 처음으로 OKR의 프레젠테이션을 했을 때의 OKR은 이랬다.

- 저자의 목표(O): 구글을 위해 사업 계획의 시스템을 구축한다.
- 주요 결과(KR1): 프레젠테이션을 예정했던 시간대로 끝마친다.
- 주요 결과(KR2): 프레젠테이션 참가자 전원이 구글의 사분기 OKR의 샘플 세트를 만든다.
- 주요 결과(KR3): OKR을 3개월 동안 시범 운용하는 것에 대해 경영진의 동의를 얻는다.

실제로 프레젠테이션을 한 결과 KR1~3을 전부 달성했다. 구글은 이후 이 책을 집필한 시점까지 75사분기 연속으로 OKR을 계속 실천하고 있다고 한다.

저자가 프레젠테이션 후에 KR의 결과를 확인했듯이, 기한이 오면 KR의 달성도를 판단한다. KR이 전부 달성되었다면 반드시 O가 달성될 것이다. 만약 달성되지 않았다면 OKR의 설정이 잘못된 셈이다.

팀 전체가 OKR을 공유한다

고도비만에 건강에 적신호가 와서 체중 관리가 시급한데도 "내일부터는 꼭 다이어트해야지."가 입버릇인 사람이 있다. 그러면서 그다음 날도 똑같은 말을 하며 아이스크림을 먹는다. 이런 사람은 목표 설정과 목표 관리가 허술한 것이다.

OKR적으로 체중 관리를 한다면, '3개월에 10킬로그램을 감량한다.'라는 O를 정하고 '매일 5킬로미터를 걷는다.', '매일 3끼를 꼬박 먹고 간식은 끊는다.' 같은 KR을 설정한 뒤, 매주 '이번 주에는 매일 지켰는가?'를 확인하면 된다. 그리고 3개월 후에 'KR을 달성했는가?'와 '10킬로그램을 감량했는가?'를 확인하고 그다음 3개월의 OKR을 결정한다. 이렇게 하면 1년 후에는 상당히 날씬해질 것이다.

이처럼 O에는 '이것을 하겠어!'라고 힘차게 다짐하는 먼 목표를, KR에는 'O의 실현을 위해 이것을 착실히 완수하자.'라고 싶은 것을 설정한다. KR에서 단기 목표나 기한을 설정하는 것은 업무 수행을 촉진하는 효과가 있다. 당신도 '오늘 저녁까지 이것을 완성하자.'라고 결정하면 즉시 그 일에 몰두할 것이다.

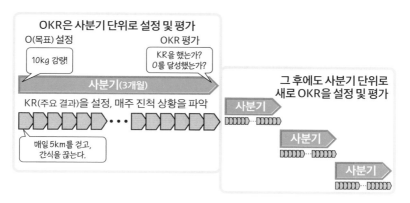

OKR 실천 도표
다이어트 계획인 경우

출처:《OKR》을 바탕으로 필자가 작성

　회사 전체의 OKR에서는 분기별로 '기업의 OKR → 부서/팀의 OKR → 개인의 OKR'로 전개해나간다. 개인의 OKR에서는 한 사람 한 사람이 '나는 무엇을 하고 싶은가?'를 생각하면서, 회사·부서의 OKR과 정합성이 있는 자신의 목표(O)를 설정하고 주요한 결과(KR)를 결정한다. 그리고 상사, 동료, 부하 직원과 공개적으로 공유하며 OKR의 진척 상황을 매주 상세히 확인한다. 이렇게 멤버가 목표를 공유하고 연계하며 진척 상황을 관리하는 팀은 커다란 능력을 발휘할 수 있다.

OKR을 인사 평가에 사용해서는 안 된다

사분기가 지나면 달성도를 기준으로 OKR을 채점하고 검증한다. 목표 수치는 객관적이므로 결과는 명쾌하다. 0부터 1.0 범위의 점수를 그룹으로 나누고 색깔로 구분해 평가한다.

- 0.0~0.3: 빨간색(진척 없음)
- 0.4~0.6: 노란색(진척은 있지만 완료는 못 함)
- 0.7~1.0: 파란색(완료)

'매주 5킬로미터 걷기'라는 KR을 설정했을 때 3개월 동안 매일 걷기를 계속했다면 달성도는 1.0이다. 다만 '1.0을 달성했으니 그것으로 성공'은 아니다. OKR에서는 '현재 능력으로 달성이 어려운 목표에 도전했는가?'를 중시하며 달성 가능성이 반반인 목표를 추구한다. 1.0을 달성했다면 이것은 'KR의 목표 수치가 너무 낮았기 때문'일 수도 있다. 그렇다면 다음 사분기의 KR을 '매일 7킬로미터 걷기'로 수정할지를 검토한다.

OKR은 [Book 4]를 쓴 앤드루 그로브가 인텔의 사장이었던 시절에 개발한 것인데, OKR이 달성도 1.0에 집착하지 않는 것은 그로브의 독자적인 생각 때문이었다.

'자아실현의 욕구'를 제창한 [Book 2]의 저자 에이브러햄 매슬로에게 심취해 있던 그로브는 아무도 시키지 않아도 항상 자신의 능력의 한계에 도전해 최고의 결과를 내는 사람이 있다는 데 흥미를 느꼈다. 또한 그는 보통 사람들은 그런 도전을 잘 안 한다는 사실도 알고 있었다. 보통 사람들에게서 최대의 성과를 이끌어내려면 '현재의 능력으로는 달성이 어려운 목표가 효과적'이라고 생각했다. '언뜻 불가능해 보이는 목표에 도전해야 한다.'라는 그로브의 생각은 구글의 래리 페이지에게 계승되었고, 이후 구글의 폭발적인 성장을 낳았다.

KR을 검증하는 목적은 '결과를 검증하고, 어떻게 개선할 것인가?' 생각하는 것이다. 인사 평가와는 분리되어 있다. 목표가 보수를 결정하는 기준이 되어버리면 사원은 방어적인 자세가 되어 자신의 실력을 뛰어넘는 리스크 있는 목표에 도전하지 않는다. 그래서 OKR을 인사 평가와 별도로 실시하는 것이다.

OKR은 PDCA의 약점 극복을 위해 탄생했다

OKR은 언뜻 PDCA 프로세스(계획:Plan → 실행:Do → 검증:Check → 대책:Action)와 비슷해 보이는데, 큰 차이점이 있다. 그 차이를 알려면 OKR이 탄생한 경위를 알아야 한다.

'인텔을 위대한 기업으로 만들고 싶다.'라는 포부를 안고 그로브는 OKR을 만들기 위해 경영 이론을 철저히 공부했다. 출발점은 드러커였다. 드러커는 [Book 1]에서 "기업은 개인이 자신의 강점과 책임감을 발휘하게 하고, 비전과 노력의 방향을 일치시켜 팀워크를 길러야 한다."라며 MBO(Management By Objective, 목표 관리를 통한 매니지먼트)를 제창했다.

그로브도 드러커의 주장 자체에는 동의했다. 그러나 MBO에는 현실적인 한계가 있었다. 본사가 결정한 목표가 현장의 말단에 전달되기까지 엄청난 시간이 걸린다는 점이다. 게다가 목표의 비전이 훌륭해도 현장의 말단에 전달되었을 무렵에는 '매출 목표는 전년 대비 20퍼센트 증가' 같은 혼이 빠진 여느 때와 별다를 게 없는 수치 목표가 되어버린다.

또한 MBO는 PDCA 사이클로 목표를 관리한다. 회사 전체의 목표를 작게 나눠서 사원에게 개인 목표를 준 다음 달성도를 평가한다. 그러나 하향식은 자칫 지시를 기다리는 사원을 양성할 우려가 있다. 그런 사원은 회사 전체의 목표 속에서 자신이 어떤 도전을 할지를 생각하지 않는다. 게다가 많은 기업이 MBO와 급여를 연동시킨 탓에 사원들은 '급여가 줄어들지도 몰라.'라고 생각해 실패의 리스크를 지려 하지 않는다. 이래서는 현대의 비즈니스 세계에서 승리할 수 없다. MBO나 PDCA는 만능이 아니다. 이는 관리 과잉의 폐해다.

그로브는 '기존의 영업 이론으로는 도움이 되지 않음'을 깨닫고 더욱 우수한 경영 수법을 만들기 위해 경영학뿐만 아니라 당시 갓 등장했던 행동 경제학이나 인지 심리학의 문헌까지 닥치는 대로 탐독했다. 마침내 OKR을 만들어 인텔에서 실천했다.

이 책의 저자 존 도어는 벤처 캐피털리스트로 변신하기 전, 1975년에 인텔 사원으로 재직하며 그로브에게서 OKR의 활용법을 배웠다. 인텔에서는 전원이 서로가 어떤 OKR을 설정·관리하는지 볼 수 있었고, 누가 무엇을 하고 있는지 금방 알 수 있었다. 도어도 스스로 OKR을 설정한 덕분에 무엇을 해야 할지 명확히 알 수 있었다. 그뿐만 아니라 인텔에서 완전히 새로운 업무를 의뢰받았을 때도 OKR을 근거로 그 업무를 받아들일지 거절할지 즉시 대답할 수 있어 마음이 편했다고 한다.

MBO와 PDCA의 약점을 극복하기 위해 탄생한 OKR

> 경영자가 결정한 목표를 달성할 수 있도록 확실히 관리하자.

> 리스크에 도전하지 않게 되었네…….

> 사원 개인이 하고 싶은 일을 생각하고 리스크에 도전하자.

	MBO와 PDCA	OKR
콘셉트	'무엇을 할 것인가?'	'무엇을 어떻게 할 것인가?'
기간	1년	사분기(혹은 1개월)
목표와 결과	비공개, 폐쇄적	회사 전체에 공개, 투명성
목표의 설정	위에서 부여한다.	상부의 목표를 고려하면서, 50%는 사원 개인이 하고 싶은 것으로 한다.
목표의 달성	100% 달성을 지향	노력해서 50~60% 달성을 지향
보수	보수와 연동	보수와는 거의 완전히 분리
리스크에 대한 도전	리스크를 회피하고 싶어 한다.	적극적·야심적이 되어 리스크에 도전한다.

출처:《OKR》의 그림을 바탕으로 필자가 일부 추가

OKR이 만들어내는 조직 문화

OKR은 처음에 실리콘밸리의 스타트업을 중심으로 확산되었는데, 대기업도 조직 문화를 변혁하는 수단으로서 OKR에 주목하고 있다. OKR이 사원의 잠재 능력을 끌어내는 효과가 있기 때문이다.

현장에서 큰 변화가 일어나는 오늘날에는 현장 직원이 무엇을 해야 할지를 스스로 생각해 결정하는 것이 중요하다. 그런 행동을 촉진하는 조직 문화가 필요하다. OKR은 팀을 최우선으로 여기는 가운데 현장 주도로 조직이 연계하며 움직이는 조직 문화를 만들어낼 수 있다.

한편 OKR을 회사에 도입하려면 독자적인 조직 문화나 기업의 개성에 맞춰서 미묘한 조정이 필요하므로 도입 초기에는 실패하는 일이 많다. OKR을 도입할 때는 처음에는 실패할 것이라는 전제 아래 자사의 독자적인 조직 문화에 맞춰 조정하면서 실천해야 한다. 느닷없이 OKR을 회사 전체에 도입하지 말고 일단은 소규모 부서에서 시험해보는 것도 한 가지 방법이다. 시행착오를 통해 배우면서 OKR을 조직에 최적화한다.

POINT
목표와 결과를 지렛대로 삼아 개인의 힘을 끌어내라.

BOOK.16

블랙박스 시크릿

Black Box Thinking

실패를 감추는 리더,
실패로부터 배우는 리더

매슈 사이드
Matthew Syed

영국 〈타임〉지의 1급 칼럼니스트, 라이터. 1970
년에 태어나 옥스퍼드 대학 철학정치경제학부
(PPE)를 수석으로 졸업한 뒤, 탁구 선수로 활약하
며 10년 가까이 잉글랜드 랭킹 1위의 자리를 지
켰다. 영국 방송 협회(BBC)의 뉴스 나이트 외에
CNN 인터내셔널이나 BBC 월드서비스에서 리포
터와 해설자 등으로 활약했다.

골프 실력을 높이는 비결은 1타, 1타 집중해서 스윙하며 시행착오를 거듭하는 것이다. 그러나 어둠 속에서는 아무리 스윙 연습을 한들 공이 어디로 날아갔는지 알 수 없으므로 절대 실력이 늘지 않는다. 사이드는 많은 사람이 실패로부터 배우지 않는다며 이를 '어둠 속 골프'에 비유한다.

가령 프로젝트가 명백히 실패했음에도 실패를 인정하지 않는 일이 종종 있다. 실패로부터 배우지 않는 것은 어둠 속에서 하는 골프와 같아서 절대 개선으로 이어지지 않는다. 실패의 피드백은 가장 가성비가 높은 개선 방법이지만, 현실에서는 실패로부터 배우지 못하는 일이 많다.

 고객의 생명을 책임지는 의료 업계와 항공 업계는 실패의 영
향이 큰 대표적인 업계다. 미국의 의료 업계에서는 의료 사고로
연간 4만 4,000~9만 8,000명이 사망하고 있다. 물론 의료 관계
자가 일을 엉터리로 한 것은 절대 아니다. 그들은 진지하게 일하
고 있다. 한편 과거에 사망률이 높았던 항공 업계는 2013년의
사망자가 탑승객 30억 명 가운데 210명에 불과했다.

 양 업계의 차이는 실패와 마주하는 자세에 있다. 의료 업계는
실패로부터 배우려 하지 않는다. 반면 항공 업계는 조직 문화의
밑바탕에 '실패로부터 배우자.'라는 자세가 있다. 이 자세의 차
이가 매우 크다.

 그래서 이 책은 실패로부터 배우지 않는 이유를 깊게 고찰한
뒤 실패를 활용하는 방법을 제시한다. 이 책의 저자는 이색적인
경력의 소유자다. 영국 옥스퍼드 대학에서 공부하는 한편으로
바르셀로나 올림픽과 시드니 올림픽에 탁구 선수로 출전했으
며, 이후 스포츠 저널리스트로 변신해 집필 활동을 시작했다. 사
이드의 두 번째 저서인 이 책은 22개국에서 간행되어 세계적인
베스트셀러가 되었다.

실패로부터의 배움이 주는 효과

실패의 소중함은 '가장 알맞은 것이 남는다.'라는 누적 선택 (Cumulative Selection)의 메커니즘을 통해서도 알 수 있다. 이 책에서는 진화생물학자인 리처드 도킨스(Richard Dawkins)의 저서 《눈먼 시계공》에 등장하는 예를 소개한다.

원숭이가 타자기의 키를 아무렇게나 막 눌러서 셰익스피어의 《햄릿》에 나오는 "Methinks it is like a weasel(나한테는 족제비로 보이는데)."라는 문장(28문자)을 타이핑할 확률은 얼마나 될까? 타자기의 문자키는 모두 27개다. 그러므로 처음 3문자인 'Met'까지 올바르게 칠 확률은 $1/27 \times 1/27 \times 1/27$로 1만 9,683분의 1이다. 최종적으로 28문자를 모두 올바르게 칠 확률은 '10의 40제곱분의 1'이다. 원숭이가 1초 타이핑 속도가 아무리 엄청나더라도, 우연히 28문자의 한 문장을 제대로 타이핑하려면 우주의 나이인 138억 년을 10억 곱한 다음 다시 10경 곱한 정도의 방대한 시간이 필요하다.

여기에서 도킨스는 누적 선택의 메커니즘을 응용했다. 먼저 원숭이가 타자기의 키를 누르는 것처럼 무작위로 문장을 자동 생성하는 컴퓨터 프로그램을 만들었는데, 이때 약간의 궁리를 했다. 무작위로 문장을 만들 때마다 프로그램이 검사해서 목표로 삼은 구절과 조금이라도 가까운 문자만을 선택하고 나머지는 배제한다. 그리고 남은 문장에 무작위로 변화를 준 뒤 다시 검사한다. 이 작업을 반복하는 것이다.

제1세대의 문장은 "WDLTMN̄LT DT̄JBKWIRZREZLMQCOP."이다. 의미를 전혀 알 수 없다.

제10세대의 문장은 "M̄DLDMN̄LS ĪTJISWHRZREZ MECSP."이다. 여전히 의미를 알 수 없다.

제20세대의 문장은 "MELDĪN̄LS IT ISWPRK̄E Z W̄ECSĒL."이다. 약간 비슷해졌다.

제30세대의 문장은 "METHINGS IT ISWLIKE B W̄ECSĒL."이다. 상당히 비슷해졌다.

제43세대의 문장은 "METHINKS IT IS LIKE A WEASEL."이다. 이제 완전히 일치했다.

1980년대에 나온 구형 컴퓨터를 사용했음에도, 일치하는 문장이 생성되기까지 30분밖에 걸리지 않았다. 불과 30분 만에 문장을 완성할 수 있었던 이유는 세대마다 올바른 선택을 기억하게 하여 다음 세대로 연결하는 누적 선택의 메커니즘을 도입했기 때문이다. 생명이 단세포에서 복잡한 인류로 진화한 것도 누적 선택 덕분이다.

'돌연변이로 다양한 생물이 탄생하고, 그중에서 환경에 적합한 개체가 자연도태를 통해 살아남는다.'라는 선택을 거듭한 결과, 생명은 마치 지성이 있는 창조주가 그렇게 만든 것처럼 빠르게 진화했다. 이 누적 선택의 열쇠가 바로 '실패하고 그 결과로부터 배움을 축적하는 것'이다.

인간 사회도 마찬가지다. 영화 〈설리: 허드슨강의 기적〉은 뉴욕 상공에서 기체 트러블이 발생한 항공기가 허드슨강에 수상 착륙해 승객과 승무원 전원이 무사히 생환한 실화를 바탕으로 한 영화다. 톰 행크스가 연기한 실제 모델 체슬리 설리 설렌버거 기장은 이렇게 말했다.

"우리가 몸에 익힌 모든 항공 지식, 규칙, 조작 기술은 전부 어딘가에서 누군가가 생명을 잃었기에 배울 수 있던 것이다."

여기까지 읽고 '그렇다면 의료 업계도 실패로부터 배우라고 하면 되는 거 아니야?'라고 생각할 수 있는데, 문제는 그렇게 간단하지 않다. 애초에 인간은 실패로부터 배우지 않게 되어 있기 때문이다.

실패가 방치되는 '폐쇄 회로 현상'

2세기경, 그리스의 의학자가 사람의 몸에서 혈액 일부를 뽑아내 독소를 배출하는 '사혈(瀉血)'이라는 요법을 퍼뜨렸다. 당시 최고의 지식을 자랑하는 학자가 선의에서 만들어낸 요법이지만, 실제로는 병으로 약해진 환자의 체력을 더욱 빼앗을 뿐이었다. 그러나 사혈 요법은 19세기까지 널리 사용되었다. 의사들은 환자의 상태가 나아지면 '사혈 요법으로 치료했다.'라고, 환자가 죽으면 '병이 너무 심각해 사혈 요법으로도 환자를 구할 수 없었다.'라고 생각했을 뿐 1,700년이라는 세월 동안 한 번도 그 치료법의 유효성을 검증하지 않았다.

이처럼 실패를 방치하고 학습하지 않는 현상이 '폐쇄 회로(Closed Loop) 현상'이다. 심리학자 레온 페스팅거(Leon Festinger)는 저서 《예언이 끝났을 때》에서 폐쇄 회로 현상이 일어나는 이유를 설명했다. 1954년, 페스팅거는 어떤 사이비 교단의 교주가 "12월 21일, 세계는 대홍수가 일어나 종말을 맞이할 것이다."라고 예언했음을 알았다. 신도들은 가족의 반대에도 직장을 그만두고 교주와 함께 살고 있었다. 페스팅거는 '예언이 빗나가면 신도들은 어떻게 행동할까?'라는 흥미를 품고 그 교단에 신도로 위장해 잠입했다. 참으로 용감한 사람이다.

'예언이 빗나가면 다들 교주를 사기꾼이라고 비난하고 원래의 생활로 돌아가겠지.'라고 생각하기 쉽지만, 신도들은 행동을 바꾸지 않았다. 예언이 빗나가자 신도들은 이렇게 말했다. "신께서 우리의 깊은 신앙심을 어여삐 여겨 한 번 더 기회를 주셨어. 우리가 세상을 구한 거야!" 그리고 환희에 도취해 전보다 더 열성적인 신자가 되는 자까지 있었다고 한다.

신념과 다른 사실이 나타났을 때, 사람은 다음 중 한 가지의 행동을 한다.

① 사실을 인정하고 신념을 바꾼다.

② 사실을 부정하고 신념을 바꾸지 않는다. 그리고 자신의 입맛에 맞는 해석을 만들어낸다.

①은 어렵다. '내가 틀렸음'을 인정하기는 두려운 법이다. 한편 ②를 선택하면 신념을 관철할 수 있다. 신자들은 모든 것을 버렸기에 다시 원래의 생활로 돌아갈 수는 없다. 그래서 교주를 계속 믿었던 것이다.

페스팅거는 이를 '인지 부조화'라고 명명했다. 폐쇄 회로 현상은 인지 부조화가 일으키는 것이다. '그런 예언은 비과학적이잖아? 나는 속지 않아.'라고 생각하는 사람도 일상생활 속에서 인지 부조화에 따른 폐쇄 회로의 함정에 빠진다.

"이번 주에만 4개째 케이크네. 하지만 이건 나한테 주는 상이야. 오늘은 특별한 날이니 괜찮아."라고 말하며 살찌는 사람, "담배는 몸에 나쁘지만 끊으면 몸무게가 늘어나."라면서 담배를 계속 피우는 사람, "왜 내가 아니라 저 친구가 선택받은 거지? 이건 분명히 뭔가 잘못됐어!"라며 화내는 사람……

자신의 신념을 바꾸지 않고 사실의 해석을 바꾼다. 실패로부터 배우지 않는다는 점에서는 사이비 종교의 신도들과 같다.

비난 심리는 실패로부터의 배움을 방해한다

실패로부터 배우지 않는 또 다른 이유는 비난 심리다. 의료 사고를 줄이기 위해 투약 실수를 관리하는 8개의 간호팀을 6개월 동안 조사한 연구가 있다. 어느 팀은 간호팀장의 지휘 아래 간호사들을 철저히 추궁하고 실수를 발견하면 엄하게 벌을 줬다. 그 결과 투약 실수 보고는 다른 팀의 10퍼센트로 크게 줄었는데, 실제로는 평균보다 더 많은 실수를 했다. 한편 실수한 간호사를 비난하지 않은 팀은 투약 실수 보고는 많았으나 실제로는 실수가 평균보다 적었다.

'실수했을 때 엄하게 벌하면 사원들이 규율을 바로잡고 성실하게 일하겠지.'라고 생각하는 경영자가 많지만, 벌칙을 강화하는 것으로는 실수의 수를 줄일 수 없다. 그뿐만 아니라 실수 보고가 줄어들고 개선을 위한 의견도 나오지 않는다.

실수는 다양한 요인이 겹쳐서 일어난다. 누군가 한 명이 원인을 제공한 경우는 적다. 그러므로 다양한 각도에서 검토해야 비로소 실수의 원인을 발견할 수 있다. 그런데 분석을 게을리한 채 누군가를 희생양으로 삼아 비난하는 경우가 비일비재하다. 이는 뇌가 복잡한 사건을 '이건 ○○의 책임이야.'라고 단순화하고 싶어 하기 때문이다. 이래서는 실패로부터 배울 수 없으며, 실수도 줄지 않는다.

과학철학자 칼 포퍼(Karl Popper)는 "진정한 무지는 지식의 결여가 아니라 학습의 단절이다."라고 말했다. '실패는 학습의 기회'라고 생각하는 조직 문화가 뿌리를 내리면 비난하기보다 무슨 일이 일어났는지를 조사하게 된다. 항공 업계에서는 니어미스(다른 항공기에 충돌이 우려될 만큼 근접하는 사고-옮긴이)를 일으킨 조종사가 10일 이내에 보고서를 제출하면 처벌당하지 않는다. 이처럼 끊임없이 실패로부터 배우는 조직 문화를 만들어냈기에 항공기 여행이 안전해진 것이다. 그렇다면 실패로부터 배우려면 어떻게 해야 할까? 사이드는 이 책에서 몇 가지 방법을 제안한다.

· 실패 피드백 1 ·
객관적인 평가를 위한 '무작위 대조군 연구'

의사는 1,700년 동안 사혈의 효과를 확인하지 않았다. 그런데 무작위 대조군 연구로 사혈의 효과를 확인할 수 있다. 사혈을 한 중환자 그룹(치료군)을 사혈을 하지 않은 중환자 그룹(대조군)과 비교하는 것이다. 사혈을 한 치료군이 50명 회복되었고 사혈을 하지 않은 대조군이 70명 회복되었다면, 오히려 사혈 요법이 더 많은 사람을 죽음으로 몰아넣은 원인이라 할 수 있다.

이처럼 무작위 대조군 연구는 검증의 정확도를 높여주어 객관적 평가가 가능하다. 무작위 대조군 연구는 백신의 효과 검증에도 활용되고 있다.

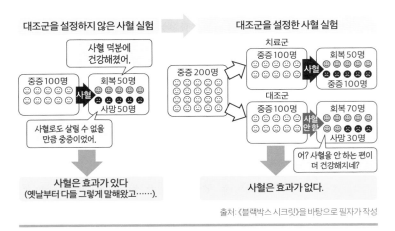

무작위 대조군 연구로 사혈의 효과를 검증한다

대조군을 설정하지 않은 사혈 실험 → 대조군을 설정한 사혈 실험

사혈 덕분에
건강해졌어.

중증 100명 → 회복 50명
사혈
사망 50명

사혈로도 살릴 수 없을
만큼 중증이었어.

사혈은 효과가 있다
(옛날부터 다들 그렇게 말해왔고……).

치료군
중증 100명 → 회복 50명
사혈
중증 100명

중증 200명

대조군
중증 100명 → 회복 70명
사혈
안함
사망 30명

어? 사혈을 안 하는 편이
더 건강해지네?

사혈은 효과가 없다.

출처:《블랙박스 시크릿》을 바탕으로 필자가 작성

· 실패 피드백 2 ·

실패를 가정하고 검증하는 '사전 부검'

최근에 주목받는 방법으로 심리학자 게리 클라인(Gary A. Klein)
이 제창한 사전 부검이 있다. 프로젝트가 실패한 뒤 회의를 열어
'왜 실패했는지'를 논의하는 경우가 있는데, 사전 부검은 프로젝
트 실시 전에 실패를 가정하고 '왜 생각대로 진행되지 않는지'를
팀이 함께 검증한다. 전원을 모아놓고 "이 프로젝트가 대실패로
끝났다고 가정합니다."라고 알린 뒤, 실패 이유를 최대한 많이
적게 한 다음에, 프로젝트 책임자부터 순서대로 이유를 발표한
다. 이 과정을 이유가 더 생각나지 않을 때까지 한다. 사전 부검

은 잘 드러나지 않는 실패 이유를 부각시킨다.

사전 부검의 목적은 프로젝트를 중지시키는 것이 아니다. 선수를 쳐서 프로젝트를 강화하여 실패를 미연에 방지하는 것이 목적이다. 단순하지만 저비용 고효율을 기대할 수 있는 방법이다.

T형 포드를 만들어내기까지 2개의 회사를 도산시킨 헨리 포드는 "실패는 더 현명하게 다시 시작하기 위한 기회일 뿐이다." 라는 말을 남겼다. 실패로부터 우직하게 축적한 배움은 최강의 무기다. 이 책은 실패로부터 배우는 법을 알려주는 지침서가 될 것이다.

POINT

실패로부터 우직하게 배움을 축적하는 것만큼 최강의 무기가 없다.

던컨 J. 와츠
Duncan J. Watts

미국의 사회학자. 펜실베이니아 대학 교수. 1971
년에 오스트레일리아에서 태어났다. 코넬 대학에
서 이론응용역학 박사 학위를 취득한 뒤 컬럼비
아 대학 교수, 야후 리서치 주임 연구원을 역임했
다. 1998년에 스티븐 스트로가츠와 공동으로 쓴
논문에서 '작은 세상 현상(몇 명의 지인을 거슬러
올라가면 전 세계의 누구와도 연결될 수 있다는
설)'을 네트워크 이론의 견지에서 해명했다. 이 논
문이 각광받으며 네트워크 과학의 세계적 일인자
로 알려지게 되었다.

BOOK.17
상식의 배반
Everything Is Obvious

성공은 운과 타이밍의 산물이다

'100엔 숍'으로 유명한 다이소는 매출 5,000억 엔(5조 원)에 일본 국내외로 5,000개가 넘는 점포를 보유하고 있다. 다이소를 창업한 야노 히로타케는 한 인터뷰에서 이렇게 말했다.

"저는 운이 좋았지요. 100엔 균일은 사실 계산을 간편하게 하려고 시작했을 뿐입니다. 절대 선견지명 같은 게 아닙니다. 덕분에 매출도 전년보다 증가했는데, 이것도 운이 좋았다고 생각합니다. 운이 나쁜 기업은 방심하면 금방 도산할지도 모릅니다. 그러고 보면 다이소도 정말 괜찮은 건지 잘 모르겠네요. 갑자기 겁이 나는데요(〈닛케이 비즈니스〉 2017년 12월 11일호에서)."

우리는 성공을 거두면 '성공한 이유는 ○○야.'라고 직감적으로 생각하는 경향이 있는데, 와츠는 이런 직감은 큰 착각이며, 현실 세계는 우연이 지배하고 있다고 말한다. 다이소 창업자 야노 히로타케의 말처럼 '성공은 운과 타이밍의 산물'이라는 것이다.

우연의 메커니즘을 알면 더욱 적확하게 의사 결정을 할 수 있다. 이 책은 우연의 메커니즘과 대처 방법을 설명한다. 와츠는 물리학자에서 사회학자로 전향했으며 현재는 소셜 네트워크 연구의 일인자다.

하나의 요인이 결과를 결정하지는 않는다

나는 30권에 가까운 책을 썼다. 그중에는 잘 팔린 책이 있는가 하면 전혀 팔리지 않은 책도 있다. 평가가 높다고 해서 반드시 잘 팔린다는 보장은 없다. 그 이유도 '운과 타이밍'이다.

와츠는 한 소셜 네트워크의 협력을 얻어 8개의 가상적인 '평행 세계'를 만들고 악곡(樂曲)의 인기 순위 변동을 비교하는 실험을 실시했다. 구체적으로는 먼저 회원 1만 4,000명을 8그룹으로 분류하고 각 그룹을 완전히 분리된 상태로 만들었다. 회원들은 무명 밴드의 곡을 듣고 점수를 매기며 마음에 드는 곡을 다운로드한다. 인터넷상에는 곡명과 그 그룹에서의 다운로드 횟수만이 표시된다. 이렇게 그룹 내에서 곡의 순위가 어떻게 변동하는지를 조사했다.

다운로드 순위가 품질만으로 결정된다면 모든 그룹의 순위가 거의 동일할 것이다. 그러나 결과는 그룹마다 순위가 제각각이었다. 어떤 시점에 인기를 끈 곡은 더욱 인기가 높아지고, 인기가 없던 곡은 더욱 인기가 없어졌다. 평가는 최고이지만 1위가 되지 못한 곡도 있었고, 평가는 최악이지만 선전한 곡도 있었다. 평균적으로 평가가 높은 곡이 평가가 낮은 곡보다 순위가 높았다.

최초의 작은 우위 차이가 시간의 경과와 함께 더욱 크게 벌어지는 상황을 '누적적 우위성'이라고 한다. 인기의 큰 차이는 처음에 인기의 미세한 편차에 따른 누적적 우위성에 따라 결정된다. 현실 세계는 어떤 한 가지 요인만으로 결과가 결정되지 않는다. 우연과 작은 행동의 누적 그리고 다양한 상호 영향에 따라 결정된다. 즉 운과 타이밍이 관건이다.

처음의 작고 무작위한 변동이 점차 커지면 장기적으로 거대한 변동을 불러오기도 한다. 중국에서 나비가 날갯짓을 하면 바다 건너편에서 허리케인이 발생한다는 '나비 효과'와 일맥상통하는 현상이 일어난다.

그러나 많은 사람이 '운과 타이밍'을 좀처럼 인정하지 않는다. '어떤 이유가 있어서' 지금 상태가 된 것이라고 믿는다. 심리학자들은 이것을 '잠입적 결정론'이라고 부른다.

또한 인간에게는 '사후 확신 편향'도 있다. 한 심리학자는 피험자에게 미래를 예측하게 하고 결과가 나온 뒤에 다시 면담하는 실험을 실시했다. 그러자 많은 피험자가 자신이 맞힌 예측에 관해서는 "자신이 있었다."라고, 맞히지 못한 예측에 관해서는 "자신이 없었다."라고 말했다.

사람은 예측이 맞으면 '이전부터 알고 있었다.'라고 믿는다. 성공한 사람이 "내가 성공한 이유는 ○○과 □□."라고 말하는 것도 '잠입적 결정론'과 '사후 확신 편향'의 산물이다. "저는 운이 좋았을 뿐입니다."라고 말하는 야노는 사실 '잠입적 결정론'이나 '사후 확신 편향'에 사로잡히지 않은 현실주의자다.

애초에 세상에는 '예측할 수 있는 것'과 '예측할 수 없는 것'이 있다. 그러면 이 둘의 차이를 살펴보자.

복잡계는 정확한 예측이 불가능하다

세상에는 단순계와 복잡계가 있다. 단순계는 수식 모델을 사용해 과학적으로 계산해서 예측할 수 있는 세계다. 우주 탐사선의 궤도는 태양과 행성의 중력으로 계산할 수 있다.

한편 복잡계는 전혀 다르다. 가령 주가는 수백만 개에 이르는 기업, 수억 명에 이르는 사람, 기후, 금리 등 다양한 요인이 서로 영향을 끼치며, 작은 변화가 증폭되어 복잡하게 상호작용한 끝에 결정된다.

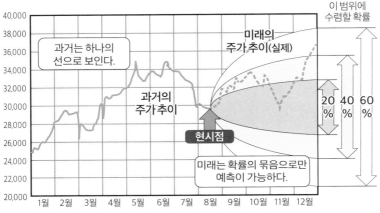

미래의 주가는 확률을 추측하는 것만 가능하다

이 범위에 수렴할 확률

과거는 하나의 선으로 보인다.

미래의 주가 추이(실제)

과거의 주가 추이

현시점

미래는 확률의 묶음으로만 예측이 가능하다.

20% 40% 60%

출처: 《상식의 배반》

주가와 같은 복잡계는 '내일 주가는 50퍼센트의 확률로 이렇게 될 것이다.'라는 식으로 확률만 추측할 수 있다. 그러므로 과거와 미래를 바라보는 방식을 바꿀 필요가 있다.

과거의 주가는 하나의 선으로 표현할 수 있다. 그래서 우리는 미래도 하나의 선으로 예측할 수 있다고 생각한다. 그러나 사실 복잡계의 미래는 그림처럼 '확률 ○○퍼센트로 이 범위 내에 수렴한다.'라는 형태로만 예측이 가능하다.

우수한 전략을 구사하는 조직이 크게 실패하는 이유

미래는 예측할 수 없다. 그렇기에 전략을 세우는 것은 매우 어려운 일이다. 와츠는 이 책에서 "확고한 비전, 대담한 리더십, 철저한 실행이라는 '우수한 전략'을 구사하는 조직이 사실은 가장 잘못을 저지르기 쉬운 조직이 된다."라는 '전략의 역설'을 소개한다. 이는 전략 컨설턴트인 마이클 레이너(Michael E. Raynor)가 제창한 개념이다.

가령 소니의 비디오 규격인 베타맥스는 VHS에 패했다. 소니가 베타맥스의 전략을 책정하는 데 게으름을 피운 것은 아니다. 오히려 철저히 전략을 검토했다. 검토 결과 '가정에서 TV 방송의 녹화에 사용된다.'라고 예상해 녹화 품질에 신경 썼다. 당시는 1시간짜리 방송이 많았기 때문에 녹화 시간은 1시간이었다.

한편 당시에는 비디오 대여점이 하나 둘 생기고 있었는데, 누구도 비디오 대여점이 성공하리라고는 생각하지 않았다. 그러나 비디오 대여 시장은 예상치 못한 속도로 성장했다. 소니가 '가정에도 장시간의 영화를 감상하고 싶어 하는 수요가 있다.'라는 사실을 깨달았을 때는 이미 VHS가 비디오 대여 시장을 차지한 뒤였다.

결과만 보면 소니가 전략을 잘못 세운 탓에 실패한 것처럼 보이지만, 사실은 그렇지 않다. 소니는 철저히 전략을 연구했다. 그러나 비디오 대여 시장의 급격한 성장은 전혀 예상치 못한 일이다. 업계의 누구도 예상하지 못할 만큼 소비자의 수요가 급격히 변화한 것이 실패의 진짜 원인이었다.

이것이 전략의 역설이다. 레이너는 "전략 실패의 주된 원인은 열악한 전략이 아니다. 우수한 전략이 불운하게 빗나가는 것이다."라고 주장했다. 우수한 전략의 성패는 최초의 전망이 옳았느냐 그렇지 않았느냐에 달려 있다. 확고한 비전, 대담한 리더십, 철저한 실행으로 추진했는데 처음에 세웠던 가정이 틀려버리면 막대한 손해를 볼 수밖에 없다.

그러나 미래는 예측할 수 없다. 전망이 옳은지 틀린지 미리 알기란 불가능하다. 아무리 시나리오를 고심하더라도 예상치 못한 일은 반드시 일어난다. 그렇다면 우수한 전략이 계획대로 진행되지 않을 때는 어떻게 해야 할까?

'전략 계획'보다 '측정·대응 계획'

패션 업계 관계자는 항상 다음 시즌의 유행을 생각하는데, 스페인의 패션 브랜드인 ZARA는 그런 유행 예측에 전혀 관심이 없다. ZARA는 '측정과 대응'에 전념한다.

번화가와 같이 사람이 모이는 장소에 조사원을 보내, 사람들이 입고 있는 옷을 관찰하고 '이런 옷이 잘 팔릴 것 같다.'라는 안을 대량으로 제출하게 한다. 여러 가지 색, 옷감, 스타일의 상품을 소량 생산해 점포에 보내고, 그곳에서 무엇이 잘 팔리고 무엇이 팔리지 않는지 측정한 다음, 그 정보를 바탕으로 잘 팔리는 상품의 제조를 확대한다. 이렇게 하면 새로운 의류를 디자인해서 전 세계에 판매하기까지 2주밖에 걸리지 않는다.

이는 경영학자 민츠버그가 제창한 '창발적 전략'이다. 창발적 전략은 장기적인 전략 동향을 예측하지 않고 현장의 변화에 신속하게 대응하는 것을 우선한다. 지금 도움이 되는 게 무엇인지를 파악하는 능력을 향상시키고, 신속하게 변화에 대응하며, 도움이 되지 않는 것에서는 발을 뺀 뒤 성공하는 데 그 자원을 빠르게 투입한다. '속도 중시'라는 점에서 [Book 12], [Book 14]와 관점이 같다. 현재의 변화에 빠르게 대응함으로써 승리한다는 전략이다.

해결책은 현장에 있다

이 책에서는 구체적인 측정·대응 전략도 소개했다. 그중 몇 가지를 살펴보자.

현장에서 실험하기

현장에서 실험하면 무엇이 옳은지를 확실히 검증할 수 있다. 특히 온라인에서는 현장 실험의 비용이 적게 든다. 사용자도 많고, 측정 결과도 즉시 알 수 있다. 인터넷 광고도 사전에 다양한 종류를 시험해 효과를 검증한다.

다른 것과 비교해서 효과가 좋은 방법을 수평 전개하기

본부에서 전략을 생각하기도 전에 이미 현장이 효과적인 문제 해결책을 찾아낸 경우도 많다. 한 교수는 빈곤 지역에 사는 아이들의 영양 상태에 관한 연구를 조사했고, 어떤 지역이든 다른 아이들보다 영양 상태가 좋은 아이들이 있다는 데 주목했다. 그리고 그 아이들의 어머니에게서 비결을 배워 그 지역의 다른 어머니들에게 가르쳐주기만 해도 육아에 많은 도움이 됨을 깨달았다. 이 방법은 개발도상국에서 사용되어 성공을 거두고 있다.

다른 사례도 있다. 미국의 일부 병원에서 실시되던 특수한 손 씻기 습관이 세균 감염을 줄인다는 사실이 밝혀져 모든 의료 기관에 채용되었다. 무엇인가를 계획할 때, 계획 담당자는 스스로 해결책을 만들어내려 하지 말고 발상을 전환해 이미 어딘가에 존재하는 해결책을 찾아내는 데 힘을 쏟는 것도 하나의 방법이다.

"직감은 의외로 틀릴 때가 많다."라는 이 책의 주장은 "직감으로 가설을 세워라."라는 [Book 12]와 서로 모순되는 것처럼 보인다. 그러나 [Book 12]의 주장은 "직감으로 빠르게 가설을 세우고 그 가설을 검증하라."이며, 이 책의 주장은 "직감에는 편향이 있으니 선입견을 배제하고 측정·검증을 통해 대응하라."라는 것이다. 양쪽의 좋은 점을 받아들인다면 틀림없이 더욱 신속하게 올바른 해결책을 세울 수 있을 것이다.

직감에는 편향이 있다. 선입견을 배제하고 측정·검증하라.

BOOK.18

더 골

The Goal

조직의 성과를 방해하는 병목을 찾아라

엘리 골드렛

Eliyahu Goldratt

이스라엘의 물리학자이자 경영 컨설턴트. 1948년에 태어났다. 1984년에 출판한 비즈니스 소설 《더 골》은 전 세계에서 1,000만 명 이상이 읽은 초대형 베스트셀러가 되었다. 이 책에서 설명한 'TOC(제약 이론)'를 단순한 생산 관리의 이론에서 새로운 회계 방법(쓰루풋 회계)과 일반적인 문제 해결의 수법(사고 프로세스)으로 발전시켜 생산 관리와 공급망 관리에 지대한 영향을 끼쳤다. 2011년에 세상을 떠났다.

이 책은 미국의 초대형 베스트셀러다. 물리학자였던 저자는 물리학 지식을 응용해 공장의 생산성을 극적으로 개선할 방법을 고안하고 그 방법을 실현할 소프트웨어를 개발했다. 그러나 발상이 너무나도 참신했던 탓에 세상에 널리 받아들여지지 않았다.

그래서 '이 개념을 소설 형식으로 전하면 어떨까?'라고 생각해 이 책을 집필했다. 출판사 20여 곳에서 거절당한 끝에 한 출판사에서 출간하기로 결정했다. '3,000부도 안 팔릴 텐데……'라는 출판사의 예상을 뒤엎고 대형 베스트셀러가 되었다. 이 책의 이론은 그 후 TOC 이론(제약 이론)으로 명명되어 세상에 퍼졌다.

TOC 이론의 핵심은 병목(보틀넥)의 파악과 대응이다. 술이 가득 들어 있는 술병을 거꾸로 뒤집어도 병목의 방해로 술병의 술은 순식간에 쏟아지지는 않는다. 이처럼 병목은 전체 흐름을 지체시킨다.

온갖 프로세스에는 이같이 전체의 진행 속도를 결정하는 병목이 존재한다. 병목을 파악하고 대응한다면 생산성은 극적으로 개선된다. 이것은 나의 주말 아침에 하는 일도 마찬가지다.

주말 아침 작업의 병목은 세탁기였다

나는 주말 아침에 다양한 일을 한다. 순서대로 하면 95분이 걸리는데, 가장 시간이 오래 걸리는 일은 빨래다. 나의 주말 아침 작업의 병목은 세탁기라고 할 수 있다(이해하기 쉽도록 의도적으로 단순화했다). 그래서 세탁기의 타이머 기능을 이용해 기상 직전에 빨래가 끝나도록 설정해놓으니 병목이 소멸되어 45분에 모든 일이 끝났다.

병목을 발견하고 대응하기만 해도 95분에서 45분으로 절반 이상의 시간을 단축할 수 있다. 병목의 개념을 이해하면 공장에서 발생하는 문제도 해결이 가능하다.

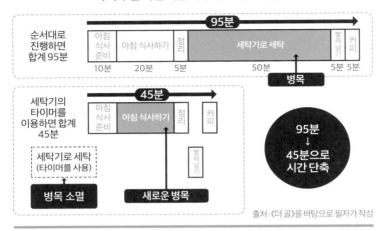

나의 주말 아침 작업의 병목은 세탁기였다

순서대로 진행하면 합계 95분

95분

| 아침 식사 준비 | 아침 식사하기 | 정리 | 세탁기로 세탁 | 빨래 널기 | 커피 |

10분　20분　5분　　　50분　　　5분 5분

병목

세탁기의 타이머를 이용하면 합계 45분

45분

세탁기로 세탁 (타이머를 사용)

병목 소멸　　새로운 병목

95분 ↓ 45분으로 시간 단축

출처:《더 골》을 바탕으로 필자가 작성

병목을 활용해 생산성을 높인다

고성능 설비를 도입했는데 생산량은 증가하지 않고 재고만 늘어나서 비용 증가로 고심하는 공장이 많다. 이것도 병목이 원인일 때가 많다.

199쪽의 그림처럼 단순화해, 3단계의 작업으로 제품을 만드는 공장을 생각해보자. 각 작업에서는 이전 작업에서 만든 부품을 조립한다. 작업 1과 작업 3은 고성능 설비, 작업 2는 성능이 절반인 구식 설비다. 작업 1이 풀가동으로 1시간당 200개의 속도로 부품을 만들어도, 작업 2는 구식인 탓에 1시간에 100개밖에 조립하지 못한다. 그 결과 작업 2에서 부품 재고가 산더미처럼 쌓인다.

　한편, 작업 3은 고성능 설비인데도 작업 2에서 부품이 오지 않기 때문에 가동률 50퍼센트에 머물며 한가한 상태가 된다. 즉 고성능 설비를 도입했음에도 생산량이 적고 재고는 늘어나는 이해할 수 없는 일이 일어난다. 사용하지 않는 재고는 낭비 그 자체다. 아무것도 만들어내지 않는데 돈만 들어간다. 필요 이상의 재고는 전부 없애야 한다.

　이것도 병목이 원인이다. 병목으로 작업이 지체되어 재고가 대량으로 쌓인다. 여기에서는 재고가 쌓인 작업 2가 병목이다.

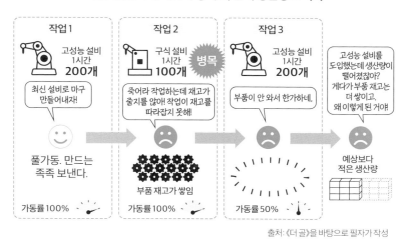

【문제】병목에 재고가 쌓이고, 전체 생산량도 적다

출처: 《더 골》을 바탕으로 필자가 작성

1시간에 100개밖에 조립하지 못하는데 작업 1이 고성능 설비를 풀가동해 계속해서 부품을 만들기 때문이다.

시스템 전체의 처리 능력을 결정짓는 것은 병목이다. 병목을 발견해 대책을 세우면 비용을 절감하면서 생산성을 높일 수 있다. 해결책은 병목 이외의 작업이 병목보다 빠르게 물건을 만들지 않는 것이다.

201쪽의 그림에서 [대책 1]은 작업 1의 가동률을 병목(작업 2)에 맞춰 50퍼센트로 낮춤으로써 1시간에 100개만을 만든다. 이렇게 하면 생산량은 똑같으면서도 부품 재고가 사라져 비용이 절감된다.

또한 [대책 2]는 병목의 성능 향상을 꾀하는 개선책이다. 작업 2가 가능한 보조 설비를 1대 더 조달해 작업 2의 능력 향상을 꾀한다. 이렇게 하면 작업 1과 3의 작업량은 약간 늘어나지만 풀가동할 필요 없이 전체의 생산량은 극적으로 향상된다.

보통은 '전원이 바쁘게 일하는 공장이 효율적'이라고 생각하지만, 이는 큰 오해다. 전원이 풀가동하면 과잉 재고가 발생해 낭비가 생기기 쉽다. 오히려 병목을 활용해 전체를 최적화하면 낭비가 생기지 않으며 생산성도 높아진다.

【대책1】병목보다 빠르게 만들지 않는다

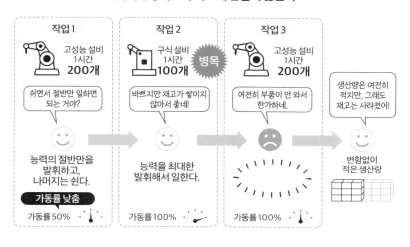

【대책2】병목의 능력을 향상시킨다

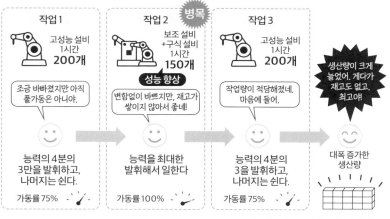

출처: 《더 골》을 바탕으로 필자가 작성

병목을 해소하면 다른 병목이 새로 생겨난다. 앞에서 소개한 나의 주말 아침 사례를 보면, 처음에는 세탁기가 병목이었지만 타이머를 설정하는 방법으로 해결하자 이번에는 '아침 식사하기(20분)'가 새로운 병목이 되었다.

이 책은 다음의 5단계로 병목을 활용해 생산성을 높일 것을 제창한다.

① 병목을 발견한다.
② 병목을 어떻게 활용할지 결정한다.
③ 다른 모든 작업을 ②에 맞춘다.
④ 병목의 능력을 높인다.
⑤ 병목을 해소했다면 ①로 돌아가 새로운 병목을 찾는다.

이 발상은 폭넓게 활용할 수 있다. 무엇이 병목인지 모르는 채 무작정 열심히 일하면 성과가 나지 않을 뿐만 아니라 낭비가 발생해 큰 손해를 보게 되는데, 이는 다양한 분야에서 흔히 일어나는 일이다.

이를테면 기획도 그중 하나다. 방대한 시간을 들였지만 이렇다 할 아이디어를 내지 못한 채 기한이 다가온 경험은 누구나 한 번쯤 해봤을 것이다. 기획의 병목은 '아이디어 만들기'다. 따라서 아이디어를 대량 생산하는 시스템을 만들면 병목이 해소되어 기획의 생산성이 극적으로 개선될 뿐 아니라 질도 높아진다. 브레인스토밍이나 잦은 메모 습관은 그런 시스템을 만들기 위한 것이기도 하다.

모든 업무에는 '프로세스'가 있으며 프로세스에는 병목이 있다. 전체의 생산성을 극적으로 개선하기 위해 병목을 파악하고 활용하는 습관을 들이자.

POINT

병목을 파악해 능력 향상을 꾀하면 성과가 극적으로 향상된다.

BOOK.19

린 생산

The Machine That Changed the World

미국인이 밝혀낸
'도요타 생산 방식'의 비밀

제임스 P. 워맥
James P. Womack

매사추세츠 공과대학(MIT) 교수이자 린 엔터프라이즈 협회 회장. 하버드 대학에서 석사 학위를. MIT에서 '일본과 독일의 제조업의 비교 연구'로 박사 학위를 취득했다. MIT의 상근 연구원으로서 미국 기업의 멀티 클라이언트 방식을 통한 재팬 프로그램 등에 참가했다. 공저자인 대니얼 루스는 MIT 교수이며, 대니얼 T. 존스는 영국 서식스 대학 연구원 겸 영국 린 엔터프라이즈 아카데미 회장이다.

1980년대 미국의 자동차 업계는 일본의 자동차 회사의 맹공격에 비틀거리고 있었다.

"오 마이 갓! 저 녀석들, 30년 전까지만 해도 전쟁으로 폐허가 되어서 자동차 따위는 만들지도 못했다고."

"특히 도요타가 강적이야. 값이 싼데다가 품질도 좋다고. 대체 어떻게 된 거지?"

"훌륭한 학자 선생님에게 자세히 연구해 달라고 부탁하자."

이렇게 해서 미국의 MIT(매사추세츠 공과대학)에서 연구 프로젝트가 시작되었다. 도요타 생산 방식(이하 TPS)의 강점을 한마디로 말하면 '낭비를 철저히 배제한다.'이다. 연구팀은 TPS를 일반적인 방법론으로 정리해 '린 생산 방식'이라고 명명했다. 린 (Lean)은 '군살이 없는'이라는 의미다. 이 책은 그 연구를 한 권에 정리한 것이다.

TPS는 외국에서 높은 평가를 받고 있다. [Book 18]의 저자 엘리 골드렛도 "일본 기업은 세계 최고 수준의 조직 능력을 갖추고 있다. TPS를 올바르게 이해하고 진화시켜야 한다."라고 말한 바 있다(《하버드 비즈니스 리뷰》2009년 5월호).

일본에서 탄생한 TPS는 세계로 확산되었고, 제조업을 넘어 다양한 분야에서 응용되고 있다. TPS의 해설서로는 TPS의 아버지인 도요타의 오노 다이이치가 쓴 명저 《도요타 생산 방식》 (《사장을 위한 MBA 필독서 50》의 [Book 20])이 있다. 책의 어휘나 용어 자체는 쉽지만, 그 속에 있는 사상까지 읽어내기는 솔직히 말해 어렵다.

한편 이 책은 TPS를 객관적으로 비교 분석하고 그 대단함을 철저히 밝혀냈다. 그러므로 함께 읽으면 TPS에 관한 이해가 단숨에 진행될 것이다.

이 책에 따르면 자동차의 생산은 '① 수작업 생산 방식 → ② 대량 생산 방식 → ③ 린 생산 방식'으로 진화해왔다. 먼저 이 흐름을 구체적으로 살펴보자.

대량 생산 방식으로
자동차는 서민의 소유물이 되었다

수작업 생산 방식

19세기 말까지 수작업 생산 방식이 자동차 생산의 주류였다. 작은 공장에서 숙련된 작업원이 고객의 주문에 맞춰 자동차를 만들었다. 생산 대수는 연간 50대 정도로, 전부 고객의 요청에 맞춘 주문 제품이었다. 그런 까닭에 가격이 비싸 부유한 사람만이 자동차를 살 수 있었다. 게다가 품질에도 편차가 컸다.

대량 생산 방식

20세기 초, 헨리 포드가 T형 포드의 생산을 통해 대량 생산 방식을 실현했다. 대량 생산 방식을 빠르게 이해할 수 있는 영화가 희극왕 찰리 채플린의 대표작인 〈모던 타임즈(1936년)〉다.

이 영화에서 채플린은 큰 공장에서 일하는 작업원을 연기했는데, 벨트컨베이어를 타고 흘러내려오는 부품의 나사를 조이는 단순 작업을 쉬지도 못하고 반복하다 정신에 이상이 생겨 병원에 입원한다. 그리고 퇴원한 뒤에도 다양한 트러블과 조우한다는 내용이다.

영화에 나오는 이 대형 공장이 전형적인 대량 생산 방식의 현장이다. 부품을 벨트컨베이어로 흘려보내고, 작업원은 같은 작업을 반복한다. 작업 반복으로 '숙련'되면 생산 속도가 상승해 같은 자동차를 대량 생산할 수 있게 된다. 이에 따라 자동차의 가격이 단숨에 하락해 서민들도 살 수 있게 되었다. 포드는 자동차 업계의 정상에 올랐고, 수작업 생산 방식은 소멸했다.

작업원은 단순 작업의 요령을 몇 분 만에 훈련받고 즉시 라인에 배치되었다. 작업원은 정해진 작업을 하면 됐다. 개선안을 제안해도 "시키는 대로나 해."라며 무시당했다.

대량 생산 방식은 1955년에 전성기를 맞이해, 자동차 업계에서 다양한 제조업으로 확산되었다. 반면에 노동 환경은 채플린이 영화에서 묘사했듯이 계속 악화되어갔다. 노동자의 불만은 점점 쌓였고, 노동 분쟁도 일어났다. 그리고 바로 이 무렵, 일본에서 새로운 방법이 탄생했다.

물자도 돈도 없는 상황에서 탄생한 '도요타 생산 방식'

린 생산 방식

린 생산 방식은 1950~1960년대에 도요타가 만들어낸 생산 방식이다. 그러나 당시의 도요타는 제2차 세계 대전이 끝난 뒤 자동차의 생산을 갓 시작한 약소 자동차 회사였다.

1950년, 도요타의 젊은 기술자 도요다 에이지(훗날의 도요타 자동차 회장)는 당시 세계 최고였던 미국 포드의 공장을 시찰하고

3개월에 걸쳐 모든 것을 배웠다. '생산의 천재'로 불렸던 오노 다이이치도 미국 디트로이트의 자동차 공장을 수없이 방문했다. 그리고 '미국의 대량 생산 방식은 낭비가 너무 많다. 아직 개선의 여지가 있다.'라는 결론을 내렸다.

다만 그렇다고 해도 당시의 도요타는 문제가 산적한 상태였다. 파산 직전에 몰려 고육지책으로 사원의 4분의 1을 해고한 직후였다. 자동차의 생산 경험은 부족하고, 국내 시장도 작았다. 일본 경제가 전쟁으로 괴멸한 상태였고 돈도 없었기 때문에 최신 설비를 도입하기는 무리였다. 또한 일본을 점령한 연합군이 실시한 노동자 보호 정책으로 노동자의 지위가 강해진 까닭에 일본인 노동자들은 교환 가능한 부품처럼 취급되기를 싫어했다. 없는 것, 안 되는 것투성이였던 것이다. 도요타는 철저히 지혜를 짜냈다.

그렇다면 미국의 자동차 회사와 도요타의 생산 방식은 어떤 차이가 있을까? 먼저 미국 자동차 회사의 방식부터 살펴보자. 자동차에는 보닛이나 도어 등 다양한 종류의 부품이 있다. 이런 부품들은 공작 기계로 만드는데, 각 부품의 전용 공작 기계 수백 대를 나란히 놓고 각 공작 기계에 작업원을 배치하여 정형 작업을 반복하게 해서 부품을 만들고 조립한다. 이처럼 공작 기계를 대량으로 사용하는 것은 연간 100만 대 이상을 만드는 미국 자동차 회사이기에 가능한 일이다.

다음으로 도요타가 구상한 방식을 살펴보자. 당시 도요타의 자동차 생산 대수는 수천 대에 불과했고 돈도 없었기 때문에 공작 기계를 수백 대씩 들여놓기는 무리였다. 궁리 끝에 공작 기계 1대를 최대한으로 활용해서 자동차를 조립하는 데 필요한 다양한 부품을 만들었다.

그 덕분에 비용이 하락했다. 필요한 부품만 만들어서 재고 비용이 사라졌다. 또 조립 전에 만드는 부품이 많지 않아 실수를 즉시 깨달을 수 있었다. 작업원들은 전보다 품질에 신경 쓰게 되었고, 불량 부품이 대량으로 나도는 일도 사라졌다.

미국의 자동차 회사는 '불량품은 마지막에 찾아내서 대처하면 된다.'라고 생각했다. 작업원은 품질을 신경 쓰지 않았고, 그 결과 똑같은 불량품이 대량으로 만들어졌다.

한편 오노는 '이 방식은 낭비가 심하다.'라고 생각해 "문제가 발생하면 즉시 라인을 멈추시오."라고 지시했다. 이른 단계에 불량품을 찾아내서 문제를 해결하면 비용은 크게 하락한다. 발생한 문제에 관해서는 현장에서 '5개의 왜?'를 반복해 원인을 철저히 규명했다.

오노는 이 방식을 도요타의 자사 공장에서 실험해봤다. 처음에는 생산 라인이 수시로 멈췄지만, 근본적인 원인을 계속 찾아내자 불량품이 큰 폭으로 감소했으며 출하하는 완성차의 품질도 향상되었다. 도요타는 이 방식을 자사의 공장에 순차적으로

대량 생산 방식과 린 생산 방식의 차이

구분	대량 생산 방식 (미국 자동차 회사의 방식)	린 생산 방식 (TPS: 도요타 생산 방식)
개념	표준화하고 계획대로 생산한다 (낭비는 발생해도 어쩔 수 없음).	낭비를 철저히 줄이고 필요한 양만 생산한다.
부품 재고	각 공정에서 필요한 양을 확보한다.	철저히 줄인다.
현장의 고민과 개선	필요 없음. "지시대로만 하시오."	중요. "'5개의 왜?'를 통해 현장에서 철저히 궁리하시오."
생산 라인에서 문제 발생 시	상급 간부만이 생산 라인을 정지할 권한을 가진다.	문제를 발견했으면 누구라도 생산 라인을 정지할 수 있다.
작업원의 의욕	의욕의 결여가 두드러진다 (레이오프의 반복).	'좋은 차를 만든다.'라는 목적 의식이 있다(종신 고용).
부품 제조사와의 관계	경쟁 원리. 사양과 기한을 제시하면 부품 제조사가 입찰한다.	공존공영. 부품 제조사끼리 서로 협력해서 개선하게 한다.

비교 결과: 린 생산 방식은 조립 시간이 절반 이하이고, 결함은 3분의 1이며, 재고는 극히 소량이다.

출처: 《린 생산》을 바탕으로 필자가 작성

도입했다.

린 생산 방식은 물자도 돈도 없는 상황에서 낭비를 줄이기 위해 지혜를 짜내 탄생했다. 그러나 최종 조립 공장은 공정 전체의 극히 일부에 불과하다. 1만 개가 넘는 부품을 만드는 부품 제조사의 협력도 필요했다. 오노는 부품 제조사와의 관계도 철저히 재검토했다.

부품 제조사와의 공존공영

미국의 자동차 회사는 부품 설계도를 만들어 부품 제조사에 건네고 기한을 제시한 뒤 경쟁 입찰을 시켜 최저가 입찰을 한 제조사에 부품을 발주했다.

한편 오노는 '이 방법은 좋지 않아. 부품 제조사의 개선과 제안 의욕을 깎아 먹는다고. 단기적인 돈벌이만 추구할 뿐 장기적으로 서로의 이익을 생각하지 않게 돼. 우리는 공존공영의 시스템을 만들자.'라고 생각했다.

오노는 부품 제조사를 그룹으로 나눠 각각의 역할을 할당하고 구체적인 목표(예를 들면 시속 100킬로미터로 달리는 자동차가 60미터 이내에서 멈출 수 있는 브레이크. 비용은 1개당 15만 원)를 부여했다. 그리고 부품 제조사끼리 협력해서 개선책을 모색하게 했다. 부품 제조사들은 각자 별개의 부품을 만들어서 경쟁할 필요가 없기 때문에 적극적으로 협업했다.

저비용 고품질의
린 생산 방식은 미국에서도 통했다

린 생산 방식은 대량 생산 방식과 비교했을 때 압도적으로 저비용 고품질이었다. 저자들은 미국 GM 프레이밍햄 공장(대량 생산 방식)과 도요타 다카오카 공장(린 생산 방식)의 생산성과 품질을 조사, 비교했다. 그러자 다카오카 공장이 조립 시간은 프레이밍햄 공장의 절반 이하이고, 결함은 3분의 1이며, 재고는 2주 분량을 보유한 프레이밍햄 공장과 달리 2시간 분량만을 보유하고 있었다.

GM 프레이밍햄 공장은 낭비로 가득했다. 각 작업장의 옆에는 재고가 산더미처럼 쌓여 있었고, 생산 라인의 마지막 구역에서는 결함이 있는 완성차가 대량으로 발견되어 출고에 앞서 수리되고 있었다. 작업원들은 의욕의 결여가 두드러졌다. 레이오프(일시 해고)를 6회나 실시한 탓이다.

한편 도요타 다카오카 공장은 낭비가 없었다. 모든 작업원이 조립 작업에 집중하고, 작업원의 곁에는 최소한으로 1~2시간 분량의 재고품이 놓여 있을 뿐이었다.

또한 GM에서는 상급 간부만이 라인 정지 권한을 가졌지만 도요타의 작업원은 누구든 문제를 발견하면 라인을 멈췄다. 그리고 종신 고용으로 일자리가 보장되어 있기에 '좋은 자동차를 만든다.'라는 목적의식이 있었다.

'TPS는 부지런한 일본인에게 특화된 방식이다.'라고 생각하는 경향이 있는데, 이는 착각이다. 저자들은 도요타와 GM의 합병 기업의 공장(NUMMI)에서도 같은 조사를 실시했다. NUMMI는 GM의 오래된 공장을 사용했기에 GM 출신의 직원이 80퍼센트에 이르렀다. 다만 도요타에서 온 상급 관리자가 도요타 방식으로 공장을 운영했는데, NUMMI의 품질과 생산성은 도요타 다카오카 공장과 동등했다. 미국의 GM에서 일했던 직원들도 시스템을 갖춰놓으면 린 생산 방식을 실천할 수 있는 것이다.

린 생산 방식의 본질은 다음의 3가지다. 이 3가지를 실천할 수 있느냐 없느냐가 관건이다.

① 자동차에 가치를 부여하는 현장 작업원에게 작업의 책임을 최대한 위양한다.
② 결함을 발견하면 원인을 철저히 규명하는 시스템을 갖춘다.
③ 역동적인 팀워크를 만든다.

이 책이 간행된 시점에 도요타는 미국에만 생산 거점을 만들었는데, 현재는 멕시코, 남아메리카, 유럽, 아프리카, 중국, 동남아시아에도 공장을 두고 있다. 현지 직원들은 그 공장에서 TPS를 실천하며 일하고 있다.

약소 자동차 회사였던 도요타는 포드와 GM으로부터 대량 생산 방식을 철저히 공부하고 '우리는 대량 생산 방식을 사용할 수 없다.'라는 결론을 내린 뒤 TPS를 만들어냈다. 성장한 도요타의 맹공격을 받은 미국의 자동차 업계는 TPS의 비밀을 밝혀내 '린 생산 방식'이라는 보편적인 방법론으로 정리했다. 이제 린 생산 방식은 [Book 14]나 에릭 리스가 쓴 《린 스타트업》에 언급되듯이 다른 분야로도 확산되고 있다.

　현대의 리더 또한 오노나 이 책의 저자들처럼 겸손하게 그리고 탐욕적으로 라이벌에게서 배우려는 자세를 본받아야 할 것이다.

POINT

'현장에 권한 위양'과 '원인의 철저한 규명'을 통해 압도적인 아웃풋 능력을 갖춰라.

BOOK.20

사업의 철학

The E-Myth Revisited

———

커피를 좋아해서
카페를 창업하면 성공할까?

마이클 E. 거버

Michael E. Gerber

1936년에 미국에서 태어났으며 스몰 비즈니스를 대상으로 하는 경영 컨설팅 회사 E-Myth Worldwide를 설립했다. 이 회사에서는 독자적인 방법론을 개발해 지금까지 7만 개가 넘는 스몰 비즈니스에 조언했다. 대기업으로부터도 그 방법론이 높은 평가를 받아, 아메리칸 익스프레스, 살로먼스미스바니, 맥도날드, 존 행콕 그룹(대형 보험 회사) 등 많은 대기업의 고문을 맡았다

우리 집 근처에는 점장 혼자서 장사하는 전통 과자집이 있다. 어느 날, 전통 과자를 사러 가니 "이번 달까지만 영업합니다."라는 안내문이 붙어 있었다. 아내가 참 좋아하는 가게인데 이렇게 문을 닫는 게 너무 아쉬워서 점장에게 조심스레 사정을 물었다. 그러자 점장이 한숨을 쉬며 이렇게 말했다.

"'내가 좋아하는 전통 과자 만들기로 손님들에게 기쁨을 주고 싶다.'라는 생각에서 3년 전에 이 가게를 시작했지만, 이젠 한계입니다.

새벽 3시에 일어나서 4시부터 과자를 만들고, 가게 문을 열어

서 손님들을 상대합니다. 그리고 폐점 후에 매출 정산을 하고 내일 과자를 만들 준비를 마치면 밤 10시가 되지요. 3년 동안 열심히 일했지만, 가게를 쉴 수가 없으니 제 시간이 전혀 없습니다. 손님들에게 만족을 드리고, 창업해서 자유도 손에 넣었다고 생각했는데……. 요즘은 그렇게 좋아했던 과자 만들기가 고통스러워요."

창업해서 이 점장과 같은 상황에 빠진 사람은 매우 많다. 이 책은 그런 이들을 위한 책이다. 이들에게 보내는 이 책의 메시지는 명쾌하다.

"자신이 없더라도 성장하는 비즈니스를 지향하라."

'직접 과자를 만들지 말라는 건가? 그건 어려지 않나?'라고 생각할 것이다. 그러나 이는 모든 경영자에게 필요한 발상이다. 이 책은 창업한 경영자가 빠지기 쉬운 함정을 피하기 위한 발상을 제시한다.

창업에는 스몰 비즈니스(소기업)와 스타트업이 있다. 이 둘은 전혀 다르다. 스몰 비즈니스는 전통 과자 가게처럼 확실히 이익을 낼 것을 노린다. 스타트업은 새로운 시장을 개척하기 위해 리스크를 짊어지고 대규모 투자를 한다. 이 책은 스몰 비즈니스에 관한 책이지만, '개인에게 의존하지 않는 조직을 만들자.'라는 발상은 모든 기업의 경영에 도움이 된다. 리더를 지향하는 회사원에게도 필요한 발상이다.

2021년 현재 7만 개가 넘는 중소기업을 컨설팅해 '세계 최고의 중소기업 구루(스승)'로 불리는 마이클 E. 거버가 쓴 이 책은 1986년에 초판이 나온 이래 세계 20개국 이상에서 번역되어 누계 700만 부를 기록한 베스트셀러다. 미국 아마존에는 6,000건이 넘는 서평이 올라와 있다. 미국의 창업가를 위한 잡지《Inc.》의 설문 조사에서 최고의 비즈니스 서적으로 선정되기도 했다. 로버트 기요사키의 《부자 아빠》 시리즈에서도 추천 도서로 언급되었다. 2001년에는 앞에서 소개한 점장처럼 파이 전문점의 경영 문제로 고심하는 사라가 공부를 통해 경영 노하우를 익히는 이야기로 대폭 개정되었다.

자신의 내부에 있는 '3개의 인격'에 눈떠라

점장이 열심히 일하는데도 노력의 보답을 받지 못하는 이유는 근본적인 착각을 하고 있기 때문이다. 바로 '맛있는 과자를 만들면 가게는 성공한다.'라는 착각이다. 이는 점장뿐만 아니라 많은 스몰 비즈니스 창업자가 하고 있는 착각이기도 하다.

'나는 염색을 잘하고 미용을 좋아해. 그러니 미용실을 열자.'

'음악을 좋아해서 음대를 졸업했어. 그러니 악기점을 열자.'

전문적 능력만으로는 경영에 성공할 수 없다. 전통 과자를 만드는 것과 전통 과자를 만드는 가게를 경영하는 것은 완전히 별개의 문제다. 경영을 시작하는 순간, 장부 작성, 직원 고용, 손님 모객 등 피고용인이었을 때는 경험해본 적이 없던 일들을 하게 된다. 경영에 필요한 능력 가운데 전문적 능력은 극히 일부에 불과한 것이다.

거버는 "스몰 비즈니스 경영자의 내부에서는 3개의 인격이 싸움을 벌이고 있다."라고 말했다.

[인격 1] 창업가: 이상주의자이며 기회를 발견하는 데 소질이 있다. 미래의 세계를 산다. 그러나 관리를 하거나 주위 사람들과 함께 일하는 데는 서툴다.

[인격 2] 관리자: 관리에 소질이 있다. 무엇이든 깔끔하게 정리해야 직성이 풀린다. 과거를 산다. 한편으로는 관리 방식을 바꾸고 싶어 하지 않기 때문에 변혁에는 반대하는 경향이 있다.

[인격 3] 기술자: 정해진 순서에 따라 손을 움직이며 일하는 것이 삶의 보람이다. 현재를 산다. 그러나 추상적인 이상에 대해서는 '그게 도움이 돼?'라며 의심하는 경향이 있다.

3개의 인격은 서로 대립한다. 기술자는 누구도 흉내 낼 수 없는 장인의 기술을 발휘하고 싶어 하지만, 관리자는 장인의 기술을 봉인하고 누구나 만들 수 있도록 표준화하고 싶어 한다. 한편 창업가의 이상은 기술자로서는 그저 몽상으로만 들린다.

성공한 스몰 비즈니스 경영자는 3개의 인격이 균형을 잘 유지하는데, 그런 사람은 드물다. 현실적으로는 어느 한 인격이 특출하게 강한 스몰 비즈니스 경영자가 대부분이다. 버거는 스몰 비즈니스 경영자 중 창업가형이 10퍼센트, 관리자형이 20퍼센트, 기술자형이 70퍼센트라고 말한다. 기술자형이 압도적으로 많다. '전통 과자 만들기를 좋아하고 또 잘해서 가게를 시작한' 점장과 같은 사람들이다.

기술자형이 스몰 비즈니스를 경영하면 반드시 벽에 부딪힌다. 혼자서 모든 일을 하려 하기 때문에, 업무량이 늘어나면 쉬지도 못하고 하루에 18시간을 일해도 일이 끝나지 않는 상황에 처한다.

그래서 자신이 없더라도 성장하는 비즈니스를 지향해야 하는 것이다. '전통 과자를 만들고 싶어서 가게를 시작했는데……'라고 생각할지도 모른다. 그러나 그저 전통 과자를 만들고 싶을 뿐이라면 다른 사람이 경영하는 가게에 고용되어 전통 과자 만들기에 전념하는 것이 바람직하다. 사실 스몰 비즈니스를 경영해서 성공하는 것은 회사에서 일하는 것보다 어렵다. 기술자로서의 실력뿐만 아니라 창업가의 능력과 관리자의 관리 능력도 필요하기 때문이다.

그러나 벌써 포기할 필요는 없다. 애초에 점장이 전통 과자 가게를 시작한 이유는 '좋아하는 전통 과자 만들기를 통해 손님들

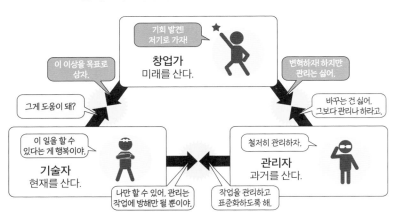

출처: 《사업의 철학》을 바탕으로 필자가 작성

에게 기쁨을 주고 싶다.'라고 생각해서다. 자신이 직접 전통 과자를 만드는 것이 유일한 방법은 아니다. 경영자가 되어서 맛있는 전통 과자를 손님들에게 제공하는 시스템을 만든다면 더 많은 사람에게 맛있는 전통 과자를 제공할 수 있다.

그러려면 경영자로서 사업의 전체상을 그릴 필요가 있다. 그리고 이를 위해서는 스몰 비즈니스가 어떤 단계를 거쳐서 성장하는지를 이해해야 한다.

스몰 비즈니스의 3단계

버거는 스몰 비즈니스의 성장과정을 다음과 같이 3단계로 구분했다.

[단계 1] 유년기: 사업을 시작한 단계다. 사장이 없으면 사업이 돌아가지 않는다. 사장이 사업 그 자체인 상태다. 사업이 커지면 혼자서는 모든 일을 할 수 없게 된다. 그래서 청년기에 돌입한다.

[단계 2] 청년기: 회사의 능력을 높이기 위해 사람을 고용하는 단계다. 이때 기술자형이 저지르기 쉬운 실수가 사람을 고용해 회계나 직원의 관리, 교육 등 자신 없는 업무를 떠넘겨버리는 것이다. 언뜻 권한 위양처럼 보이지만, 실제로는 그저 자신 없는 업무로부터 도망친 것에 불과하다. 그렇게 되면 언젠가 품질 저하나 고객의 클레임이라는 형태로 되돌아와 큰 문제가 된다. 자신의 내부에 있는 관리자와 창업가의 인격을 불러내 관리 시스템을 만들어야 한다.

[단계 3] 성숙기: 맥도날드나 디즈니처럼 거대한 기업이 되는 단계다. 이들은 이제 거대한 기업이지만, 사실은 스몰 비즈니스였던 시절부터 마치 성숙 단계의 기업처럼 경영을 했다.

스몰 비즈니스의 경영자는 대부분 매일의 바쁜 업무에 몰두한 채로 유년기와 청년기를 보내는데, 이래서는 성숙기를 맞이

하지 못한 채 결국 실패하고 만다. 성공하려면 유년기 단계에 성숙기를 맞이해 거대해진 자사의 미래상을 그려야 한다. 사업의 전체상을 그리는 것이다. 이를 위해서는 자신의 내부에 잠들어 있는 창업가 인격을 각성시킬 필요가 있다.

창업가 인격을 각성시키는 계기가 있다. 이 책에서는 '수익을 낳는 사업을 정형화해 패키지로 만들자.'라는 '사업의 패키지화'를 제안한다.

맥도날드가 최초로 실현한 '사업의 패키지화'

일반적인 회사는 5년 안에 80퍼센트가 폐업하지만, 프랜차이즈는 25퍼센트만이 폐업한다. 프랜차이즈가 성공률이 높은 것이다. 이것은 '사업의 패키지화' 덕분이다.

프랜차이즈 중에서 최초로 '사업의 패키지화'를 실현한 곳이 맥도날드다. 1952년, 훗날 맥도날드를 창업하는 레이 크록(Ray Kroc)은 맥도날드 형제가 경영하는 햄버거 가게를 보고 충격을 받았다. 고등학생 아르바이트 직원도 맛있는 햄버거를 만들 수 있는 시스템을 실현했던 것이다. '이건 돈을 낳는 기계야.'라고 직감한 크록은 누구나 맛있는 햄버거를 만들어 수익을 올릴 수 있는 시스템 만들기에 몰두했다.

가령 '감자튀김은 눅눅해지지 않도록 보습기에 7분 이상 두지 않는다.' 같은 식으로 작업을 표준화했다. 햄버거 대학이라는 교육 기관을 만드는 등 처음부터 가게를 잘 경영할 수 있도록 지원 체제를 정비했다. 크록은 이렇게 해서 구축한 시스템을 햄버거 가게를 내고 싶어 하는 사람들에게 팔았다. 맥도날드 점포를 내고 싶은 사람은 맥도날드 본부와 계약하고 시스템을 공부한 뒤 출점한다. 그리고 수익의 일부를 맥도날드에 지급한다. 이렇게 해서 맥도날드는 대성공을 거뒀다. 레이 크록은 개인의 능력에 의존하지 않고 이익을 낼 수 있는 시스템을 만든 것이다.

스몰 비즈니스를 경영할 때도 '사업의 패키지화'를 하면 된다. 레이 크록이 누구나 고품질의 햄버거를 만들어 이익을 낼 수 있는 시스템을 만든 것처럼, 누가 하든 잘 돌아가는 시스템을 만드는 것이다. 이를 위해 조직을 만들고, 업무를 매뉴얼화하고, 누가 가게를 운영하더라도 고객에게 안정적으로 상품 또는 서비스를 제공할 수 있게 한다.

사업을 패키지화하려면 사업 규모가 작을 때부터 시행착오를 전제로 한 실험을 통해 배워야 한다. 레이 크록도 맥도날드가 작았을 때는 다양한 실험을 반복하고 그 실험에서 배운 바를 시스템에 도입했다. 맥도날드는 2020년 기준 전 세계에 3만 9,000점포를 전개해 매출액 90조 원을 올리는 거대 기업이 되었지만, 지금도 자사를 '세계에서 가장 성공한 스몰 비즈니스'라고 부른다고 한다.

전통 과자 가게의 점장도 같은 일을 해야 한다. 장인의 기술을 봉인하고 누구나 전통 과자를 만들 수 있는 제조법을 만든다. 이를 위한 조직을 만들고, 가게의 업무를 매뉴얼화하며, 사람을 고용해 그들의 업무를 관리해야 한다. 작은 점포 하나밖에 없는 지금이야말로 시행착오를 전제로 한 실험을 거듭해 시스템을 만들 절호의 기회다. 그리고 '좋아하는 전통 과자 만들기로 손님들에게 기쁨을 주고 싶다.'라는 점장의 꿈을 실현하는 것이다. 그러다 보면 먼 미래에는 맥도날드처럼 세계를 무대로 사업을 하게 될지 누가 알겠는가?

이 책의 개정판이 나온 지 20년이 지났다. 경영 시스템은 저비

사업의 패키지화는 성공 확률을 크게 높인다

출처: 《사업의 철학》을 바탕으로 필자가 작성

용이 되었고, 창업의 문턱도 낮아졌다. 이를테면 회계 클라우드 서비스의 등장으로 회계의 번거로움과 비용이 줄어들었고, 여러 가지 업무를 외부에 맡기는 것도 가능해졌다. 이 책이 간행되었을 때에 비해 지금은 규모에만 연연하지 않는다면 창업해서 사람을 고용하지 않고 기술자형을 고집하더라도 성공할 가능성이 높아진 것은 분명하다. 그러나 비즈니스를 확대할 경우는 지금도 업무량을 늘리기 위해 사람을 고용해야 한다.

창업과 부업의 기회가 확대된 지금이기에 더더욱 이 책을 참고해야 할 것이다.

POINT

'사업의 패키지화'를 통해 누가 하더라도 이익을 낼 수 있는 비즈니스를 지향하라.

Chapter 3

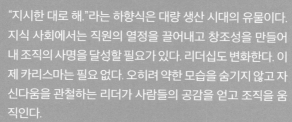

인재
Human Resource

"지시한 대로 해."라는 하향식은 대량 생산 시대의 유물이다. 지식 사회에서는 직원의 열정을 끌어내고 창조성을 만들어내 조직의 사명을 달성할 필요가 있다. 리더십도 변화한다. 이제 카리스마는 필요 없다. 오히려 약한 모습을 숨기지 않고 자신다움을 관철하는 리더가 사람들의 공감을 얻고 조직을 움직인다.

제3장에서는 직원의 열정을 끌어내고 조직의 사람들을 움직이기 위한 이론서와 실천서 9권을 소개한다.

BOOK.21

하버드에서 가르치는 인재 전략

Managing Human Assets

리더가 활용해야 할 최고의 경영 자원, '사람'

마이클 비어 외
Michael Beer

비어는 하버드 비즈니스 스쿨의 명예 교수다. 국제적으로 저명한 전략적 변혁의 전문가이며, 경영 컨설팅 회사인 트루포인트 파트너스를 설립했다. 조직 변혁과 인재 전략에 관해 다수의 책을 썼고 컨설팅과 교육 경험도 풍부하다. 공저자인 버트 스펙터, 폴 R. 로렌스, 대니얼 퀸 밀즈, 리처드 E. 월튼은 집필 당시 하버드 비즈니스 스쿨의 동료다.

이 책은 '큰일이군. 우린 인재 전략 같은 건 생각해본 적이 없는데. 이러다 타국 기업과의 경쟁에서 지고 말 거야!'라고 깨달은 미국이 40년 전에 만들어낸 세계 최초의 인재 전략 교과서다.

1960년대까지 미국 경제는 GM과 포드 같은 자동차 회사 덕분에 절정의 호황을 누리고 있었다. 대량 생산 방식을 통한 압도적인 물량 공세로 이루어낸 성과였다. 그런데 1970년대가 되면서 분위기가 이상해졌다. 물자도 돈도 없는 일본의 도요타를 비롯한 자동차 회사들이 또 다른 경영 자원인 '사람'을 활용해 고품질·저가격을 무기로 미국 시장에 진출하기 시작한 것이다.

지금은 상상하기 어려운 일이지만, 당시 미국의 최대 라이벌은 일본이었다.

[Book 19]에서 소개했듯이, 미국의 자동차 회사는 하향식으로 모든 것을 결정했다. 요컨대 '작업원은 잠자코 시키는 대로 일이나 하시오.'였다. 한편 일본의 자동차 회사는 "현장에서 철저히 궁리하시오."라고 지시했다. 또한 일본 기업은 종신 고용이나 노사 협력을 통해 직원을 소중히 여겼지만, 당시의 미국 기업에는 '사람을 활용한다.'라는 발상이 없었다. 게다가 당시 미국의 비즈니스 스쿨에서는 인재 전략 전반에 관한 강의가 없었다. 인사 전문가를 대상으로 노무 관리, 인사 관리, 조직 행동, 조직 개발 등을 따로따로 가르칠 뿐이었다.

이런 상황에 위기감을 느낀 하버드 비즈니스 스쿨의 정예 교수진은 따로따로였던 인재 관련 이론을 통합한 인재 전략으로 'HRM(Human Resource Management, 인적 자원 관리)'을 새롭게 개설하고 필수 과목으로 삼았는데, 그때 만든 교과서가 바로 이 책이다.

문제가 발생하자 신속하고 체계적으로 실용적인 대책을 세우는 것이 참으로 미국답다. 이 책은 이제 고전이 되었지만, 경영의 관점에서 사람과 조직의 전체상을 생각하는 내용은 오늘날에도 큰 도움이 된다.

인재 전략을 세울 때는 전체상을 파악해야 한다

본래 인재 전략은 경영 전략을 실현하기 위해 존재한다. 그런데 현실은 어떨까? 가령 인사 업무를 보면, 인사이동의 사전 조율, 신입·경력 채용 면접, 급여 조정 같은 다양한 일상 업무를 즉흥적으로 처리하는 경우가 많다. 이래서는 '인재 전략을 통해 경영 전략을 실현한다.'는 꿈같은 이야기일 뿐이다.

인재 전략은 다음의 4가지 영역으로 나눠서 포괄적으로 생각해야 한다.

[영역①] 직원이 끼치는 영향: 옛날에는 포드 생산 방식처럼 '지시받은 대로만 하면' 그만이었지만, 도요타는 도요타 생산 방식(TPS)을 통해 현장에서 철저히 고민하게 함으로써 저가격·고품질의 자동차를 만들었다. 회사 차원에서 어떻게 직원의 의견을 활용할지 결정해야 한다.

[영역②] 인적 자원의 흐름: 필요할 때 필요한 인재가 없으면 기업의 업무는 원활히 돌아가지 않는다. 따라서 경영 자원을 실현할 인재를 채용하고 사내 이동, 평가, 퇴직의 흐름을 결정해 확실히 돌릴 필요가 있다.

[영역③] 보상 시스템: 사원의 행동을 결정하는 것은 보상 체계다. 급여나 보너스 등의 외적 보상도 중요하지만, "돈을 줄 테니 잠자코 일이나 해."라는 식이면 사원은 타산적이 되어 의욕이 떨어진

다. 사람은 보람, 성취감, 성장, 책임감 같은 내적 보상을 통해 의욕적이 된다.

[영역④] 직무 시스템: 조직의 목표를 실현할 수 있도록 개인의 업무 내용이나 책임 범위를 결정한다.

4개의 영역이 처음부터 끝까지 일관적으로 연계되어 서로 상승효과를 발휘하도록 하는 것이 중요하다.

회사에서 팀워크를 중시한다는 방침을 세웠는데 목소리가 큰 영업 부장이 독단적으로 매출액이 큰 영업사원에게만 보너스를 지급한다면 개인플레이를 하는 사원이 속출해 팀워크가 무너질 수 있다. 그렇다면 어떻게 해야 할까?

다음 페이지의 그림을 보자. 회사가 '팀워크 중시'를 방침으로 정했다면 '① 직원이 끼치는 영향'에서 팀워크를 중시하는 인재에게 책임을 부여하고 그들의 의견을 경영에 반영하는 시스템을 궁리하고, '② 인적 자원의 흐름'에서 동료를 소중히 여기는 인재를 채용해 육성하는 흐름을 설계하며, '③ 보상 시스템'에서 팀의 성과에 보상을 주는 시스템을 만들고, '④ 직무 시스템'에서는 사내에서 협업할 업무의 내용과 책임의 분담을 결정한다. 또한 이 영역들을 서로 연계해 상승효과를 만들어내야 한다.

다만 '인재 전략의 결정'은 인재 전략의 첫걸음에 불과하다. 인재 전략의 시책을 실시하고 그 성과를 검증한 뒤 계속 개선해

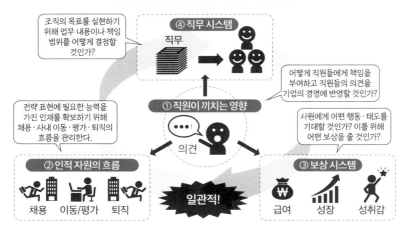

인재 전략은 일관성 있게 생각해야 한다

조직의 목표를 실현하기 위해 업무 내용이나 책임 범위를 어떻게 결정할 것인가?

④ 직무 시스템
직무

전략 표현에 필요한 능력을 가진 인재를 확보하기 위해 채용·사내 이동·평가·퇴직의 흐름을 관리한다.

① 직원이 끼치는 영향
의견

어떻게 직원들에게 책임을 부여하고 직원들의 의견을 기업의 경영에 반영할 것인가?

사원에게 어떤 행동·태도를 기대할 것인가? 이를 위해 어떤 보상을 줄 것인가?

② 인적 자원의 흐름
채용 이동/평가 퇴직

일관적!

③ 보상 시스템
급여 성장 성취감

출처:《하버드에서 가르치는 인재 전략》을 바탕으로 필자가 작성

나가야 한다. 이런 식으로 책정하고 실시하는 인재 전략이 기업의 강한 경쟁력의 원천이 된다.

강한 기업 문화의 토대는 '창업자와 인사 제도'

리쿠르트는 대졸 신입 사원을 채용할 때 "3년 안에 퇴사해서 독립하겠다."라고 말하는 학생을 반긴다고 한다. 평범한 회사라면 있을 수 없는 일이지만, 창업가 정신을 중시하는 리쿠르트에서는 당연한 일이다. 이 기업 문화는 계속해서 신규 사업을 만들어

내는 리쿠르트의 원천이다. 도요타에도 '원인을 규명해 가이젠 (개선)을 계속한다.'라는 발상이 깊게 뿌리를 내리고 있다.

이처럼 '직원의 행동 대본'이라 할 수 있는 기업 문화는 내부 직원에게 공기나 물처럼 극히 당연한 것이기에, 외부 시각에서는 대단해 보이는 행동도 직원은 극히 자연스럽게 한다. 강한 기업 문화는 압도적으로 강한 경쟁력을 만들어낸다.

인사 제도는 강한 기업 문화를 만들어내는 데 큰 역할을 한다. 예를 들어 "실패하면 감봉하겠어."라는 말을 듣는다면 아무도 새로운 일에 도전하지 않는다. 한편 "실패해도 탓하지 않겠네. 성공하면 급여를 올려주지."라는 말을 듣는다면 많은 사람이 새로운 일에 도전할 테고, 창업 전신이 뿌리를 내리게 된다. 직원은 회사의 인사 시책에 따라 행동한다.

또한 기업 문화를 만들 때 결정적으로 중요한 요소는 바로 창업자다. 마쓰시타 전기(현 파나소닉)의 창업자 마쓰시타 고노스케는 '기업은 사회를 위한 것. 사원은 고객에게 유익한 상품을 제공할 책임이 있어. 이익은 목적이 아니야. 이익은 이 사명을 실현하는 수단이지.'라고 생각했다. 그리고 자신의 이념을 실현하기 위해 종신 고용제를 실시하고 개인의 실적이 아니라 연공서열을 중시하는 급여 체계를 만들어 인재 육성에 힘을 쏟는 등 직원을 소중히 여기는 기업 문화를 만들어냈다.

도요타는 제2차 세계 대전이 끝난 직후 경영 위기에 빠져 직

Chapter 3 | 인재　233

원의 4분의 1을 해고했는데, 그때 남은 사원들에게 종신 고용과 연공서열에 따른 급여 체계를 보장했다. [Book 19]에서 소개했듯이, 도요타에서는 각자가 직무를 다하는 것에 대한 보상으로 일자리를 보장받음으로써 공장 노동자의 의욕이 크게 높아졌다. 한편 미국 GM의 공장에서는 6차례의 레이오프(일시 해고)를 경험한 직원들의 의욕 결여가 두드러졌다.

이 책에서 저자는 "강한 기업 문화는 종신 고용 시스템 속에서 탄생하기 쉽다. 직원은 기업과 일체감을 느끼기 쉬우며, 기업 문화에 녹아들려고 해서다."라고 말했다. 이처럼 창업 시의 이념이 반영되어 인사 제도와 기업 문화가 만들어진다. 창업은 인재 전략을 통해 창업자의 이념을 기업 문화에 심을 최고의 기회다.

잡형 고용이 실패하는 이유

현대의 일본 기업에서는 잡(Job)형 고용이 큰 화제가 되고 있다. 잡형 고용이란 직무 내용과 처우를 명확히 정의하고 그 직무 내용에 맞는 인재를 고용해 처우하는 고용 형태다. 다만 현재 일본에서는 이 잡형 고용의 도입이 잘 진행되지 않고 있는데, 이 책을 읽으면 그 이유도 알 수 있다.

이 책의 메시지는 '인재 전략은 일관성이 무엇보다 중요하다.'이다. 많은 기업이 채용하고 있는 멤버십 고용은 연공서열, 종신 고용, 신입 대졸 사원 일괄 채용 등을 전제로 한다. 잡형 고용만 도입하고 다른 전제는 바꾸지 않으면 인재 전략은 무너지고 만다. 가령 높은 급여를 주고 채용한 우수한 젊은 IT 인재에게 일괄 채용한 대졸 신입 사원들과 같은 연수를 받게 하거나, 연공서열에 따라 조금씩 급여를 올려준다면 기껏 채용한 인재가 금방 그만두고 말 것이다. 잡형 고용을 도입하려면 인재 전략 전체를 재검토해야 한다.

"경영자의 시점에서 인재 전략을 생각하라. 항상 전체상을 파악하고 일관되게 시책을 전개하라."라는 이 책의 메시지는 현대의 기업이 여전히 중요하게 여겨야 할 금언이다.

BOOK.22

스타트 위드 와이

Start with Why

───────

'WHY'가 사람을 움직이고 세상을 바꾼다

사이먼 시넥
Simon Sinek

리더, 기업, 비영리 조직을 상대로 '사람들을 고무하는 방법'을 전수해온 컨설턴트. 미국 연방의 회의원, 외교관, 유엔, 국무부, 마이크로소프트 등에 'WHY'의 힘을 전수해왔다. 컬럼비아 대학의 전략적 커뮤니케이션 프로그램 강사, 랜드 코퍼레이션의 비상근 연구원이기도 하다. 2009년에 'WHY'에 관해 이야기한 TED 동영상이 4,000만 회가 넘는 조회수를 기록했다

우주전함 야마토는 이스칸다르 성 (星)을 향해 왕복 33만 6,000광년 의 여행을 떠났다. 야마토의 승무원 이 위험을 무릅쓰고 이 기나긴 우주 여행을 지원한 이유는 '방사선 오염 으로 인류가 멸망하기까지 1년밖에

남지 않은 지구를 구한다.'라는 대의명분에 공감하고 또 믿었기 때문이다.

사람들을 움직이는 것은 '누구나 공감하는 대의명분', 바꿔 말하면 'WHY'다. 애플의 스티브 잡스는 매력적인 상품을 잇달 아 내놓고 '왜 이 상품이 필요한가?'라는 이념을 이야기함으로 써 사람들을 열광시키고 세상을 바꿨다. 마틴 루터 킹 목사도 "I have a dream(제게는 꿈이 있습니다)."이라는 유명한 연설로 미국 공민권 운동을 지도해 미국을 바꿨다.

사람들을 고무해 세상을 바꾸는 것은 한 줌의 카리스마적 리더만이 지닌 재능이라고 생각하는 사람이 많다. 그러나 시넥은 "패턴을 공부하면 누구나 그들처럼 사람들을 고무할 수 있다."라고 말한다. 그리고 이를 위한 포인트가 바로 'WHY부터 시작하는 것'이다. 이 책은 그 방법을 정리한 것으로, 미국 아마존에 1만 8,000건에 이르는 서평이 올라온 대형 베스트셀러다. WHY부터 시작하면 우리도 사람들을 고무해 움직일 수 있다.

골든 서클로 사람을 움직여라

시넥은 사람들을 고무해서 위업을 달성하는 사람들의 비밀을 밝혀내기 위해 골든 서클 모델을 고안했다. 다음의 그림처럼 WHAT, HOW, WHY라는 3개의 원이 동심원상으로 겹쳐져 있는 모델이다.

- WHAT: 그 조직이나 사람이 무엇을 하고 있는가? 외부에서 봤을 때, WHAT은 알기 쉽다. 가령 우주전함 야마토의 WHAT은 '왕복 33만 6,000광년의 여행을 떠나 1년 안에 돌아온다.'이다. 그러나 이것만 들으면 보통은 '왜 그런 무모한 짓을 하지?'

라는 생각이 들고, 권유를 받더라도 거절할 것이다.

- HOW: WHAT을 어떤 방법으로 하느냐. HOW까지 이해한 사람은 많지 않다. 우주전함 야마토의 HOW는 '워프 항법으로 이스칸다르까지 가서 방사선 제거 장치를 입수한다.'이다. 그러나 방법을 알았어도 "역시 나는 안 할래."라고 말하는 사람이 많을 것이다.

- WHY: WHAT을 하는 이유다. '그것을 하는 의의는 무엇인가?'라는 대의명분 또는 이념이며, 사람들을 공감시키는 것이다. 사람은 WHY를 알면 행동이 달라진다. 우주전함 야마토의 오

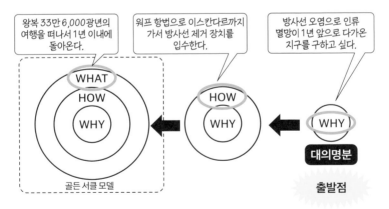

대의명분이 사람을 움직인다
우주전함 야마토의 승무원이 위험을 무릅쓰고 도전한 이유는
WHY가 명확했기 때문이다.

출처: 《스타트 위드 와이》를 바탕으로 필자가 작성

238

키타 함장은 '방사선 오염으로 인류가 멸망하기까지 1년밖에 남지 않은 지구를 구한다.'라는 목표를 승무원들과 공유한 뒤, 승선할지 말지는 각자의 판단에 맡겼다. 그러자 전원이 승선 했다.

'WHY→HOW→WHAT'의 흐름으로 일관한다

평범한 사람은 제품이나 프로젝트의 WHAT밖에 말하지 않는 다. 그러면 아무도 움직이지 않는다. 한편 사람들을 고무하는 사 람은 WHY를 기점으로 삼아서 'WHY→HOW→WHAT'의 순 서로 이야기한다.

우주전함 야마토의 오키타 함장은 이렇게 말했다.

"방사선 오염으로 인류가 멸망하기까지 1년밖에 남지 않은 지구를 구하고 싶네. 그러려면 워프 항법으로 이스칸다르까지 가서 방사선 제거 장치를 입수해야 해. 왕복 33만 6,000광년의 여행을 떠나 1년 안에 돌아와야 하지. 야마토에 승선할지 말지 는 제군의 판단에 맡기겠네."

이 책은 애플이 신제품을 내놓을 때마다 밝은 목소리로 대의 명분부터 이야기하는 사례를 소개한다.

"애플의 신조는 타사와는 다른 발상으로 현재에 도전하는 것 입니다(WHY). 단순해서 쉽게 사용할 수 있으면서 아름다운 디자인의 제품을 만들고자 도전하고 있습니다(HOW). 그 결과 굉장한 컴퓨터가 탄생했습니다(WHAT). 한 대 구입하시겠습니까?"

애플은 "굉장한 컴퓨터를 만들고 있습니다. 쉽게 사용할 수 있고 디자인이 아름다운 컴퓨터입니다. 한 대 구입하시겠습니까?"와 같이 WHAT을 기점으로는 이야기하지 않는다. 이래서는 다른 컴퓨터 제조사와 다를 것이 없다.

대부분의 회사는 경쟁사가 잘 팔리는 상품을 내놓으면 그것을 그대로 흉내 낸 상품을 발매한다. 그러나 WHAT만 흉내 내는 상품은 고객의 마음에 감명을 주지 못한다.

고객은 WHY에 공감한다. 고객은 WHAT이 아니라 WHY를 사는 것이다. 킹 목사도 인종이나 피부색의 장벽을 뛰어넘어 공민권 운동을 성공시키려면 사람들의 마음에 '왜 그것이 필요한가? 미래는 어떻게 될 것인가?(WHY)'를 호소해야 함을 알고 있었다. 그래서 "I have a dream."이라며 WHY를 기점으로 연설한 것이다.

'WHY→HOW→WHAT'의 흐름이 일관적인 것이 중요하다. 사실은 WHY가 없으면서 마치 WHY가 있는 듯이 행동하면 주위 사람들은 평소의 사소한 언동을 통해 본능적으로 그 말이 '거짓'임을 날카롭게 꿰뚫어본다. 항상 애플의 디자인을 모방하는 컴퓨터 제조사가 애플처럼 "우리의 신조는 타사와 다른 발상입니다."라고 WHY를 말한들 고객은 'WHY까지 애플을 흉내 내고 있네.'라고 생각할 뿐이다.

　일관된 신념과 행동에서는 진정성(Authenticity)이 전해진다. 오키타 함장, 스티브 잡스, 마틴 루터 킹 목사의 말이 사람들을 움직인 이유는 그들의 행동(WHAT)이 진심 어린 신념(WHY)에서 나온 것임을 평소의 언동으로 알았기 때문이다. 항상 WHY를 기점으로 생각하고 일관적으로 행동해야 한다.

　이와 관련해서 [Book 38]도 함께 읽어보기 바란다. 이 발상은 기업을 운영할 때도 중요하다.

기업은 'WHY'를 철저히 공유하라

보험 대리점을 경영하는 지인이 있는데, 그는 사장이면서 슈퍼 영업사원이다. 보험 상품 중에는 영업사원에게 고액의 수수료가 들어오는 상품이 있다. 온갖 감언이설로 그 상품을 고객에게 팔아 이익을 올리면서 자신이나 가족은 저렴한 보험 상품에 가입하는 보험 영업사원도 있다. 그런데 지인은 절대 그런 불성실한 영업은 하지 않는다. 고객의 과제를 귀 기울여 듣고 최적의 보험을 제안해 고객의 신뢰를 얻는다.

　그의 회사에는 영업사원이 수십 명 있는데, 영업 기술이 사장처럼 뛰어나지는 않지만 회사는 높은 수익을 올리고 있다. 그 이유는 영업사원들이 사장과 같은 판단을 할 수 있도록 철저히 교육시켰기 때문이다. 이 회사의 경영 이념은 "고객의 삶을 진심으로 생각한다."이다. 그리고 "고객을 친형제로 생각하며 고객의 니즈를 먼저 파악하는 매력적인 사람이 될 것"을 유념하고 매일의 업무를 해내고 있다.

영업 기술은 금방 흉내 낼 수 없지만, 같은 상황에서 같은 판단을 하도록 만들 수는 있다. 조직이 WHY를 공유하면 누구나 리더와 같은 명확한 판단을 할 수 있게 된다.

'회사는 어떤 대의나 사명을 위해서 존재하는가?'는 기업의 이념(WHY)이다. 기업을 강하게 만드는 것은 규모도 영향력도 제품도 아니다. 기업의 이념과 문화다. 모든 사원이 '같은 이념, 같은 신조, 같은 가치관을 공유한다.'라는 감각을 가진 기

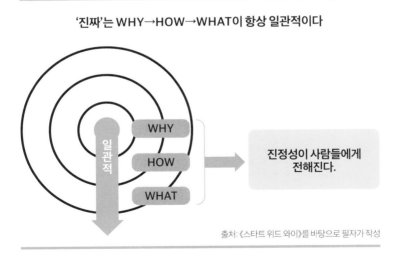

'진짜'는 WHY→HOW→WHAT이 항상 일관적이다

일관적

WHY

HOW

WHAT

진정성이 사람들에게 전해진다.

출처:《스타트 위드 와이》를 바탕으로 필자가 작성

업이 강한 기업이다. 기업의 이념(WHY)을 명확히 하고 그 이념에 진심으로 공감하는 인재를 채용해야 한다. 여기에서도 'WHY→HOW→WHAT'의 일관성이 중요하다.

이념만 훌륭할 뿐 이념과 행동 사이에 괴리가 있는 회사는 시간이 지날수록 그 정체가 드러난다. 항상 WHY(대의명분)를 고민하고 끊임없이 자문하며, WHAT(평소 행동)을 대의명분과 일치시키는 것이 무엇보다 중요하다.

POINT

'WHY'를 계속 자문하고, 'HOW→WHAT'으로 연결한다.

BOOK.23

최고의 팀은 무엇이 다른가

The Culture Code

당신의 조직은
서로의 약점을 안전하게
드러낼 수 있는가?

대니얼 코일
Daniel Coyle

미국의 저널리스트이자 노스웨스턴 대학 특임연
구원 라이프스타일 정보지 〈Outside〉의 상급 편
집자를 거쳐 프리랜서 저널리스트가 되었다. 〈뉴
욕타임스〉지와 〈스포츠 일러스트레이티드〉지에
다수의 글을 기고했다.

이 책의 첫머리에는 이런 실험이 소
개되어 있다. 4인의 팀을 구성해 ①
번 팀은 건면 20가락을, ②번 팀은
셀로판테이프 90센티미터를, ③번
팀은 실 90센티미터를, ④번 팀은
마시멜로 1개를 사용해 최대한 높

은 구조물을 만든 다음 꼭대기에 마시멜로를 올려놓게 했다. 참
가자는 현역 MBA 학생 팀부터 유치원생 팀까지 다양했다.

MBA 팀은 전략을 토론하고 재료를 분석하는 가운데 서로 아
이디어를 내놓으면서 재료를 조립했다. 유치원생 팀은 무계획
적으로 마구 재료를 조립하면서 "이렇게 하자!", "아니야, 이렇게
하자!"라며 와자지껄 이야기를 나눴다.

결과는 유치원생 팀이 평균 높이 66센티미터로 압승했다. 한편 MBA 팀의 구조물은 25센티미터에 그쳤다. MBA 팀은 토론하면서 '누가 리더지?', '반론을 제기해도 되려나?' 등 분위기를 파악하는 데 집중한 나머지 진짜 문제(건면은 부러지기 쉽다는 점 등)에는 생각이 미치지 못했다. 반면 유치원생 팀은 언뜻 좌충우돌하는 듯이 보였지만 쓸데없는 생각은 하지 않고 작업에만 몰두했으며, 문제를 찾아내 해결하기 위해 협력했다.

물론 유치원생들이 현역 MBA 학생들보다 현명했던 것은 아니다. 그러나 유치원생들이 더 현명하게 협력한 것은 분명하다.

현대의 조직에서는 현장 팀의 능력이 성과를 결정한다. 그러나 완전히 같은 구성원이라도 방식에 따라 팀의 능력이 몇 배로 증폭되기도 하고 반대로 몇 분의 1로 감소하기도 한다. 이 책은 팀의 능력을 증폭하기 위한 방법으로서 유치원생 팀의 방식을 자세히 해설한다.

[Book 25]의 저자이자 조직 심리학자 애덤 그랜트는 이 책을 '팀워크에 관한 책 중 최고 걸작'이라고 격찬했다. 이 책의 저자는 〈뉴욕타임스〉의 베스트셀러 작가로, 세계에서 가장 성공한 8개의 팀을 분석해 공통된 스킬을 발견했다. 그것은 '안전한 환경을 만든다', '취약성을 보인다', '공통의 목표를 갖는다'이다.

'안전한 환경'이 훌륭한 성과를 낳는다

사실 작은 몸짓이나 태도가 팀의 성과를 결정한다. 이런 실험이 있다. 조직 행동학자 윌 펠프스(Will Felps)는 팀에 악영향을 끼치는 사람에게는 '성격이 나쁨(공격적·반항적)', '게으름뱅이(노력하지 않음)', '주위의 분위기를 어둡게 함(불평만 함)'의 3가지 유형이 있다고 생각했다.

그는 대학생을 4인조의 팀으로 나누어 어떤 과제를 해결하게 하는 실험을 실시하고, 일부 팀에 악영향을 끼치는 역할을 하는 '닉'이라는 바람잡이를 보내 검증했다. 그 결과, 닉이 있는 팀은 성과가 30~40퍼센트 저하되었다. 가령 모두가 의욕적으로 회의에 임하고 있는데 닉이 피곤한 표정으로 줄곧 바닥만 내려다보자 다른 멤버들도 무기력이 전염되어 점차 의욕을 잃었다.

그런데 닉이 아무리 애써도 전혀 성과가 떨어지지 않는 팀이 있었다. 그것은 조용하고 말투가 온건하며 항상 생글생글 웃는 조너선이 있는 팀이었다. 조너선은 닉이 폭언을 하거나 비아냥거려도 전혀 대항하지 않았고 그 대신 몸을 앞으로 내밀고 웃음을 보였다. 그러자 긴장감이 감돌던 분위기가 순식간에 온화한 분위기로 바뀌었다. 작은 변화이지만, 이 변화가 거듭되자 팀은 다시 자유롭게 의견을 교환했다.

조너선은 '이곳은 안전하니 자유롭게 의견을 말해도 된다.'라는 메시지를 팀에게 보냄으로써 닉의 독을 중화한 것이다. 그 덕분에 멤버들은 안심하고 의견을 말했고, 팀은 활기를 되찾았다.

인류는 수십만 년이라는 세월 동안 무리를 지어 생활해왔다. 그래서 언어보다 빠르게 몸짓이나 시선 등의 신호를 만들어냈고, 사람의 뇌는 그 신호를 감지하는 능력을 발달시켜 왔다. 그렇게 집단 내의 '안전한 관계'를 만드는 다양한 몸짓이 육성되었고 그것이 바로 귀속 신호다. 우리는 본능적으로 서로에게 귀속 신호를 보내 '안심할 수 있는 관계'를 만들고 있다.

'취약성의 공유'가 강한 협력 관계를 만든다

과거에 나는 공들여 상세한 기획을 만들고 의기양양한 표정으로 동료들에게 "이런 기획을 만들었습니다! 이걸로 하지요!"라고 말한 적이 있다. 그러나 동료들은 "오⋯⋯."라고 말하면서도 내 기획을 따르지 않았다. 되돌아보면 상당히 한심한 기획자였다.

나는 고심 끝에 방식을 바꿨다. 간단한 기획안을 빠르게 작성한 다음 "기획안을 작성해보았습니다. 한번 살펴보시고 기탄없는 의견 부탁드립니다."라고 말했다. 그러자 정말로 기탄없는 의견이 모이기 시작했다. 신랄한 의견들 덕분에 기획은 급속히 진행되었고, 동료들도 내 기획을 따르게 되었다. 너무 다른 모습에 '나 혼자서 고군분투했던 시간은 다 뭐였던 거지?'라는 생각까지 들었다.

'나는 약해. 도움이 필요해.'라는 메시지를 주고받을 수 있으면 상대와의 사이에 취약성의 고리가 생긴다. 취약성의 고리가 확대되면 팀 전체에 신뢰가 생겨 서로 협력하게 된다. 그러나 현실에서는 많은 리더가 '강하게 보여야 해.'라고 생각해 취약성을 감춘다. 그러면 부하 직원들도 취약성을 감추어서 팀에 신뢰가 생기지 않는다. 취약성의 공유를 통해 결속한 팀은 서먹한 순간을 의도적으로 만들어서 말하기 힘든 것도 솔직하게 말할 수 있는 분위기를 형성한다.

이 책에 따르면, 영상 제작 회사 픽사는 장편 영화 17편을 제작했으며 1편당 5억 달러(6,200억 원)가 넘는 수익을 올렸다. 아카데미상도 13회나 수상했다. 그러나 픽사 영화의 첫 번째 버전은 예외 없이 졸작이라고 한다. 그 졸작을 브레인트러스트라는 사내 회의를 거치며 걸작으로 진화시킨다.

제작 중인 영화에 대해 솔직한 지적을 반복하며 영화의 문제점을 철저히 찾아낸다. 제작자가 취약성을 인정하고 의견을 구하기에 가능한 방식이다. 그리고 더욱 서로를 신뢰할 수 있는 팀이 되어서 걸작 영화를 만들어낸다(브레인트러스트는 [Book 24]에서 더 상세히 소개한다).

협력 체제를 만들 때, 취약성은 리스크가 아니다. 오히려 없어서는 안 될 요소다. 팀을 만드는 것은 개인의 장점을 조합해 스킬을 보완하기 위함이다. 자신의 한계를 인정하고 타인의 힘을

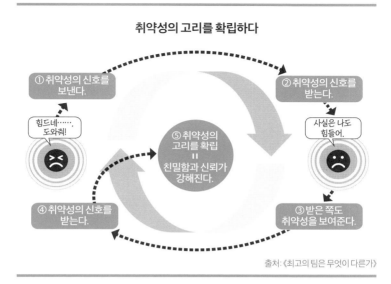

취약성의 고리를 확립하다

① 취약성의 신호를 보낸다.

힘드네……. 도와줘!

② 취약성의 신호를 받는다.

사실은 나도 힘들어.

⑤ 취약성의 고리를 확립 = 친밀함과 신뢰가 강해진다.

④ 취약성의 신호를 받는다.

③ 받은 쪽도 취약성을 보여준다.

출처: 《최고의 팀은 무엇이 다른가》

빌리지 않는다면 목표를 달성할 수 없다. 취약성을 인정하면 안심하고 하나의 팀으로서 움직일 수 있게 된다.

'자신이 일하는 의미'를 아는 팀이 최고의 팀이다

최고의 팀을 만들기 위해서는 팀원 각자가 '자신이 일하는 이유'를 구체적으로 이해하는 것도 중요하다. 이 책에는 조직 심리학자 애덤 그랜트(Adam Grant)가 졸업생을 상대로 기부금을 모으는 대학 콜센터의 개선을 의뢰받았을 때 있었던 일이 소개되어 있다.

그랜트는 기부금으로 장학금을 받은 학생 한 명에게 감사 편지를 쓰게 하고, 그를 콜센터에 초대해 직원들 앞에서 "장학금 덕분에 학교생활을 할 수 있어 감사하다."라는 이야기를 5분 정도 하게 했다. 그러자 1개월 뒤, 직원들이 전화를 거는 시간이 142퍼센트 증가했다. 기부금도 172퍼센트 증가했다. '우리가 일하는 의미'를 이해하여 직원들의 목적의식이 높아진 것이다.

이처럼 팀에서는 공통의 목표를 갖고 나아가되, 모든 구성원이 지금 자신이 하고 있는 일이 공통 목표의 실현에 구체적으로 어떻게 도움이 되는지를 이해하는 것이 중요하다.

그러나 안타깝게도 현실에서는 조직의 공통 목표가 거의 공유되고 있지 않다. 많은 리더가 '내가 하는 말이 부하 직원들에게 잘 전해지고 있다.'라고 생각한다. 그러나 실제로는 거의 전해지고 있지 않다.

미국의 한 비즈니스 잡지는 600개 회사의 팀 리더를 상대로 "몇 퍼센트의 사원이 회사의 최우선 사항 3가지를 알고 있으리라 생각하십니까?"라고 질문했는데, 이에 대해 팀 리더들은 평균 64퍼센트가 알고 있다고 대답했다. 그러나 같은 회사의 직원들을 상대로 "회사의 최우선 사항 3가지가 무엇인지 알고 있습니까?"라고 질문했을 때 알고 있다고 대답한 직원은 불과 2퍼센트였다. 리더가 '귀에 못이 박힐 만큼' 계속 이야기해야 겨우 전해질까 말까 한 것이다.

이 책의 지적은 [Book 38]의 "취약성을 숨기지 않는 강함을 가져라."라는 주장이나 《좋은 기업을 넘어 위대한 기업으로》(짐 콜린스 지음)의 "위대한 기업을 만들어낸 사람은 단순한 방법으로 비즈니스를 하고 있는 극히 평범한 사람"이라는 주장과도 일치한다. 이 책의 주제는 [Book 24]에서 더욱 깊게 살펴보려 한다.

흔히 "높은 스킬, 우수한 멤버, 신속한 의사 결정, 강력한 리더십이 중요하다."라고 말하지만, 그것만으로는 조직이 성과를 만들어내지 못한다. 이 책은 평소의 사소한 행동을 축적하는 것이 중요하다고 말한다. 강한 척하지 않고 취약성을 인정하며 평범한 일을 철저히 하는 팀이 압도적인 성공을 만들어낸다.

POINT

취약성을 드러낼 수 있는 '안전한 환경'을 만드는 것이 열쇠다.

BOOK.24

두려움 없는 조직

The Fearless Organization

픽사가 계속해서
걸작을 만들어내는 이유

에이미 C. 에드먼슨
Amy C. Edmondson

하버드 비즈니스 스쿨 교수. 리더십, 팀, 조직 학습의 연구와 교육에 종사하고 있으며, 경영 사상가의 순위인 'Thinkers 50'에도 이름을 올렸다. 조직 학습과 리더십에 관한 논문이 수많은 학술지와 경영 잡지에서 소개되었고, 미국 경영학회의 조직 행동 부문에서 최우수 논문상(2000년)과 커밍스상(2003년)을 받았다.

어느 회사의 브레인스토밍에 퍼실리테이터로 참여했을 때 있었던 일이다. 신입사원부터 임원까지 다양한 구성원이 참가한 가운데, 한 신입사원이 참신한 아이디어를 내놓았다. '오, 상당히 괜찮은 아이디어인걸?'이라고 생각하면서 듣고 있었는데, 잠자코 있던 임원이 갑자기 벌떡 일어나더니 "자네, 지금 손님이 와 계신 걸 모르나? 무책임한 발언은 삼가게!"라고 말했다. 곧바로 신입사원은 입을 다물었고, 이후 한마디도 발언하지 않았다.

직원에게서 새로운 의견이 나오지 않는 조직에는 공통점이 있다. 이를 해결하는 열쇠가 바로 이 책의 주제인 '심리적 안정감'이다. 심리적 안정감이라는 개념을 이해하면 높은 성과를 내는 팀을 만드는 비법 하나를 얻는 셈이다.

에드먼슨은 하버드 비즈니스 스쿨의 교수이자 '사람들이 하나가 되어서 최고의 성과를 낼 수 있는 직장 환경을 만들려면 무엇을 해야 하는가?'라는 연구를 계속하고 있는 조직행동학자로, 경영 사상가의 순위인 'Think 50'에도 이름을 올렸다.

활발한 논의를 촉진하는 '심리적 안정감'

동료가 솔직한 의견을 말했다가 상사에게 호통을 듣는 걸 옆에서 본 직원들은 누구도 자신의 본심을 말하지 않는다. 사람은 누구나 질책을 두려워한다. 물론 나도 혼나는 것은 싫다.

심리적 안정감은 집단의 대다수가 '여기에서는 무슨 말이든 할 수 있어. 걱정 없이 리스크를 짊어질 수 있어.'라고 느끼는 분위기를 의미한다. 심리적 안정감이 있으면 조직의 구성원은 안심하고 활발하게 토론한다. 그렇다고 느슨하고 사이가 좋은 조직이라는 뜻은 아니다. 오히려 그 반대로 새로운 도전을 하는 조직이다.

심리적 안정감과 혼동하기 쉬운 말로 '신뢰'가 있다. 신뢰는 누군가가 특정한 개인에게 느끼는 것이며, 개인과 개인 사이에서 일어난다. 한편 심리적 안정감은 조직 전체에서 공유된다.

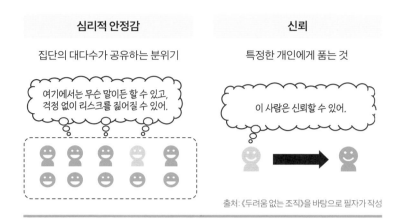

심리적 안정감은 집단의 것이고 신뢰는 개인의 것이다

출처:《두려움 없는 조직》을 바탕으로 필자가 작성

심리적 안정성이 이노베이션을 낳는다

구글은 '최고의 팀을 만드는 요인'을 밝혀내기 위해 수년에 걸쳐 사내의 180개 팀을 분석하는 아리스토텔레스 프로젝트를 진행했다. 그리고 이노베이션이 탄생하려면 심리적 안정감이 필요하다는 사실을 알게 된다. 이는 구글의 유능하고 우수한 사원들도 예외가 아니었다.

이노베이션은 다양한 아이디어를 활용해 새로운 조합을 발견하고, 실패에 대한 두려움 없이 도전할 때 비로소 탄생한다. 자유롭게 의견을 교환하면 아이디어가 새로운 아이디어를 자아내는 선순환이 만들어진다. 또 리스크를 짊어지고 도전해 실패해

심리적 안정감이 높은 조직은 이노베이션을 일으키기가 쉽다

심리적 안정감이 높은 조직

지식을 공유, 활성화함으로써 아이디어가
새로운 아이디어를 만들어낸다.

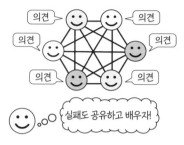

심리적 안정감이 낮은 조직

지식을 공유하지 못해, 아이디어의
새로운 조합이 만들어지지 않는다.

출처:《두려움 없는 조직》을 바탕으로 필자가 작성

도 괜찮다면 새로운 일에 도전하기를 계속하게 되어 자연스럽게 이노베이션이 탄생한다.

반대로 심리적 안정감이 낮은 조직은 아이디어를 입 밖에 내지 않기 때문에 새로운 조합이 만들어지지 않으며, 실패도 은폐하고 만다. 그 전형이 2015년에 대형 스캔들을 일으킨 폭스바겐이다.

심리적 안정감이 없는 조직은 침묵한다

'세계 최고의 자동차 제조사'를 지향했던 폭스바겐은 미국의 엄격한 질소 산화물(NOX) 배출 검사에 합격하기 위해 배출 검사 중에만 질소 산화물 배출량을 낮추는 소프트웨어를 부정 설치했다. 10년 후에 부정 설치가 발각되어 폭스바겐은 판매 정지를 당했고, 시가 총액의 3분의 1을 상실했다. 또한 "나는 부정행위를 전혀 몰랐다."라고 말한 CEO도 사임했다.

이와 관련해, 에드먼슨은 그 CEO가 원인이라고 지적했다. 그 CEO는 나쁜 보고를 받으면 큰 소리로 화를 내는 인물로, 공포심으로 직원을 지배하는 조직 문화를 조성해 성과를 올렸다.

명확한 지표와 기한을 부하 직원에게 부여하고 목표 달성도를 평가하는 조직은 '채찍을 들지 않으면 사원들은 게으름을 피운다.'라고 생각한다는 점에서 폭스바겐의 CEO와 별반 차이가 없다. 포드가 대량 생산 방식을 만들어낸 100년 전에는 상부에서 정한 대로 일해 성과를 냈다. 그러나 현대는 지식 사회다. 한 사람 한 사람의 창조력과 열정이 필요한데, 이는 상부에서 지시하는 방식의 조직에서는 생겨나지 않는다.

심리적 안정감이 낮은 직장에서는 좋은 아이디어가 있어도 입을 다물고 만다. 저자들은 그 원인을 찾기 위해 다양한 현장에서 인터뷰를 했는데, 한 공장의 제조 기술자는 이렇게 말했다.

"아이들이 대학에 다니고 있습니다."

언뜻 무슨 의미인지 이해가 안 되지만, 사실은 절실한 대답이다. 이런 본심이 숨겨져 있는 것이다.

"솔직하게 의견을 말하는 위험한 짓은 할 수 없습니다. 저는 일자리를 지켜야 합니다."

심리적 안정감이 낮은 조직에서 침묵하는 사람의 본능은 "침묵했다는 이유로 해고당한 사람은 지금까지 단 한 명도 없다."라는 말에도 담겨 있다. 리더는 이를 꼭 기억해야 한다.

중요한 국면에서 사원이 의견을 말하지 못하는 상황은 겉으로만 봐서는 알 수 없다. 외부에서는 보이지 않기 때문에 리더는 궤도를 수정하지 못한다. 그래서 폭스바겐처럼 큰 문제가 일어나는 것이다.

다만 관점을 바꿔서 생각하면 숨겨진 기회가 될 수도 있다. 심리적 안정감이 낮은 업계가 심리적 안정감이 있는 직장을 만들면 압도적인 우위를 실현할 가능성이 있다.

명군 중의 명군으로 불리는 당나라의 제2대 황제 이세민(李世民)은 죽음을 두려워하지 않고 쓴소리로 간언하는 위징(魏徵)에게, 황제의 잘못을 지적하는 일을 하는 간의대부라는 직책을 내렸다. 현대에는 조직의 모든 구성원이 안심하고 위징이 될 수 있는 심리적 안정감이 높은 조직을 만들 필요가 있다. 그러려면 어떻게 해야 할까?

심리적 안정감이 높은 조직을 만드는 방법

에드먼슨은 이 책에서 픽사를 상세히 분석했다. 픽사만큼 지속적으로 히트작을 내고 있는 영상 제작 회사는 없다. 픽사의 공동 창업자 에드윈 캐트멀(Edwin Catmull)은 "픽사의 성공 요인은 솔직함. 즉 속마음을 숨기지 않고 이야기하는 것이다."라고 말했다.

픽사에는 [Book 23]에서도 간단히 언급했던 '브레인트러스트'라는 미팅이 있다. 좀 더 자세히 설명해보면, 픽사 영화는 하나같이 걸작이지만, 에드윈 캐트멀에 따르면 "어떤 작품이든 처음에는 봐주기 힘든 졸작이었다."라고 한다. 그랬던 작품을 브레인트러스트에서 다듬는다. 영화 제작 중에 수개월 단위로 관계자들이 모여서 최근에 만든 장면을 함께 보며 평가하고 기탄없는 의견을 감독에게 전해 창조적인 해결을 돕는다. 작품의 성공은 성실하고 정직한 피드백을 반복해서 할 수 있느냐 없느냐에 달려 있다. 브레인트러스트에는 3가지 규칙이 있다.

[규칙 1] 건설적인 피드백: 개인이 아니라 프로젝트에 대해 의견을 말하면 감독은 기꺼이 비판에 귀를 기울일 것이다.

[규칙 2] 상대에게 강제하지 않기: 의견의 채용이나 각하는 감독이 최종 책임을 진다.

[규칙 3] 공감하는 마음: 피드백의 목적은 '흠결을 찾아내서 창피를

주는 것'이 아니다.

참신한 도전을 계속하는 픽사가 작품에서 성공하는 열쇠는 제작의 이른 단계에 적극적으로 실패할 수 있느냐 없느냐다. 모험이나 학습이 필요한 창조적 활동에는 위험이나 실패가 있을 수밖에 없다. 실패를 회피해서는 절대 안 된다. 픽사는 직원이 실패를 두려워하지 않는 심리적 안정감이 높은 조직이 되도록 끊임없이 노력한다.

또한 리더가 무지한 것은 큰 강점이 된다. '리더라면 모든 것을 알아야 하지 않아?'라고 생각하기 쉽지만, 그렇지 않다. 미국에서 의류 브랜드를 만들고 70개의 직영점을 운영하고 있는 에일린 피셔(Eileen Fisher)는 스스로를 가리켜 '무지한 사람'이라고 한다. 또 극도로 내성적이어서 '디자인이 퇴짜를 맞으면 어떡하지?'라는 걱정에 거래처인 백화점에도 좀처럼 가지 못할 정도였다.

타인의 이야기를 귀담아듣기를 잘하는 에일린은 "모르기 때문에 진지하게 귀를 기울입니다. 그러면 다들 힘을 빌려주려 하지요. 다들 이것저것 가르쳐주고 싶어 합니다."라고 말한다. 에일린에게는 '모른다.'라는 취약성과 지식을 흡수하는 힘이 있다. 그래서 팀원들은 안심하고 자신의 아이디어를 열심히 궁리한다. 무지는 오히려 에일린의 강점이며, 그 덕분에 심리적 안정감이 높은 '두려움 없는 조직'을 만들 수 있었다.

겸손함이란 '나라고 해서 모든 답을 알고 있는 것은 아니다. 미래도 내다보지 못한다.'라고 솔직하게 인정하는 것이다. 리더가 겸손함을 보이면 팀은 학습 행동에 대한 적극성이 늘어난다는 사실이 연구를 통해 밝혀졌다. [Book 38]에서 소개하는 진정성 리더십은 심리적 안정감이 높은 조직을 만드는 길로 이어진다.

심리적 안정감이 높은 직장에서는 실수가 신속하게 보고되며 즉시 수정된다. 그리고 조직을 초월해 협업할 수 있게 되며, 이노베이션으로 연결되는 아이디어도 탄생해 조직 내에서 공유된다.

POINT

심리적 안정감이 높은 조직이 변혁을 만들어내고 살아남는다.

BOOK.25

오리지널스
Originals

사표 던지지 말고
N잡으로 시작하라

애덤 그랜트
Adam Grant

조직 심리학자. 1981년에 태어났다. 펜실베이니아 대학 와튼 스쿨의 조직심리학 교수이며 7년 연속 최고 등급의 평가를 받은 최연소 종신 교수다. 〈포춘〉지의 '세계에서 가장 우수한 40세 이하 교수 40인'에 선정되는 등 다수의 수상 경력을 보유하고 있다.

어느 날 이 책의 저자 애덤 그랜트에게 어떤 학생이 출자를 요청하러 왔다.

"친구 3명과 안경의 온라인 판매를 시작하고 싶습니다."

"그렇다면 올여름은 그 사업을 준비하는 데 썼겠군."

"아닙니다. 실패하면 곤란하니 기업에서 인턴으로 일했습니다."

"그렇다면 졸업한 뒤에는 사업 준비에 전념할 생각이겠군."

"아닙니다. 혹시 몰라서 다들 다른 회사에 취직할 예정입니다."

이런 상태가 계속되며 6개월이 흘렀다. 드디어 안경 판매 개시일이 하루 앞으로 다가왔는데, 놀랍게도 웹사이트조차 완성되지 않았다. '사이트 개설도 아직이라니, 사업할 의욕이 있는지 모르겠군. 이 사업은 안 되겠어.'라고 생각한 그랜트는 출자를 거절했다.

사실 이 회사는 2010년에 창업해 5년 만에 연 매출 1억 달러 (1,200억 원)를 달성한 와비파커(Warby Parker)다. 현재는 기업 가치가 10억 달러(1조 2,000억 원)가 넘으며, 비즈니스 잡지《퍼스트 컴퍼니》의 '세계에서 가장 혁신적인 기업'에서 1위에 선정되었다. 절호의 출자 기회에서 판단을 그르친 그랜트는 이후 아내가 투자 여부를 판단하기로 했다고 한다.

그 후 그랜트는 '나는 왜 그들의 성공 가능성을 꿰뚫어보지 못했을까?'라고 생각하고, 창조성을 지닌 '독창적인 사람들(오리지널스)'을 연구하기 시작했다. 이 책은 그 결과를 정리한 것이다.

흔히 '성공하는 창업자는 선발 주자를 목표로 리스크를 두려워하지 않고 전력투구하며 아이디어의 질을 중시한다.'라고 생각하기 쉬운데, 그랜트의 주장에 따르면 이는 '도시 전설'일 뿐이다. 성공하는 창업자는 남들보다 늦게 출발하고, 리스크를 철저히 회피하며, 아이디어의 양으로 승부한다. 이 책에서는 압도적인 수의 사례와 연구를 통해 이 사실을 검증한다.

그랜트는 펜실베이니아 대학 와튼 스쿨의 역사상 최연소 종신 교수다. 잡지《포천》의 '세계에서 가장 우수한 40세 이하의 교수 40인'으로 선정되고 경영 사상가 순위인 'Thinker 50'에 이름을 올리는 등 오늘날 세계에서 가장 주목받는 경영 심리학자다. 여기에서는 이 책에 나오는 창업으로 성공하기 위한 힌트를 3개로 압축해 소개한다.

· 창업 성공 힌트 1 ·
서둘지 말고 뒤로 미뤄라

나는 무슨 일이든 빨리빨리 처리한다. 그랜트도 마찬가지라고 하는데 그는 이것이 잘못된 행동이라고 말한다.

박사 과정의 학생이 그랜트에게 "뒤로 미룰수록 창조적이 되는 건 아닐까요?"라고 물었다. 이에 그랜트는 학생들에게 새로운 사업 아이디어를 생각해오게 하는 실험을 해봤다. 그러자 컴퓨터 게임을 하느라 과제를 뒤로 미룬 그룹의 제안은 게임을 하지 않고 계속 과제만 생각한 그룹보다 창조성이 28퍼센트 높았다. 과제를 머릿속 한구석에 놓아두고 게임을 함으로써 의외의 가능성에 생각이 미쳐 재미있는 아이디어가 떠오른 것이다.

되돌아보면 나도 비슷한 경험을 종종 했다. 생각이 막히면 작업을 멈추고 전혀 관계가 없는 영화를 보며 기분전환을 하는데, 그러면 새로운 아이디어가 연달아 떠오른다(절대 도피한 것이 아니다).

와비파커도 마찬가지다. '지금은 아무도 안경을 온라인에서 팔고 있지 않아. 다른 사람이 선수를 치기 전에 빨리 시작하자.' 라고 생각하기 쉽지만, 창업자 4명은 서두르지 않고 시간을 들여 수없이 이야기를 나눴다. 아이디어를 구체화해 리스크를 낮춘 것이다.

그들이 나눈 이야기 중 하나는 비즈니스 모델이다. 처음에 그들이 구상했던 비즈니스 모델은 '무료 반품'이었다. '온라인에서 안경을 사는 것에 대한 부담이 줄어들 거야.'라고 생각했는데, 설문조사 결과 '무료 반품에 매력을 느껴서 안경을 살 사람은 없다.'라는 사실을 알고 크게 실망했다.

그 후 실망감을 떨쳐낸 4명은 이야기를 더 나눴고, '무료 시험 착용'이라는 아이디어를 생각해냈다. 고객이 집에서 여러 종류의 안경 프레임을 시험 착용해보고 그중 하나를 선택한 뒤 나머지는 반품하는 방식인데, 이는 큰 호평을 받았다. 영업 개시 후 48시간 만에 안경이 다 팔려 잠시 판매를 중지해야 할 만큼 주문이 쇄도했다. 게다가 반품된 안경 프레임은 다시 이용할 수 있으므로 구매 후 렌즈를 끼운 프레임을 무료 반품하는 방식보다 비용이 적게 들었다.

선발 기업이 되고 싶어 하는 사람이 많지만, 사실 선발 기업은 불리하다. 선발 기업과 후발 기업의 실패율 차이를 비교한 연구가 있는데, 선발 기업의 실패율은 47퍼센트였고 후발 기업의 실패율은 8퍼센트였다. 또한 살아남은 경우의 시장 점유율은 선발 기업이 평균 10퍼센트, 후발 기업이 평균 28퍼센트였다. 선발 기업은 후발 기업보다 실패율이 6배나 높을 뿐만 아니라 살아남더라도 시장 점유율이 3분의 1에 그친다.

창업에 필요한 것은 선발 주자가 되는 것이 아니다. 시장에의 준비가 갖춰지기를 기다리는 것이다. 애플의 아이폰처럼 선발 기업이 성공하는 경우도 있지만, 확률적으로는 후발 주자가 압도적으로 유리하다.

선발 주자는 미지의 분야에서 시행착오를 거치며 배워야 한다. 게다가 시장 참가 시기가 너무 이르면 실패하고 만다. 후발

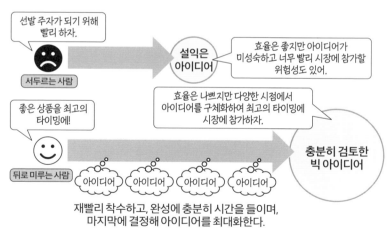

창조적인 분야에서는 '뒤로 미루는 사람'이 승리한다

선발 주자가 되기 위해 빨리 하자.

서두르는 사람

효율은 좋지만 아이디어가 미성숙하고 너무 빨리 시장에 참가할 위험성도 있어.

설익은 아이디어

좋은 상품을 최고의 타이밍에!

효율은 나쁘지만 다양한 시점에서 아이디어를 구체화하여 최고의 타이밍에 시장에 참가하자.

뒤로 미루는 사람

아이디어 아이디어 아이디어 아이디어

충분히 검토한 빅 아이디어

재빨리 착수하고, 완성에 충분히 시간을 들이며, 마지막에 결정해 아이디어를 최대화한다.

출처:《오리지널스》를 바탕으로 필자가 작성

기업은 선발 기업이 시행착오를 거친 결과를 배울 수 있으며 타이밍도 잴 수 있다. 고객이 원하는 타이밍에 다른 기업보다 뛰어난 제품을 내놓으면 된다. 선발 주자에 지나치게 집착하면 실패가 기다릴 뿐이다.

· 창업 성공 힌트 2 ·

아이디어의 불안감과 마주하고 리스크를 철저히 낮춘다

'창업자는 자신만만한 모습이 있어야 하는데, 저 친구들은 자신감이 너무 없어 보이는군. 저래서는 성공할 수 없어.'

이는 그랜트가 와비파커에 출자하지 않은 이유 중 하나다. 창업가는 자신만만해 보이지만, 사실 대부분의 경우는 그렇게 보이는 것뿐 마음속으로는 불안감과 두려움에 떨고 있다. 와비파커의 창업자 4명은 그저 솔직했을 뿐이다.

불안감에는 2종류가 있다. '나 같은 게 정말로 창업을 할 수 있을까?'라는 자신에 대한 불안감과 '이런 아이디어로 창업을 할 수 있을까?'라는 아이디어에 대한 불안감이다. 그중 아이디어에 대한 불안감과 마주하는 것이 중요하다. 아이디어가 불안하다면 더욱 깊이 궁리하자. 와비파커의 창업자 4명은 시간을 들여서 아이디어의 불안감과 마주했다.

그랜트에 따르면, 이때 중요한 것이 '뷔자데'다. 이것은 그랜트가 만들어낸 말이다. '데자뷔'는 처음 본 것인데도 이전에 본 적이 있는 듯 느껴지는 감각을 의미한다. '뷔자데'는 그 반대로 익숙한 것을 새로운 관점에서 바라보고 새로운 통찰을 얻는 것이다.

와비파커의 창업자들은 안경 애용자들로, 본래 '안경은 비싼 것이 당연하다.'라고 생각했다. 뷔자데의 계기는 그들 중 한 명이 아이폰을 구입한 것이었다. 곰곰이 생각해보니 안경은 1,000년에 가까운 기간 동안 생활필수품이었으며 형태도 바뀌지 않았다. 구조도 단순하다. 그런데도 구조가 훨씬 복잡한 최신형 아이폰보다 비싸다.

'왜지?'라는 궁금증이 들어 조사해본 결과, 유럽의 룩소티카라는 회사가 안경 시장을 지배하고 있으며 가격이 제조 원가의 20배나 된다는 사실을 알게 되었다. 즉 일부의 사람이 가격을 결정하고 있었다. 이에 와비파커의 창업자들은 '그렇다면 우리가 따로 가격을 매기자.'라고 생각한 것이다.

독창성을 발휘하는 사람은 뷔자데로 당연한 것을 새로운 관점에서 바라보고, 당연히 여겨지는 현재의 상황에 의문을 품는다. 그리고 의문을 느꼈다면 그것을 방치하지 않는다.

창업에만 집중하지 않는 것도 중요하다. 와비파커의 창업자 4명은 인턴이나 취직도 고려하며 리스크를 분산시켰다. 경영 관리학 연구자인 조지프 라피와 지에 펭은 1994년부터 2008년 사이에 창업한 5,000명 이상의 미국인을 추적 조사했는데, 본업을 가진 상태에서 창업한 사람은 창업에 전념한 사람보다 창업의 실패율이 33퍼센트 낮았다. 리스크를 피하고 본업을 지속하면서 동시에 아이디어에 계속 의문을 품는 사람이 생존율이 더 높았다.

자동차왕 헨리 포드도 처음 시작할 때는 부업이었다. 에디슨의 밑에서 수석 엔지니어로 일하면서 동시에 자동차 제작에 몰두했다. 와비파커의 창업자들도 본업을 가져서 리스크를 낮추는 한편으로 수없이 모여 의견을 나눴다. 무료 시범 착용도 그렇게 해서 탄생한 아이디어였다.

창업에서 중요한 일은 리스크를 짊어지는 것이 아니라 리스크의 균형을 잡는 것이다. 어떤 분야에서 수입을 확보해놓으면 다른 분야에서 대담하게 독창성을 발휘할 자유를 얻을 수 있다. 어중간한 상태에서 다급하게 비즈니스를 시작하게 만드는 압박감으로부터도 벗어날 수 있다.

훌륭한 창업가는 리스크를 무릅쓰는 사람이 아니다. 리스크를 제거하는 사람이다.

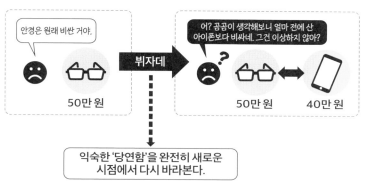

'뷔자데'로 새로운 시점에서 다시 바라보자

안경은 원래 비싼 거야.

50만 원

뷔자데

어? 곰곰이 생각해보니 얼마 전에 산 아이폰보다 비싸네. 그건 이상하지 않아?

50만 원　40만 원

익숙한 '당연함'을 완전히 새로운 시점에서 다시 바라본다.

출처:《오리지널스》를 바탕으로 필자가 작성

· 창업 성공 힌트 3 ·

아이디어의 질보다 양으로 승부한다

역사상 최고의 발명가라고 하면 역시 토머스 에디슨일 것이다. 그가 낸 1,000개가 넘는 특허 중에는 전구, 축음기, 영사기 등 세상을 바꾼 발명도 있지만 과일 보존 기술, 말하는 인형, 전자 펜 등 그저 그런 발명도 많다. 에디슨조차도 좋은 아이디어보다는 나쁜 아이디어가 훨씬 많았다.

조사해보면 천재라고 불리는 창작가라고 해서 반드시 다른 사람보다 창작물의 질이 뛰어난 것은 아니다. 대량으로 제작을 하고 있을 뿐이다. 모차르트는 600곡, 베토벤은 650곡, 바흐는 1,000곡 이상을 작곡했다. 피카소는 회화 1,800점, 조각 1,200점,

도예 2,800점, 데생 1만 2,000점을 제작했고, 셰익스피어는 20년 동안 37편의 희곡과 154편의 소네트를 지었다. 이런 방대한 작품 가운데 걸작은 극히 일부다.

좋은 아이디어를 만들어내는 유일한 방법은 대량 생산이다. 여기에는 이유가 있다. 천재도 자신의 작품은 올바로 평가하지 못하기 때문이다. 아무리 천재라고 해도 자신은 '걸작'이라고 자신했는데 세상이 '졸작'으로 평가하는 경우는 얼마든지 있다. 본인은 자신이 만든 작품의 장점만 눈에 들어오며, 결점은 과소평가해버린다. 이것을 확증 편향이라고 한다. 확증 편향으로부터 도망치는 방법이 바로 다작이다. 일단 타석에서 배트를 휘두르는 것이다. 배트를 휘두르지 않고서는 안타도 나오지 않는다. 더 많은 타석에 서서 더 많이 배트를 휘두르면 삼진도 늘어나지만 안타도 늘어난다. 홈런도 나올지 모른다. 그리고 사람들이 기억하는 것은 삼진이 아니라 안타나 홈런이다.

성공의 열쇠는 서두르지 말고 뒤로 미루며, 리스크를 철저히 피하고, 양으로 승부하는 것이다. 그렇게 하면 평범한 삶도 창업으로 성공할 가능성이 높아진다.

POINT

창업의 비결은 서두르지 말고 뒤로 미루는 것이다. 부업으로 시작하고 아이디어의 양으로 승부하라.

BOOK.26

빌 캠벨, 실리콘밸리의 위대한 코치

Trillion Dollar Coach

위대한 CEO를 키운
코칭 바이블

에릭 슈미트
Eric Schmidt

에릭 슈미트는 2001년부터 2011년까지 구글 CEO를, 2011년부터 2015년까지 구글의 초대 회장, 2015년부터 2018년까지 구글의 모회사인 알파벳의 경영 집행 회장을 역임했다. 그 후 구글과 알파벳의 기술 고문을 맡고 있다. 조너선 로젠버그는 알파벳의 매니지먼트팀 고문이다. 앨런 이글은 구글에서 경영진 커뮤니케이션 책임자 등을 역임했다.

최근 코칭이라는 개념이 확산되었지만, 아직 이 개념을 잘못 이해하고 있는 경우도 많다.

"○○○으로 골머리를 앓고 있습니다."

"그렇다면 □□□을 하십시오."

이것은 티칭이다. '그 사람이 모르는 것을 가르쳐준다.'라는 개념이다. 한편 코칭은 '그 사람에게 필요한 답은 그 사람의 내부에 있다.'라는 개념이다. 이를테면 이런 식이다.

"○○○으로 골머리를 앓고 있습니다."

"무엇이 문제일까요?"

"△△라고 생각합니다."

"어떻게 하면 좋을까요?"

질문해서 상대방이 내부에 있는 답을 이끌어내게 한다. 기본적인 발상이 티칭과 정반대인 것이다. 사람은 스스로 답을 찾아내면 의욕이 나서 더 큰 능력이나 잠재력을 발휘할 수 있다. 코칭은 팀 리더나 사원의 힘을 키우고 조직력을 높이는 데 매우 유용한 방법이다.

이 책의 주인공 빌 캠벨은 실리콘밸리에서 '최고의 코치'로 칭송받는 인물이다. 그는 베일에 싸인 인물로, 공식 석상에는 모습을 드러나지 않고 철저히 숨은 조력자로서만 활동했다. 하지만 코치로서 실리콘밸리의 CEO들에게 큰 애정을 쏟았으며 그들의 정신적 지주였다. 안타깝게도 2016년에 세상을 떠났는데, 추도식에는 제프 베이조스, 빌 게이츠, 래리 페이지, 세르게이 브린, 마크 저커버그, 셰릴 샌드버그, 팀 쿡, 마크 앤드리슨, 존 도어 등 그를 둘도 없는 친구로 생각하는 1,000명이 넘는 사람이 모였다.

이 책은 캠벨의 코칭을 받은 구글의 경영 관리자 3명이 그의 지혜를 세상 사람들에게 공개하기 위해, 그에게 영향을 받은 수십 명을 인터뷰하고 그 내용을 정리한 것이다. [Book 25]의 저자이며 조직 심리학자인 애덤 그랜트는 이 책의 서문에 "빌은 1980년대에 이미 수십 년 후에나 구축되는 이론을 실천했다. 그의 많은 원칙은 아직도 체계적인 연구의 대상이 되고 있다."라고 썼다.

캠벨의 코칭 방법을 소개한 이 책은 최고의 코칭 바이블이기도 하다. 실리콘밸리는 냉혹하다는 인상이 있지만, 이 책을 읽어 보면 의외로 실리콘밸리는 인간중심주의이며, 캠벨이 그런 실리콘밸리의 문화에 지대한 공헌을 해왔음을 알게 된다.

여기에서는 캠벨이 특히 중시했던 신뢰와 팀워크에 초점을 맞춰 살펴보자.

모든 것의 기본은 신뢰다

하루 종일 걸려서 청소를 마친 미영 씨. 그곳에 시어머니가 나타나 손가락으로 창틀을 문질러 청소 상태를 확인하고는 이렇게 말한다.

"애야, 청소를 아주 깔끔하게 했구나."

이래서는 신뢰를 쌓을 수 없다. 캠벨은 성실하게 이야기를 나눌 수 있는 신뢰 관계를 항상 최우선으로 생각했다. 신뢰가 있는 팀은 서로에게 자신의 취약성을 안심하고 보여주며 대화를 나눌 수 있고, 서로의 의견이 다르더라도 감정적인 앙금은 남지 않는다. 만약 시어머니와 미영 씨가 "애야, 정말 고생했다. 사실 나는 청소가 서툴러서 말이지. 네 덕분에 집이 깔끔해졌구나."라고 말할 수 있는 관계라면 신뢰가 쌓일 것이다.

그렇게 되면 [Book 23]에서도 소개한 '취약성의 고리'가 생겨 신뢰가 쌓인다. 신뢰 관계가 되면 의견이 다소 다르더라도 안심하고 상대방에게 맡길 수 있다. 이것이 최고의 팀이다. 그러므로 팀을 만들 때는 무엇보다 먼저 신뢰를 구축해야 한다.

캠벨은 팀의 신뢰를 쌓기 위해 다음의 3가지를 신경 썼다.

상대방의 자질을 파악한다

모든 사람에게 코칭이 도움이 되는 것은 아니다. 코칭을 받는 쪽에도 자질이 필요하다. 캠벨은 코칭을 받을 자질을 갖춘 사람만 코칭했다. 코칭을 받을 자질은 구체적으로 정직함, 성실함, 포기하지 않고 노력을 아끼지 않는 자세, 항상 배우려 하는 의욕의 4가지다.

코칭을 위해서는 적나라하게 자신의 취약성을 드러낼 필요가 있는데, 사람은 자신의 결점을 이야기하고 싶어 하지 않는다. 그래서 정직함과 겸손함이 필요하다. 코칭을 받아들이려면 자신에게 잔혹할 만큼 정직해야 한다. 그래서 캠벨은 코칭 전에 코칭을 받을 자질이 있는지 상대방을 시험했다.

이 책의 저자 중 한 명인 조너선 로젠버그는 구글의 프로젝트 부서의 책임자로 채용되었을 때 최종 면접에서 캠벨을 면접관으로 만났다. 이때 캠벨은 이렇게 물었다.

"자네는 코칭을 받을 수 있겠는가?"

이에 로젠버그가 "코치가 누구냐에 따라 다르겠지요."라고 대답하자, 캠벨은 "똑똑한 척하는 친구의 코칭은 못하네."라며 방을 나가려 했다. 자신이 실수했음을 깨달은 로젠버그는 발언을 철회하며 면접을 계속해 달라고 애원했다. 그러자 캠벨은 다시 의자에 앉더니 이렇게 말했다. "내가 함께 일할 사람을 선택하는 기준은 겸손함일세."

상대방에게 집중해 성의 있게 질문한다

코칭은 그 사람의 내부에 있는 답을 이끌어내는 작업이다. 캠벨은 코칭을 할 때면 항상 상대방에게 모든 정신을 집중했다. 조용히 귀를 기울이고, 상대방이 어떤 말을 할지 지레짐작하지 않고 질문을 통해 상대방이 문제의 핵심에 다가가도록 유도했다. 이런 경의를 담은 질문은 커다란 효과가 있다. 상대방이 '내게는 힘이 있어.'라고 느끼는 유능감, '나는 상황을 통제하고 있어.'라는 자율성, '다른 사람과 연결되어 있어.'라는 관계성을 높인다.

솔직하게 커뮤니케이션을 한다

신뢰 관계가 되면 신랄한 말도 얼굴을 맞대고 할 수 있다. 캠벨은 신랄한 말을 해야 할 때도 겁내지 않고 있는 그대로 100퍼센트 정직하게 전했다. 동시에 코칭을 받는 상대방에게도 솔직

함을 요구했다. [Book 38]에서 소개할 진정성(거짓이 없는) 리더
십이다. 캠벨은 39세까지 컬럼비아 대학에서 미식축구팀 코치
로 있었는데, 그 경험을 통해 리더의 자질이 팀의 성과를 높임을
직감적으로 알고 있었다.

팀 퍼스트의 자세를 갖춰라

캠벨은 항상 팀을 최우선으로 생각했으며, 사람들에게 팀 퍼스
트의 자세를 갖추라고 강조했다.

문제 해결보다 먼저 '팀'

비즈니스에서는 다양한 문제가 일어나는데, 캠벨은 다짜고짜
문제를 해결하려 하지 않고 먼저 팀을 만드는 데 힘썼다. 팀에
누가 있고 그들이 문제를 해결할 수 있을지를 파악한 다음, 적절
한 팀이 문제를 해결할 수 있도록 고심했다.

나는 문제가 있다고 들으면 '무엇이 원인이며 어떻게 해결할
것인가?'를 제일 먼저 생각하기 때문에 항상 정신적으로 피곤해
지곤 한다. 그러나 자신의 전문이 아닌 문제를 분석한들 핵심을
빗나가기 십상이다. 전문가를 찾아내서 팀을 꾸린 다음 맡기는
것이 바람직하다.

경험보다도 '스킬과 마인드셋'

보통 리더는 팀원의 경험을 중시하는 경향이 있는데, 캠벨은 경험을 필요 이상으로 중시하지는 않았다. 미래를 만드는 데는 잠재 능력도 중요하다. 그 사람의 스킬과 마인드셋을 보면 어떤 인재로 성장할지 알 수 있다. 그래서 캠벨은 4가지 자질을 요구했다. 다양한 분야의 이야기를 연결할 수 있는 지성, 근면함과 성실함, 그리고 [Book 40]에서 소개하는 그릿(끈질김)이다.

간단한 말 걸기의 효과

캠벨은 사내 회의에도 자주 참석했다. 하루는 회의에서 어떤 결정이 났는데, 이는 한 관리자가 원하지 않았던 결정이었다. 그러자 캠벨은 회의가 끝난 뒤 그 관리자의 곁으로 가서 이렇게 말했다.

"자네도 알다시피, 이번에는 변경하지 않기로 결정이 났네. 자네에게는 아쉬운 결정이라는 것도, 이 결정 때문에 자네가 힘들어질 것도 다 아네. 하지만 꾹 참고 어떻게든 힘써주게. 부탁하네."

캠벨은 사람들 사이에 존재하는 '작은 틈새'를 메우기 위해 노력했다. 작은 마음의 상처가 팀워크를 파탄으로 몰아넣기도 해서다. 캠벨은 회의에서도 발언하는 사람뿐만 아니라 아무 말도 안 하는 사람의 반응도 항상 신경 써서 살폈다. 캠벨처럼 팀원의 마음의 틈새를 메우려는 노력을 해보기를 바란다.

캠벨은 항상 상대방을 진지하게 생각하고 애정을 쏟았기에 많은 사람에게 사랑받았다. 이 책은 타인을 소중히 대하려면 타인에게 관심을 가져야 한다는 당연한 이치를 가르쳐준다.

저자는 서문에 이렇게 썼다. "실리콘밸리에서 특출하게 마음이 넓다는 평가를 받는 사람을 만날 때마다 항상 같은 이야기를 들었다. 자신은 빌 캠벨의 영향을 받았다는 이야기다."

겸손함을 잃어버린 경영자는 회사를 잘못된 방향으로 이끈다. 코칭은 팀의 힘을 높이면서도 우리가 항상 겸손함을 유지하는 데 큰 도움이 된다. 이 책은 아직은 낯선 코칭의 세계를 이해하는 데도 최고의 교재가 될 것이다.

POINT

코칭은 상대방에게 신뢰받을 때 비로소 가능하다.

BOOK.27

너츠!
사우스웨스트
효과를
기억하라

NUTS!

직원을 우선했는데
고객만족도가 높은 이유

케빈 프라이버그 · 재키 프라이버그
Kevin Freiberg · Jackie Freiberg

부부인 두 저자는 컨설팅 회사인 프라이버그 닷
컴의 공동 경영자다. 아메리칸 익스프레스, 일라
이 릴리, 언스트&영, 페더레이티드 백화점, 모토
롤라, 프로그레시브 보험, 유니버설 스튜디오 같
은 일류 기업의 컨설팅 업무를 맡고 있다. 캘리포
니아주 샌디에이고에서 살고 있다.

미국의 국내선 전업 항공사 사우스
웨스트항공은 참으로 신기한 회사
다. 고객 만족도 조사에서 언제나
업계 최상위권이지만, "가장 소중
한 존재는 고객이 아니다."라고 공
언한다. 게다가 미국 항공 업계가
만성적인 실적 부진에 허덕이는 상황에서도 사우스웨스트항공
은 지속적인 고수익을 기록하고 있다. 9.11로 미국 항공 회사
가 줄줄이 적자에 빠졌을 때에도 유일하게 흑자를 계상하기도
했다.

그 비밀은 직원을 소중히 여김으로써 고객 서비스를 높이는
기업 문화다. 미국 항공 업계에서는 일상적으로 레이오프(일시

해고)가 실시되며 그것이 상식으로 여겨지는데, 사우스웨스트항공은 창업 이래 단 한 번도 레이오프를 하지 않았다. 어떻게 해야 회사와 직원이 좋은 관계를 유지하면서 높은 수익을 추구할지 궁리할 때 참고할 점이 많은 회사다.

이 책의 두 저자는 부부로, 오랫동안 사우스웨스트항공을 연구했으며 컨설턴트로서 관계를 맺어왔다. 그리고 '사우스웨스트항공을 성공으로 이끈 원칙을 사람들에게 알리고 싶다.'라는 생각에서 1996년에 이 책을 간행했다.

《초우량 기업의 조건》을 쓴 톰 피터스(Tom Peters)는 이 책의 서문에 "올해의 비즈니스 서적 중 한 권밖에 읽을 시간이 없다면 이 책을 읽어보라고 권하고 싶다."라고 썼다.

고객보다 직원이 우선

사우스웨스트항공은 항공 업계를 대상으로 한 고객 만족도 조사에서 장기간에 걸쳐 최상위권을 지키고 있지만, "우리 회사는 고객보다 직원을 우선한다."라고 공언한다.

이 책에는 이런 일화가 소개되어 있다. 사우스웨스트항공을 자주 이용하면서 이용한 뒤에는 반드시 편지로 클레임을 거는 고객이 있었다. 직원은 참을성 있게 설명했지만, 계속해서 편지가 왔다. 결국 참다못한 직원은 CEO인 허브 켈러허(Herb

Kelleher)에게 "어떻게 좀 해주십시오."라며 편지 다발을 건넸는데, 켈러허는 1분도 지나지 않아 이런 답장을 썼다.

"고객님께서 더는 저희 항공사를 이용하지 못하게 된 것을 유감스럽게 생각합니다. 안녕히 계십시오. 허브 올림."

그 후 켈러허는 취재에서 "우리 회사의 사원을 모욕하지 마십시오."라고 말했다.

사우스웨스트항공에는 3가지 규칙이 있다.

① 고객 서비스를 너무 성실하게 할 필요는 없다.
② 규칙에 얽매이지 않아도 된다.
③ 고객이 언제나 옳은 것은 아니다.

'고객은 신이다.'라고 굳게 믿는 리더는 ③을 여러 번 읽어보기 바란다. 그렇다면 사우스웨스트항공은 왜 이렇게 생각함에도 업계 최고의 고객 서비스를 제공할 수 있을까? 그 비밀은 채용에 있다. CEO인 켈러허는 '유머 감각이 있는 직원을 채용한다.'라는 방침을 세우고 항상 상대방의 처지를 생각하는 사교적인 사람, 조직에서 주위 사람들과 협조할 수 있는 사람, 즐기면서 일에 몰두할 수 있는 사람을 채용해왔다. '유머 감각이 있는 사람은 압박감 속에서도 재미있는 아이디어를 떠올리며, 즐겁게 일하면 승객도 직원 본인도 즐거운 시간을 보낼 수 있다.'라고 생각하기 때문이다. 반대로 아무리 스킬이 뛰어나도 지나치게 직업의식이 투철하거나 일에만 몰두하는 인재는 기피했다.

그 결과, 사우스웨스트항공은 서비스를 '업무'가 아니라 '인생의 기쁨'으로 생각하며 베푸는 데 만족하는 인재를 다수 보유하고 있다. 그들에게 일은 자신의 재능이나 자질을 보여줄 무대다. 그런 까닭에 많은 직원이 "우리는 훌륭한 고객 서비스를 제공하는 항공 회사가 아닙니다. 어쩌다 보니 항공 업계에 몸담고 있는 훌륭한 고객 서비스 조직이지요."라고 말한다.

사우스웨스트항공에 직원은 둘도 없는 소중한 재산이다. 그래서 '직원우선주의'를 당연시한다. 레이오프가 상식인 미국 항공 업계에서 창업 이래 단 한 번도 레이오프를 하지 않은 것도 사우스웨스트항공에는 당연한 일이다.

이런 사우스웨스트항공도 2020년의 코로나 팬데믹으로 항공 수요가 증발해버리는 비상사태에는 흔들릴 수밖에 없었다. 매출액이 60퍼센트나 감소하며 31억 달러(3조 8,300억 원)에 이르는 적자를 계상했다. 온갖 비용을 절감한 끝에 직원들에게 "레이오프의 가능성도 있다."라는 사전 통지를 보내는 상황에 몰리기도 했다. 그러나 어떻게든 위기를 극복하고 고용을 지켜내는 데 성공했다.

이처럼 서비스를 기쁨으로 생각하는 직원을 소중히 여기는 기업 문화는 회사의 강점으로 이어져 압도적인 경쟁력을 만든다. 높은 고객 서비스는 '회사가 우리를 소중히 여기고 있어.'라고 느끼는 직원이 스스로 실천하는 것이다. 말로만 "고객은 신이라고 생각하시오."라고 지시한들 서비스는 좋아지지 않는다. 이런 강한 기업 문화는 사우스웨스트항공이 창업기에 고난을 겪는 가운데 형성된 것이다.

창업기의 고난이 탄생시킨 강한 기업 문화

지금은 미국을 대표하는 항공 회사가 되었지만, 첫 비행까지는 고난의 연속이었다. 1967년, 로컬 항공 회사 사장과 은행가, 당시 변호사였던 켈러허까지 3명은 '텍사스주 내에서 운항하는 항공 회사를 만들자.'라고 의기투합해 회사를 설립했다. 그러자 경쟁사 3곳에서 "항공 시장은 포화 상태이니 들어오지 마시오."라며 소송을 제기했다. 켈러허는 고문 변호사에 취임해 세 차례에 걸친 법정 싸움 끝에 승리를 거뒀지만, 모았던 자금을 전부 소송 비용으로 날려버렸다. 경쟁사들은 이후에도 이것저것 트집을 잡으며 비슷한 소송을 제기했으며, 운항 준비를 위해 자금을 조달하려 했을 때도 방해 공작을 펼쳤다. 켈러허는 변호사로서 법정 싸움을 계속해 승리를 거뒀다.

수많은 방해 공작에 시달리면서도 켈러허는 정정당당하게 정면 돌파했다. 그리고 1971년 6월 18일, 마침내 사우스웨스트항공의 여객기가 창공을 향해 날아올랐다.

이런 창업기의 고난이 직원끼리 굳게 단결하는 사우스웨스트 항공의 강한 기업 문화를 만들어냈다. 매일 아침 뉴스에서 치열한 법정 싸움을 볼 때마다 '우리는 생존을 걸고 싸우고 있다.'라고 실감한 직원들은 자신의 직장에서 창의적인 궁리를 거듭하며 공통의 목표를 실현하기 위해 일했다. 그 과정에서 직원들 사이에 특별한 유대감이 형성되어 서로 가족처럼 일치단결했다. 다른 회사는 흉내 내지 못하는 강한 기업 문화가 형성됐다.

기업 문화가 중요한 이유는 직원들의 생각과 행동이 자연스럽게 기업 문화를 따라가기 때문이다. 가령 나는 '비즈니스에서는 항상 성실하고 공정해야 하며, 언제나 고객의 성공을 위해 최대한 노력해야 한다.'라고 생각한다. 30년에 걸쳐 IBM에서 일하는 동안 IBM이 장기간에 걸쳐 쌓아온 가치관이 내게 각인되었던 것이다.

강한 기업 문화는 기업에 새로 들어오는 사람들의 가치관에도 영향을 끼친다. 그리고 일치단결해 기업이 지향하는 방향으로 나아가는 조직을 만들어내는 초석이 된다. 사우스웨스트항공처럼 직원들이 일치단결해 창업기의 고난을 극복한 경험은 '강한 기업 문화'라는 훌륭한 기업 자산이 되는 것이다. 어쩌면 당신의 회사에도 고난의 경험을 통해 형성된 기업 문화가 있을지도 모른다.

사우스웨스트항공의 전략은
창업기의 시행착오에서 탄생했다

사우스웨스트항공의 전략에 관해 살펴보자. 사우스웨스트항공은 코로나 팬데믹 직전인 2019년까지 47년 연속 흑자를 달성했다. 경쟁이 심한 미국 항공 업계에서 지속적으로 고수익을 올린 거의 유일한 회사인데, 이는 사우스웨스트항공의 독자적인 전략 덕분이다.

사우스웨스트항공의 전략은 어떤 머리 좋은 사람이 만들어낸 것이 아니다. 이 책에는 창업기에 현장에서 일하는 다양한 사람들이 서로 지혜를 짜내고 시행착오를 반복하는 가운데 전략을 만들어내는 모습이 묘사되어 있다.

경쟁사의 방해 공작을 물리치고 취항하는 데는 성공했지만, 사우스웨스트항공은 자금 부족에 시달렸다. 살아남기 위해서는 끊임없는 혁신을 통해 고객 서비스 측면에서 경쟁사와 철저히 차별화하는 방법밖에 없었다.

당시 항공 업계는 일률적으로 운임이 비쌌다. 그래서 사우스웨스트항공은 '저렴한 운임과 양질의 서비스로 새로운 하늘 여행을 실현한다.'라는 방침을 세우고 노선을 확대해 새로운 시장을 만들어냈다. 텍사스주의 4개 도시를 오가는 노선의 승객 수는 11개월 사이에 12만 명에서 32만 명으로 증가했다. 텍사스 주민들이 사우스웨스트항공의 저렴하면서도 신속하고 잦은 운항을 지지한 것이다. 이 방침을 실현하기 위해 사우스웨스트항공은 여러 가지 아이디어를 내놓았다.

여객기가 공항 게이트에 도착하면 지상 요원이 F1 경주의 피트 요원처럼 일제히 달려온다. 그리고 객실 승무원과 비행사는 기내의 쓰레기를 줍고 보급 담당과 함께 식료품을 싣는다. 이 또한 창업 초기에는 필요에 쫓겨서 짜낸 아이디어였다.

여기에 본래는 통상 운항에 여객기 4기가 필요했는데, 돈이 없었던 탓에 3기만으로 어떻게든 운항을 해야 했다. 그래서 생각해낸 방법이 '10분 회전'이다. 여객기가 게이트에 들어와서 손님을 내려주고 다음 손님을 태워 게이트를 떠나기까지의 과정을 10분 만에 끝내는 것이다. 항공 업계의 상식으로는 불가능한 일이었지만 모두가 도전해 성공시켰고, 덕분에 업계 최고 수준의 정시 운항도 실현할 수 있었다.

여객기는 단거리 노선에 적합한 보잉 737만을 사용했다. 한 기종만 사용하면 훈련이나 작업을 단순화하고 보수용 비품도 최소화할 수 있다. 항공기를 구입할 때도 최초로 신모델을 채용함으로써 항공기 제조사와의 협상을 유리하게 진행할 수 있었다.

이같이 물자도 돈도 없는 상황 속에서 경영진과 현장이 지혜를 짜냄에 따라 전략이 서서히 형태를 갖춰갔다. 이 전략은 사우스웨스트항공에 미국 항공 업계에서도 독보적인 고수익을 가져다주고 있다.

실적이 우수한 회사를
일관되게 모방하기는 불가능하다

사우스웨스트항공의 성공을 경쟁사들이 보고만 있을 리는 없었다. 높은 실적을 올리는 사우스웨스트항공의 방식을 모방하는 항공 회사가 속속 등장했다. 한 경쟁사는 사우스웨스트항공을 모방해서 타깃을 근거리 여행객으로 좁혀 급성장을 이루었다. 그러나 이윽고 장거리 여객기를 도입해서 장거리 노선에 진출해 대형 항공 회사와 경쟁하다 얼마 안 가 사라졌다.

사우스웨스트항공을 모방한 또 다른 항공 회사도 사우스웨스트항공 같은 높은 수익을 실현하지는 못했다. 높은 실적을 올리는 회사의 방식을 흉내 내더라도 높은 실적까지는 흉내 내지 못한다.

사우스웨스트항공은 '단거리 노선을 빈번하게 이용하는 고객에게 저렴한 가격으로 양질의 서비스를 제공한다.'라는 목표를 달성하기 위해 모든 직원이 철저히 궁리하며 행동한다. 그래서 보잉 737만을 사용하고, 해외 노선에는 진출하지 않으며, 기내식을 제공하지 않고, 저렴한 운임을 유지하며, 마음에서 우러나오는 서비스를 제공한다. 이를 위해 유머가 넘치는 인재를 채용하고, 레이오프는 절대 하지 않았다. 이런 무수한 활동이 밀접하게 맞물려 상승효과를 만들어냈고, 그 결과 높은 실적을 실현한 것이다. 이런 활동들을 일관되게 모방하기는 거의 불가능하다.

이런 활동들의 중심에는 '직원을 소중히 여김으로써 고객 서비스를 높인다.'라는 사우스웨스트항공의 기업 문화가 자리하고 있는데, 가장 모방하기 어려운 것이 바로 기업 문화다. 그래서 사우스웨스트항공은 회사의 역사 속에서 자사의 기업 문화가 어떻게 형성되어 왔는지를 끊임없이 직원들에게 전하고 있다. 직원들이 사우스웨스트항공의 재산인 기업 문화를 더욱 발전시켜 새로운 역사를 만들어나가려면 어떻게 해야 할지 계속 궁리하기를 바라기 때문이다.

미국 기업은 왠지 '인간미가 없으며 사원들을 금방 해고한다.'라는 인식이 있다. 물론 그런 기업도 있는 게 사실이다. 그러나 사우스웨스트항공처럼 직원을 소중히 여기며 고객에게 가치를 제공함으로써 우직하게 성장하는 기업도 있다. 사우스웨스트항공의 사례는 '왜 직원을 소중히 여겨야 하는가?'를 다시 한번 생각해볼 때 많은 참고가 될 것이다.

POINT
독자 노선과 일관성이 압도적인 경쟁력을 만들어낸다.

BOOK.28

턴어라운드

Turn the Ship Around!

최고의 팀을 만들기 위해
리더가 멈추어야 할 것

L. 데이비드 마르케
L. David Marquet

전(前) 미국 해군 대령. 미국 해군사관학교를 수석으로 졸업하고 1999년부터 2001년까지 전투용 고속 핵잠수함 산타페의 함장으로 복무했다. 산타페함은 태평양 함대에서 가장 개선된 함선에 수여되는 상과 함대에서 가장 전투력이 우수한 함선에 수여되는 상을 비롯해 다수의 상을 받았다. 해군을 은퇴한 뒤에는 리더십 컨설턴트로서 미국 국내에서 폭넓은 활약을 펼치고 있다. 미국 외교문제평의회의 종신회원이기도 하다.

군대에서 상관의 명령은 절대적이다. 군대는 하향식이 당연한 세계다. 그런데 이런 군대에서 '부하에게 온갖 판단을 맡긴다.'라는 상식 밖의 매니지먼트를 실시해 대성공을 거둔 사례가 있다. 바로 이 책의 무대인 미국 해군의 원자력 잠수함 '산타페'다.

《성공하는 사람들의 7가지 습관》의 저자 스티븐 코비(Stephen Covey)는 이 책의 서문에서 산타페를 견학했을 때의 일을 이렇게 적었다.

"내가 이상적으로 여기는 노동 환경이 그곳에 있었다. 승무원은 함장을 찾아와 '지금부터 ~하겠습니다.'라고 전했고, 함장은 한두 가지를 물어본 뒤 '알겠네.'라고 말했다. 결단을 내리는 행위의 95퍼센트가 함장의 관여나 확인 없이 실시되고 있었다."

6명이 필사적으로 노를 저어야 하는 작은 배라면 하향식 관리법도 효과적일 것이다. 그러나 임기응변이 필요한 전쟁터에서 싸워야 하는 원자력 잠수함에서는 승무원의 자발성과 창조성이 필요하다. 그런데 하나부터 열까지 일일이 지시하는 지배 구조는 오히려 승무원에게서 자발성과 창조성을 빼앗아버린다.

이 책에는 함장 마르케의 생각과 승무원들에게 판단을 맡기는 과정이 자세히 소개되어 있다. 미국 아마존에 4,000건이 넘는 서평이 올라온 베스트셀러이며, 미국 일간지 《USA 투데이》가 '최고의 비즈니스 서적 12권'으로 선정할 만큼 높은 평가를 받은 책이다.

현대의 비즈니스 종사자도 자발성과 창조성이 필요하다는 점에서는 원자력 잠수함의 승무원과 마찬가지다. 이렇게 말하면 '하지만 산타페에서 그게 가능했던 건 승무원들이 우수했기 때문이 아닐까?'라고 생각하는 사람도 있을 것이다. 그런데 사실 마르케가 함장에 취임하기 전까지 산타페의 승무원에 대한 평가는 매우 낮았다. 예정대로 출항하지 못한 적이 세 번이나 있었으며, 승무원의 잔류율도 최저였다.

'지배하는 리더십'에서 '위임하는 리더십'으로

취임해서 산타페의 내부를 둘러본 마르케는 승무원들에게 의욕이 전혀 없다는 느낌을 받았다. 그러나 이것은 표면적인 모습이었다. 한 간부는 이렇게 말했다.

"제가 담당하는 과를 이런 식으로 관리하고 싶은데, 상관에게 계속 무시를 당해서……."

역대 함장들의 지배하는 리더십이 '좀 더 효율적으로 일하고 싶다.', '현재의 상태를 이렇게 바꾸고 싶다.'라는 산타페 승무원들의 숨겨진 열의와 열정을 억압하고 있었던 것이다. [Book 19]에서 소개한 대량 생산 방식의 "제안 같은 건 하지 말고 시키는 대로만 하시오."와 같은 상황이었다. 이래서는 "좀 더 의욕을 내시오."라고 말한들 의욕이 날 리가 없다.

그래서 마르케는 지배하기를 그만두고 '위임하는 리더십으로 그들의 열의를 끌어내자.'라고 결심했다. 이와 관련해 그에게는 2가지 경험이 있었다. 첫째는 신입 사관으로서 처음 탄 잠수함에서 자신에게 전부 맡기는 함장을 만나 모든 책임을 위임받고 일을 즐기면서 성장했던 경험이고, 둘째는 그 후에 하향식으로 부하를 관리하는 잠수함의 간부가 되어서 부하들의 사기를 높이지 못해 고심했던 경험이었다. 이후 이런저런 책들을 닥치는 대로 읽은 뒤 '지배하는 리더십은 틀렸어. 위임하는 리더십이 필요해.'라는 확신을 얻었다.

그래서 마르케는 3가지 이념을 정했다.

① 지배하는 리더십으로부터 함정을 해방시킨다.
② 뛰어난 스킬을 갖추게 한다.
③ 올바른 이해를 촉진하고 팀의 목표를 공유한다.

중요한 점은 각 업무의 결단을 부하에게 위임하더라도 함정의 모든 책임은 언제나 함장인 자신에게 있다는 것이다. 이는 기업도 마찬가지다. 의욕이 없어 보이는 사원도 내부에는 열정을 숨기고 있는 경우가 많으며, 위임하는 리더십은 그들의 열정을 끌어낼 수 있다.

3가지 이념을 통해 '위임하는 리더십'을 실현한다

① 지배로부터 해방	• 지배하는 구조의 근본 원인을 찾아낸다. • "지금부터 ~하겠습니다."로 바꾼다. • 부하를 감시하는 시스템은 철폐한다.
② 뛰어난 스킬	• 설명하지 않고 확인한다. • 끊임없이 공부한다. • 유능한 인재를 낳는 곳이 된다.
③ 올바른 이해	• 행동 지침을 결정하고 판단 기준으로 삼는다. • 목표를 갖고 시작한다. • 신뢰를 구축하고 부하를 배려한다.

위임하는 리더십의 실현

출처: 《턴어라운드》를 바탕으로 필자가 작성

'누가 책임질 것인가?'를 결정한다

부하 직원에게 결단을 위임한다는 방침은 결정했지만, 문제는 '어떻게 위임할 것인가?'였다. 많은 리더가 이 문제로 고민한다. 가령 리더가 부하 직원에게 "위임하는 리더십을 실천하기로 결정했네. 자, 그러면 하고 싶은 게 뭔지 말해보게."라고 말한 뒤 부하 직원이 하는 말을 들었다고 해보자. 이는 하향식과 다를 게 없다. 경영진과 중간 관리직이 서로 마음을 터놓고 철저히 본심을 이야기하는 것이 중요하다.

마르케는 반장(기업의 중간 관리직에 해당한다)들과 마음을 터놓고 이야기를 나눴다. 그러자 반장들은 먼저 "저희 반원들의 관리는 저희에게 맡겨주십시오."라고 요청했다. 이는 '반장이 반원의 활동과 성과에 대한 모든 책임을 지겠다.'라는 의미다. 마르케는 즉시 함정의 규칙을 고쳤다.

그리고 함정에서는 매사에 상사의 승인과 허가가 필요했는데, 승인한 시점에 그 책임은 상사에게 넘어가며 부하에게는 책임이 없어진다. 이래서는 부하가 책임지고 일할 수가 없다. 그래서 마르케는 '책임 반장'을 결정하고 잠수함 내의 모든 활동에 대해 현장 반장 중 누군가가 반드시 책임을 지는 체제로 변경했다.

상사는 '부하에게 맡기면 실패할지도 몰라.'라고 생각하는 경향이 있는데, 드러커가 [Book 1]에서 말했듯이 먼저 결정해야 할 것은 '누가 책임을 질 것인가?'이다. 부하가 책임지고 일을 완수하게 되면 오히려 실패도 줄어든다.

또한 "~을 허가해주십시오."라는 군대적인 어법은 자칫하면 상사에게 의존하도록 만들 위험성이 있다. 그래서 마르케는 "지금부터 ~하겠습니다."라고 말하도록 바꿨다.

"함장님, 지금부터 함정을 잠수시키겠습니다. 이곳은 아군의 해역이며, 수심은 120미터입니다. 승무원은 전원이 함정에 승선해 준비를 갖췄으며, 당직병에 대한 확인도 마쳤습니다."

함장은 "그러게."라고 짤막하게 말한다. 이렇게 해서 부하들은 상사의 시점에서 주체적으로 생각하게 되었다. 회사에서도 사원이 경영자의 시점에서 주체적으로 생각하게 되면 점점 상사에게 의존하지 않게 된다.

업무는 '계속 공부하는 인재'를 만들어내는 장소

승무원의 스킬도 높일 필요가 있다. 그전까지는 상관이 부하를 모아놓고 설명한 뒤 "질문 있나?"라고 물었다. 부하는 이해하지 못했더라도 질문하지 못했고, 그 결과 지시대로 수행하지 못했다. 그래서 마르케는 자신이 설명하기를 그만두고 부하의 설명을 확인하는 형태로 바꿨다. 설명을 듣기만 할 때는 고개를 끄덕이기만 하면 그만이지만, 설명을 하려면 준비가 필요하다. 그 결과 부하들은 자발적으로 행동하고 공부하게 되었다.

또한 마르케는 시간을 들여서 간부들과 '근본적으로 리더가 할 일은 무엇인가?'에 관해 이야기를 나눴다. 그리고 '언제 어디서나 공부하는 것이다.'라는 결론을 내렸다. 유지 보수와 훈련 등의 일을 하는 가운데 전투에서 임무를 다할 수 있는 잠수함으로 만들기 위해 필요한 것을 계속 공부하며 인재를 만들어낸다는 것이다. '일은 공부다.'라고 생각하면 적극적으로 일에 몰두하며 성장할 수 있다.

이렇게 해서 산타페는 위임하는 리더십을 철저히 하는 조직으로 변혁되었다. [Book 2]에서 매슬로가 그렸던 세계에 가깝다. 그렇다면 그 후 어떻게 되었을까? 마르케가 산타페의 함장으로 복무한 시기는 1999년부터 3년인데, 그가 떠난 뒤에도 산타페는 계속 뛰어난 실적을 올려 많은 상을 받았으며 리더도 다수 배출했다. 지배하는 리더십은 카리스마적인 리더가 떠난 순간, 조직이 방황하기 시작한다. 한편 위임하는 리더십은 조직 문화가 되어서 조직에 정착한다.

한편 경영자가 "우리 회사는 부하 직원들에게 일을 맡기고 있다."라고 말하는 회사의 내부를 들여다보면 무법 상태가 되어버린 경우가 종종 있다. 이념이 없는 채 무작정 위임하는 것은 단순한 '떠넘기기'일 뿐이다. 이래서는 회사가 제대로 운영될 리가 없다.

산타페에서 한 일과 하지 않은 일

한 일	하지 않은 일
위임하는 리더십	지배하는 리더십
권한을 부여한다.	권한을 쥐고 놓지 않는다.
명령을 피한다.	명령한다.
해야 할 일을 부하가 확인한다.	해야 할 일을 상관이 설명한다.
상관과 부하가 함께 공부한다.	상관이 부하에게 지도한다.
사람을 중시한다.	기술을 중시한다.
장기적인 관점에서 생각한다.	눈앞의 일을 생각한다.
항상 호기심을 갖는다.	항상 의문을 품는다.
무의미한 절차는 전부 배제한다.	절차의 효율을 개선한다.
감시·검사를 줄인다.	감시·검사를 늘린다.
정보를 공개한다.	정보는 공개하지 않는다.

출처: 《턴어라운드》의 그림을 바탕으로 필자가 일부 추가

매니지먼트에 관여하는 사람이라면 조직의 바람직한 모습 중 하나를 제시하는 이 책을 꼭 읽어보기 바란다.

POINT

'위임하는 리더십'은 지속적으로 성장하는 인재와 조직을 만든다.

BOOK.29

규칙 없음

No Rules Rules

───────

기업을 초고속으로
성장시킨
'비상식 경영'

리드 헤이스팅스 · 에린 마이어

Reed Hastings · Erin Meyer

리드 헤이스팅스는 넷플릭스의 회장 겸 CEO다.
1997년에 넷플릭스를 공동 창업해 엔터테인먼트
시장을 크게 바꾸었다. 1982년에 보든 대학을 졸
업한 뒤 1988년에 스탠퍼드 대학 대학원에서 인
공지능을 연구해 석사 학위를 취득했다. 1991년
에 퓨어 소프트웨어를 창업한 뒤 1997년에 매각
하고 그 자금을 바탕으로 넷플릭스를 창업했다.
공저자인 에린 마이어는 INSEAD(유럽의 경영대
학원)의 교수다.

넷플릭스는 [Book 27]의 사우스
웨스트항공이나 [Book 28]의 잠
수함 산타페 이상으로 상식을 벗어
난 회사다. 일을 잘해서 회사가 높
은 실적을 올려도 어느 날 갑자기
해고당한다. 이는 최악의 경영 방식

처럼 보인다. '압도적인 성과를 내지 못하면 해고'라는 공포심이
생기면 '리스크를 짊어지고 이노베이션을 만들어내자.'라는 의
욕이 사라질 우려가 있다.

　이 책의 저자 중 한 명인 에린 마이어는 이런 경영 방식이 [Book
24]에서 소개한 심리적 안정감에 위배된다고 말했지만, 그럼에
도 넷플릭스는 대성공을 거뒀다. 2020년의 사용자 수는 2억 명

이 넘고, 매출액은 250억 달러(31조 원)에 이른다.

이 책은 넷플릭스의 CEO인 리드 헤이스팅스와 경영 사상가 순위 'Thinker 50'에도 이름을 올린 경영학자 에린 마이어가 넷플릭스의 수수께끼를 해명한 것이다.

이 책에 대해 마이크로소프트의 CEO 사티아 나델라(Satya Narayana Nadella)는 "조직 문화를 창조하고 유지하려 하는 사람에게 매우 귀중한 통찰"이라고 말했으며, [Book 6]의 저자 벤 호로위츠는 "어떻게 혁신을 지속할 것인가에 관한 답을 제시했다."라고 평가했다.

'압도적인 성과를 내지 못하면 해고'라는 넷플릭스의 문화는 창업 초기에 만들어졌다.

모든 것은 '능력 밀도'를 높이기 위해서다

직원 수를 줄였는데 오히려 더 많은 일을 처리하는 경우는 적지 않다. 내가 IBM에서 일했을 때 있었던 일이다. 당시 나는 한 영업팀에 소속되어 있었는데, 전체 8명 중 상사, 주임, 과장 등 선배 4명이 일제히 부서를 이동했다. 팀에 남은 인원은 부주임이었던 나와 다른 3명(입사 3년 차의 사원 1명과 파견 사원 2명)뿐이었다. 인원수로는 절반, 급여 총액으로는 4분의 1이 된 것이다.

그런데 팀의 매출은 오히려 전년도보다 증가했다. 본래 이 팀은 조직의 방계였는데, 그 탓에 선배 중에는 '유배당했다.'라고 생각해 의욕이 없는 사람이 많았다. 그들이 다른 부서로 이동함에 따라 의욕적인 젊은 사원들이 서로 즐겁게 일을 돕고 공부하는 팀으로 바뀌면서 성과가 오른 것이다.

이 책의 저자도 넷플릭스 창업 3년차에 이와 비슷한 경험을 했다. 당시 헤이스팅스는 자금난으로 직원 120명 중 3분의 1을 해고해야 했다. 어쩔 수 없이 공헌도가 높은 80명과 그 정도는 아닌 40명으로 나누고 40명에게 해고를 통보했는데, 수 주일이 지나자 사내의 분위기가 극적으로 좋아지고 사기가 올랐다고 한다. 매출이 회복되어 다시 바빠졌지만, 이전보다 30퍼센트가 적은 인원수에도 직원들은 열정적으로 전보다 더 많은 업무량을 소화해냈다.

헤이스팅스는 그 이유를 '능력 밀도가 극적으로 높아진 결과'라고 생각했다. 인원수가 감소해 능력의 총량은 감소했지만 1인당 능력(능력 밀도)이 높아지면서 직원들의 공부하려는 의욕과 만족도가 커져서 서로에게 자극을 받으며 즐겁게 일하는 상황이 된 것이다.

'높은 능력 밀도가 성장의 원동력'임을 알게 된 헤이스팅스는 최고의 인재를 찾는 데 집중했다. 최고의 인재에게 업계 최고 수준의 보수를 지급하고 평범한 인재 10명이 매달려도 못하는 일을 해내게 하는 것이다. 가령 정상급의 홍보 담당은 수백만 명을 매료시키는 기획을 세울 수 있으며, 훌륭한 각본가처럼 연출력이 있는 인재는 그렇지 못한 인재보다 수백 배나 가치가 있다고 헤이스팅스는 생각했다.

채용만이 아니라 헤이스팅스는 능력 밀도를 높이기 위해 채용뿐 아니라 '해고'도 마다하지 않는다. 그 시스템이 키퍼 테스트다.

"부하 직원이 내일 회사를 그만두겠다고 말한다면 당신은 만류하겠는가? 아니면 속으로는 좋아하면서 퇴사를 받아들이겠는가? 후자라면 지금 당장 퇴직금을 주고 해고한 다음 진정으로 만류하고 싶은 스타플레이어를 찾으시오."

팀 리더에게 부하 직원이 내일 회사를 그만두겠다고 말하는 상황을 생각해보라 하고, 만약 '만류하지 않고 퇴직을 받아들이겠다.'고 판단했다면 그 부하 직원을 즉시 해고한 다음 새로운 인재를 찾도록 한다. 부하 직원은 업계 최고의 능력을 유지하지 못하는 한 어느 날 갑자기 해고될 가능성이 있다. 상사도 본인도 상당히 괴로운 일이다.

메이저리그의 야구 선수는 시즌 도중에도 트레이드가 되거나 방출될 때가 있다. 선수들은 충분한 급여를 대가로 이 시스템을 받아들이고 있다. 넷플릭스는 메이저리그 구단 같은 프로 스포츠팀을 지향하며 모든 포지션에 최고의 인재를 배치하려고 한다. 직원에게는 충분한 급여와 퇴직 시의 퇴직금을 대가

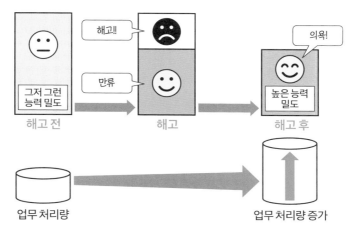

해고로 능력 밀도가 높아져서 더 많은 업무량을 처리할 수 있다

출처:《규칙 없음》을 바탕으로 필자가 작성

로, 승리를 위해 자신을 단련하고 서로 솔직한 피드백을 주고받으면서 철저히 팀플레이를 하도록 요구하며, 성과를 내지 못하면 교체한다. 고용 안정을 원하는 사람은 넷플릭스에 맞는 인재가 아니다. 넷플릭스는 직원에게 메이저리그 선수 같은 프로 의식을 요구한다.

'능력 밀도의 향상'은 넷플릭스식 조직의 근간을 이루는 개념이다. 넷플릭스의 온갖 시책은 '능력 밀도의 향상'과 연결되어 있다. 상대방에게 본심을 피드백한다는 발상도 그렇다.

솔직하게 피드백하는 시스템

넷플릭스의 표어는 "상대방의 얼굴을 보면서 할 수 있는 말만 한다."이다. 숨기는 것 없이 솔직하게 대화를 나누면 서로의 발목을 잡아당기거나 줄다리기를 하는 일이 줄어들어서 사내 업무의 속도감이 높아지며 그 결과 능력 밀도가 상승한다. 동료와 다른 의견이나 도움이 될 것 같은 피드백이 있는데도 입을 열지 않는 것은 '회사에 대한 배신행위'다. 능력 밀도를 높일 기회를 놓쳐버리기 때문이다.

다만 "너는 일하는 게 엉성해."와 같은 말을 듣는 것은 역시 괴로운 일이다. 솔직하기만 한 피드백은 상대방에게 상처를 줄 뿐이며, 조직에도 균열을 만든다. 그래서 넷플릭스는 피드백 가이드라인으로 '4A'를 사원들에게 가르친다.

처음의 두 A는 피드백을 하는 쪽에 대한 가이드다.

① 상대방을 돕고 싶다는 마음가짐으로(AIM TO ASSIST): 피드백은 긍정적인 의도로 해야 한다. 스트레스를 발산하기 위한 피드백은 당연히 금물이다.

② 행동의 변화를 촉구한다(ACTIONABLE): 피드백은 제안 형태로 한다. "너는 일하는 게 엉성해."가 아니라 "좀 더 가독성 있게 자료를 정리한다면 상대방도 빠르게 이해할 수 있고 업무도 더 원활히 진행될 거야."라고 말한다.

다음의 두 A는 피드백을 받는 쪽에 대한 가이드다.

③ 감사한다(APPRECIATE): 말하기 부담스러운 피드백을 해준 것
   에 감사를 표시한다.
④ 취사선택(ACCEPT OR DISCARD): 피드백을 받아들일지 말지
   는 본인에게 달려 있다. 이것을 쌍방이 이해한다.

[Book 23]에서 귀속 신호를 소개했는데, 넷플릭스에서는 피
드백을 할 때 귀속 신호를 활용하고 있다. 상사가 부하 직원에게
서 피드백을 받았을 경우, 먼저 비판에 대해 진심에서 우러나오
는 고마움을 표시하고 "자네가 솔직하게 의견을 말해준 덕분에
우리의 관계가 나빠지는 일은 없을 걸세. 자네는 팀의 중요한 일
원이야."라는 귀속 신호를 빈번하게 보내도록 철저히 교육하고
있다.

상사의 승인이라는 규칙을 철폐하다

일반적인 회사의 경우, 자신의 권한을 넘어서는 일을 할 때 상사
의 승인을 받아야 한다. 그러나 넷플릭스는 상사의 승인이라는
규칙을 철폐했다. 100만 달러(12억 원)의 예산이 들어가는 판촉
캠페인이라 해도 상사의 승인을 받을 필요 없이 담당자가 스스

로 판단하고 서명해 발주한다.

　넷플릭스는 '넷플릭스의 이익을 최우선으로 여긴다.'라는 가이드라인을 정하고 사원들이 자신의 판단에 따라 돈을 자유롭게 쓸 수 있게 했다. 그러자 담당자가 회사의 이익도 생각하게 되면서 지출이 감소했다. 또한 승인이 사라지면서 업무가 신속하게 진행되었고, 덕분에 능력 밀도는 더욱 높아졌다.

　다만 사원을 방임하는 것은 아니다. 넷플릭스는 2가지 방법으로 부적절한 지출을 찾아내고 있다. 첫째, 상사는 부하 직원의 모든 영수증을 확인할 수 있다. 둘째, 영수증 확인 작업을 하고 싶지 않은 상사는 내부 감사팀에 작업을 맡길 수 있다. 타이완의 한 넷플릭스 사원은 회사의 돈으로 호화 여행을 한 것이 감사팀에 발각되어 해고당했다. 규칙은 철폐하지만 확인은 철저히 하는 것이다.

　헤이스팅스는 "넷플릭스의 이런 방법론은 만능이 아니다."라고 말했다. 하나의 실수가 대참사를 초래하는 업계(의료 업계 등)에서는 오히려 규칙을 통해 리스크를 철저히 회피해야 한다. 그러나 창조성과 이노베이션이 성공의 열쇠가 되는 업계(엔터테인먼트나 IT업계)에서는 능력 밀도를 높이고 규칙을 철폐해서 독보적인 성과를 지향하는 넷플릭스의 방법론이 효과적이다.

　기존의 종신 고용제나 연공서열 제도는 기업이 성장하는 데 커다란 원동력이었다. 그러나 경영의 세계화가 진행된 현재, 이 시스템은 한계를 맞이하고 있다. 완전히 새로운 발상이 요구되고 있다. 넷플릭스의 도전은 새로운 시스템을 생각하는 데 하나의 참고가 될 것이다.

POINT

능력 밀도를 높이고, 솔직하게 이야기하며 규칙을 철폐하라.

Chapter 4

재무
Finance

많은 비즈니스 종사자가 회계나 재무라는 말을 들으면 지레 겁부터 먹고 경원하는 경향이 있는데, 사실 회계나 재무의 기본은 의외로 간단하다. 재무를 이해하면 비즈니스를 크게 성장시킬 수 있다. 창업의 필수 과목인 것이다.

또한 정보 사회가 되면서 경제 원리가 크게 달라졌다. 이를 이해하고 있느냐 없느냐는 큰 차이를 만들어낸다. 실제로 정보 경제를 이해한 덕분에 성장한 기업이 GAFA다.

제4장에서는 재무에 대한 개념을 이해하기 위한 이론서와 실천서 4권을 소개한다.

BOOK.30

이나모리 가즈오의 회계 경영

稲盛和夫の実学

―――――

회계를 모르는 창업가는
99퍼센트 실패한다

이나모리 가즈오

稲盛和夫

교세라·다이니덴덴(현 KDDI)의 창업자. 1932년
에 가고시마현에서 태어나 1959년에 교토 세라
믹 주식회사(현 교세라)를 설립하고, 사장과 회장
을 거쳐 1997년부터 명예 회장이 되었다. 1984
년에는 다이니덴덴을 설립해 회장에 취임했으며,
2001년부터 최고 고문이 되었다. 2010년부터
일본항공의 회장에 취임해 경영 재건에 성공했
다. 1984년에는 이나모리 재단을 설립했다. 교토
상공회의소 명예 회장, 스웨덴 왕립과학기술 아
카데미 해외 특별 회원이다.

"솔직히 회계는 잘 몰라서 경리과에
전부 맡기고 있습니다."

이렇게 말하는 회사원이 많다. 사
실은 경영자 중에도 있는데, 이는
매우 위험한 태도다. 교세라의 창업
자 이나모리 가즈오는 이런 태도에
안타까움을 드러내며 이 책의 앞부분에 이렇게 썼다.

"'회계를 모르면서 어떻게 경영을 할 수 있겠는가?'라는 생각
으로 이 책을 썼다."

애초에 회계를 모르는 창업가는 거의 확실히 실패한다. 이나
모리도 본래 이과 기술자 출신인 까닭에 회계를 몰랐지만, 교세
라를 창업한 뒤 경영과 회계를 처음부터 공부했다.

이 책에 어려운 계산은 등장하지 않는다. 회계 용어도 정말 알아둬야 할 최소한의 것만 나온다. 그러나 경영자 또는 팀 리더가 회계를 경영에 활용해 기업을 강하게 하는 주옥같은 지혜가 곳곳에 담겨 있다. 이렇게 말하는 나도 사실은 회계에 매우 약해서, 이 책을 읽고 회계의 핵심을 파악했다.

참고로 회계에는 사내의 실적을 파악하고 평가하기 위한 관리 회계와 실적을 회사 외부의 투자자들에게 보고하기 위한 재무 회계의 2종류가 있는데, 이 책은 관리 회계에 관한 책이다.

매출을 최대로, 경비를 최소로

회계를 몰랐던 이나모리는 경리 담당자에게 질문을 거듭하면서 핵심을 파악했다.

'매출은 최대로, 경비는 최소로 하면 되는구나.'

일반적으로 '매출이 증가하면 경비는 늘어난다.'가 경영의 상식이다. 그러나 '매출을 최대로, 경비를 최소로'라고 생각하면 '매출을 늘리면서 경비도 늘리는 것이 아니라, 경비를 같은 수준으로 유지하거나 가급적 감소시키자.'가 된다. 물론 이는 어려운 일이므로 궁리가 필요하다.

매출을 최대한으로 늘리는 비결은 가격 설정이다. 깊게 고민하지 않고 즉흥적으로 가격을 결정하는 회사가 많은데, 이나모리는 "가격 설정이 경영이며 경영자가 판단해야 할 일"이라고 말한다. 이나모리는 "고객이 수긍하고 기꺼이 구입해줄 최대한의 가격을 설정해야 한다. 그보다 내리면 고객이 얼마든지 주문을 하지만 그보다 올리면 고객이 주문을 하지 않는 아슬아슬한 가격에 주문을 받아라."라고 영업사원을 철저히 교육했다. 요컨대 '고객이 저렴하다는 느끼게 하는 것'이 중요하다는 말이다. 가격 설정이 실패하면 나중에 돌이킬 방법이 없다. 너무 싸면 채산성이 안 맞고, 너무 비싸면 재고가 산더미처럼 쌓여 자금이 돌지 않는다.

이나모리는 관리자에게 '우동 포장마차를 하는 실습이 효과적'이라며 이렇게 이야기했다고 한다.

"5만 엔(50만 원)이라면 5만 엔을 밑천으로 주고 '한동안 회사에 출근하지 않아도 되네. 포장마차와 필요한 도구는 전부 빌려줄 테니 1개월 동안 매일 밤 교토의 어딘가에서 우동을 팔게. 5만 엔을 밑천으로 1개월 동안 벌어들인 돈을 실적으로 인정해주겠네.'라고 해서 현장에 훈련을 보내시오."

제일 먼저 문제가 되는 것은 재료의 매입이다. 슈퍼마켓에서 생면을 살지, 제면소에서 우동면을 살지, 건면을 데쳐서 쓸지 결정해야 한다. 다음에는 국물을 어떻게 만들어야 하는지가 문제다. 비싼 가다랑어포로 국물을 낼지, 슈퍼마켓에서 파는 우동용 국물을 쓸지 판단해야 한다. 원가를 낮추면서 얼마나 맛있는 우동을 만들지 연구가 필요하다. 아울러 어묵, 튀김, 파 등의 재료를 슈퍼마켓에서 살지, 생산자에게서 직접 사들일지도 결정해야 한다. 그리고 마지막 과제는 가격 설정이다. 싸게 팔면 물론 잘 팔리겠지만 이익이 나지 않는다. '고객을 만족시키면서 팔 수 있는 가격'을 찾아내야 한다.

그깟 포장마차라고 생각할 수 있지만, 포장마차 운영은 사실 매우 오묘하다. 하루하루의 매출은 차이가 얼마 안 나더라도 1개월이 지나면 큰 차이가 생긴다. 그래서 포장마차부터 시작해 거대한 프랜차이즈 체인으로 성장하는 사람이 있는가 하면 수십 년을 운영해도 포장마차를 벗어나지 못하는 사람도 있다.

회계는 '매출을 최대로, 경비를 최소로'라는 경영의 원점을 경영자가 효율적으로 추구하기 위한 시스템이다. 회계를 이해하고 부서별 월간 결산을 읽으면 숫자를 통해 부서의 실태가 손에 잡힐 듯 이해된다. 숫자를 파악한 다음 현장에 가면 문제점을 금방 지적할 수 있다. 부서 책임자가 대책을 세우면 다음 달의 부서 월간 결산에 즉시 반영된다.

현금 기반으로 경영한다

나의 지인 중 한 명은 회사를 창업했다가 여러 번 망했다. 그의 패턴은 늘 같았다. 시작은 순조롭지만 점차 자금이 고갈되었고 자금 마련을 위해 이리저리 뛰어다니는 나날이 계속되다가 끝내 더는 버틸 수 없어 회사 문을 닫는다.

자금 마련을 위해 이리저리 뛰어다니는 모습을 보면 '회사를 경영하려고 굉장히 노력하는구나.'라고 생각하기 쉽지만, 마이너스를 제로로 되돌릴 뿐이므로 진짜 경영이라고는 말할 수 없다. 회계 지식이 없으면 이렇게 된다.

수익을 낸 줄 알았는데 실제로는 돈이 없을 때도 있다. 이나모리는 이것을 단순화해 '바나나 노점 장사'를 예로 들었다. 당신은 바나나 한 송이를 500원에 20송이 매입해 송이당 1,500원에 팔았다. 그날은 20송이를 다 팔았다. 매출은 3만 원이다. 그러자 세무서에서 "2만 원의 이익이 났으니 세금은 50퍼센트인 1만 원입니다."라고 말했다. 그러나 당신은 바나나를 팔려고 장사 도구(사과 상자, 상자 위에 까는 천, 집객용 막대)에 1만 5,000원을 써서 수중에 5,000원밖에 없다.

"내 수중에는 5,000원밖에 없는데 왜 세금이 1만 원이나 되는 거요?"라고 묻자 세무서는 "그 장사 도구는 자산입니다. 당신의 수중에 있는 돈 5,000원과 자산 1만 5,000원에 대해 세금 1만 원이 부과된 겁니다."라고 대답했다. 회계 지식이 없으면 '뭔가 이상한데……'라고 생각하면서도 울며 겨자 먹기로 빚을 내서 세금을 내는 신세가 된다.

그러나 회계 지식이 있으면 활로가 열린다. 본래 자산이란 계속해서 사용할 수 있다. 만약 장사 도구를 오늘만 쓰고 내일 이웃 마을에 가기 전에 버린다면 자산 가치는 제로가 된다. 장사 도구 1만 5,000원을 회계 장부상의 고정자산에서 삭제하는 '제각'이라는 회계 처리를 해서 1만 5,000원을 경비로 계상하면 이익은 5,000원이 되며, 세금은 이익의 50퍼센트인 2,500원이 된다. 수중에 2,500원이 남는 것이다(이 이야기는 본질을 이해시키기 위해 단순화한 것이다. 실제로는 세금이 50퍼센트도 아니고, 고정자산은 감가상각이 가능하며, 소액이라면 경비로 처리할 수 있다).

자산이냐 아니냐는 경영자가 판단할 문제다. 자산에는 세금이 부과되기 때문에 사용하지 않는 자산은 즉시 제각·폐기해 경비로 계상해야 한다. 여담이지만, 나는 물건을 어지간해서는 버리지 않는 성격이라 집에 물건을 쌓아놓는다. 반면 아내는 불필요한 물건은 바로바로 버린다. 회계적으로는 아내의 행동이 무조건 옳다.

회계 지식이 없으면 이처럼 낼 필요가 없는 세금을 내기 위해 돈을 빌리는 신세가 된다.

중요한 것은 또 있다. 이익을 믿어서는 안 된다. 믿어야 할 것은 수중에 있는 돈(현금)이다. 이익과 수중에 있는 돈은 일치하지 않기 때문이다. 이익에는 감가상각비나 회수하지 못한 외상 매출금 등이 포함된다. 실시간으로 현금을 파악하지 않는 한 격변하는 환경에 대응하지 못한다.

"은행은 우리가 어려움에 빠져도 도와주지 않아."라고 탄식하는 경영자가 있는데, 은행은 자선 사업가가 아니다. 심하게 말하면, 은행이 도와주지 않는 원인은 '경영자의 능력 부족'에 있다.

이나모리는 "씨름장 한가운데서 씨름을 하라."라고 말한다. '씨름장의 가장자리로 몰려서 장외 패를 당하는 사태를 피하고 여유가 있는 상태에서 경영을 하라.'라는 의미다.

이나모리는 무차입 경영을 철칙으로 삼는다. 은행에서 돈을 빌리면 즉시 갚으며, 항상 자기자금을 충분히 보유하려 한다. 또한 돈을 빌려야 할 경우는 매년 벌어들이는 금액(세금 공제 후 이익

회계를 모르면 큰 손해를 본다
바나나 노점 장사의 예

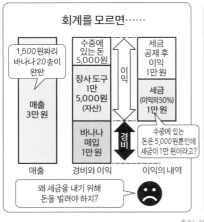

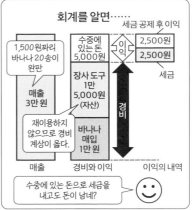

출처: 《이나모리 가즈오의 회계 경영》을 바탕으로 필자가 작성

과 감가상각의 합계)으로 상환금을 충당할 수 있을 만큼만 빌린다
고 한다.

고정비를 줄여서 '근육질'의 경영을 한다

전혀 팔리지 않는 책의 운명은 잔인하다. 신간이라도 악성 재고
라 판단되면 파쇄 처리된다. "아까운데 공짜로 주시면 안 될까
요?"라고 말하고 싶겠지만, 출판사로서는 들어줄 수 없는 부탁
이다. 팔리지 않는 책은 출판사의 회계 장부상 재고 자산으로 기
재된다. 다시 말해 세금이 부과된다. 이것을 파쇄 처리하면 회계
장부에서 제각해 경비 계상을 할 수 있다. 출판사는 이렇게 해서
자산을 감량함으로써 불필요한 세금을 내지 않는 것이다.

강한 근육질의 경영을 하려면 원재료비 등의 변동비뿐만 아
니라 자산을 감량해 고정비도 줄임으로써 이익률을 높여야 한
다. 이 책에도 다양한 방법이 소개되어 있다.

가령 사내의 고정자산을 확인하는 재고 조사라는 작업이 있
다. 일반적인 재고 조사는 담당자가 '물건이 있는가, 없는가?'만
을 확인하는 경우가 많다. 그러나 이래서는 전혀 사용되지 않는
자산이 방치되어 내지 않아도 될 세금을 계속 낼 우려가 있다.
본래 재고 조사를 할 때는 경영자가 자신의 눈으로 직접 보고 그
것이 필요한지 여부를 판단하고 필요가 없다면 버려야 한다. 그

렇게 제각을 함으로써 경비로 계상해 고정비를 줄여야 한다.

최신 설비를 도입한 결과 경영 체질이 약해지는 경우도 있다. 교세라가 미국을 처음 방문해 경쟁사의 공장을 견학했을 때 있었던 일이다. 그 공장에는 최신 설비가 질서정연하게 늘어서 있었는데, 관계자의 설명에 따르면 그 설비의 생산 속도는 교세라의 2배였다. 이것을 보면 '대단한데? 우리도 당장 최신 설비를 도입하자!'라는 생각이 들기 마련이다. 그러나 이나모리는 달랐다. 그는 이렇게 생각했다.

'생산 속도는 빠르지만, 설비가 터무니없이 비싸군. 교세라가 보유한 설비의 생산 속도는 절반밖에 안 되니 생산성도 절반이야. 하지만 교세라는 그 중고 설비를 잘 운용하고 있어. 투자 총액이 몇십 분의 1밖에 안 된다는 거지. 투자 효율은 교세라가 압도적으로 높군.'

이처럼 최신 설비가 반드시 경영 효율을 높이는 것은 아니다. 오히려 과잉 투자가 되어서 고정비가 불어나 경영 체질을 약화시킬 위험성도 있다.

또한 교세라에서는 가격이 저렴해지더라도 대량 구매를 하지 않았다. 가격이 비교적 비싸더라도 매달 필요한 자재만을 구입했다. 경리부장은 "물건을 비싸게 사는 것은 경리의 상식을 거스르는 행위입니다."라고 반대했지만, 이나모리는 "상식을 거스르든 말든 상관없으니 필요한 만큼만 사게."라고 못을 박았다.

그런데 경리부장은 점차 이나모리의 결정에 수긍하게 되었다. 언뜻 보기에는 비싸게 사는 것 같지만, 필요한 만큼만 사는 까닭에 직원들은 낭비하지 않고 있는 물건을 소중히 사용했다. 게다가 여분이 없다 보니 창고 사용료나 재고 관리 비용도 들지 않았다. 전체적으로 보면 훨씬 경제적이었던 것이다.

이나모리가 이 발상을 응용해 최소 비용으로 최대 매출을 실현하고자 만들어낸 것이 그 유명한 아메바 경영이다. 적은 인원으로 구성된 소규모 조직별로 매출과 비용을 철저히 관리해 차감 매출(매출액과 비용의 차)을 최대화한다. 차감 매출이 그 조직이 만들어낸 부가 가치다. 하나의 조직이 아메바로서 하나의 중소기업처럼 활동하고, 각각의 아메바가 연계해 부가 가치를 쌓아나간다. 현재 교세라에는 아메바가 3,000개 있다고 한다. 아메바 경영은 이나모리가 경영 재건에 관여한 일본항공(JAL)을 포함해 수많은 기업에 채용되었다.

이 책에는 이나모리가 주재하는 중소기업 경영자를 위한 경영 아카데미인 '세이와주쿠'의 경영 문답이 5개 소개되어 있다. 현장에서 활약하는 중소기업 경영자의 절실한 고민에 이나모리가 진심을 담아서 대답했다. '내가 이나모리였다면 어떻게 대답했을까?'를 생각하면서 읽으면 좋은 훈련이 될 것이다.

경영의 목적은 기업의 사람·물자·돈을 활용해 최대한의 가치를 만들어내는 것이다. 회계를 어려워하는 사람이 많은데, 경

고정비와 변동비를 줄여서 이익을 늘린다

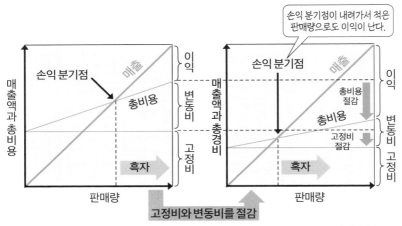

출처:《이나모리 가즈오의 회계 경영》

영의 관점에서 회계를 이해하는 첫걸음으로서 이 책을 강력히 추천한다.

한편, 이 책은 제조업의 시점에서 쓴 것이다. 정보 경제에서는 비용 구조가 완전히 달라진다. 이쪽에 관해서는 [Book 33]을 참조하기 바란다.

> **POINT**
>
> 가격 설정이 경영이다. 매출은 최대로, 경비는 최소로 한다.

BOOK.31

회계는
필요 없다
The End of Accounting

실적 보고를 위한
재무 회계는 버려라

바루크 레브 · 펑 구
Baruch Lev · Feng Gu

바루크 레브는 뉴욕 대학 교수다. 1968년에 시카
고 대학에서 박사 학위를 취득했으며 1997년까
지 시카고 대학과 캘리포니아 대학, 텔아비브 대
학에서 학생들을 가르쳤다. 전문 분야는 기업 지
배 구조, 이익 관리, 재무 회계, 재무 보고서 분석,
무형자산·무형 자본 등이다 〈파이낸셜 타임스〉
지 등에 다수의 글을 기고했다. 공저자인 펑 구는
버펄로 대학 준교수다. 워싱턴 대학에서 박사 학
위를 취득했으며 전문 분야는 재무 분석과 관리
회계다.

"회계 정보는 쓸모가 없다." 이 책은
이렇게 단언한다. '뭐? 이나모리 회
장은 회계를 모르면서 어떻게 경영
을 할 수 있겠느냐고 말했는데 무슨
소리야?'라고 의아할 것이다. 회계
에는 관리 회계와 재무 회계라는 2
종류가 있는데, 이나모리가 [Book 33]에서 다룬 것은 회사 내
부의 실적을 파악하고 평가하기 위한 관리 회계다. 그리고 이 책
에서 "쓸모가 없다."라고 단언한 것은 실적 등의 기업 평가를 외
부 투자자들에게 보고하기 위한 재무 회계다.

기업은 경영 상황을 회계 정보(재무상태표나 손익계산서 등)로 정
리해 투자자들에게 보고할 의무가 있다. 재무 회계는 요컨대 '기

업의 성적표'다. 회계학에서는 '정말 회계 정보로 기업의 가치를 설명할 수 있는가?'에 관한 연구가 진행되어왔고, 그 중심인물이 바로 이 책의 저자 바루크 레프였다.

창업가가 투자자에게 실적을 설명할 때 회계가 얼마나 도움이 되는지 아는 것은 중요한 일이다. 그래서 최신 견지를 정리한이 책을 소개하려 한다. 참고로 이 책의 원제는 '회계의 종말(The End of Accounting)'이라는 조금 더 과격한 제목이다.

투자자들은 더는 회계 정보를 사용하지 않는다

만약 회계 정보가 투자자들에게 도움이 된다면 기업 가치(주식 시가 총액)와 재무상태표상의 자산이나 손익계산서상의 이익 사이에 높은 상관관계가 있을 것이다. 다음의 그림은 이익과 순자산이 주식 시가 총액에 기여한 추이를 연도별로 나타낸 것이다. 세로축이 기여하는 비율로, 완벽하게 기여했다면 100퍼센트이고 전혀 기여하지 않았다면 0퍼센트다.

그림을 보면 1950년대까지는 80~90퍼센트로 크게 기여했지만 1980년대부터 기여도가 급락해 2000년 이후에는 50퍼센트가 되었다. 이익이나 자산과 기업 가치의 관계는 멀어지고 있다. 최근 60년 사이에 회계 정보는 기업 가치와 관계가 없어지고 있는 것이다. 그 요인은 다음의 3가지다.

기업의 시가 총액에 이익과 순자산이 기여하는 비율

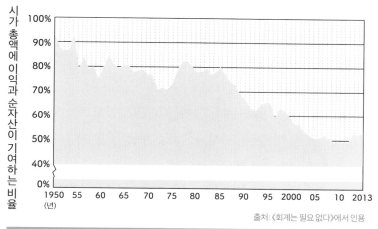

출처:《회계는 필요 없다》에서 인용

요인1 무형자산의 대두

코카콜라 본사에서 가장 가치 있는 자산은 콜라의 브랜드와 원액의 제조법 등 눈에 보이지 않는 무형자산이다. 콜라를 제조 판매하는 유형자산(공장, 영업부, 차량 등)은 세계의 각 지역에서 코카콜라 본사와 콜라 생산 계약을 맺은 보틀링 회사다.

세상에는 무형자산이 급증하고 있다. 미국 기업의 경우, 1977~2014년 사이에 유형자산의 투자는 35퍼센트 감소했고 무형자산의 투자는 60퍼센트 증가했다. 정보화가 진행됨에 따라 기업의 투자가 유형자산(공장이나 기계 등의 설비)에서 무형자산(소프트웨어, 특허, 브랜드, 판권 등)으로 이동한 것이다.

거대한 시가 총액을 자랑하는 GAFA(구글, 애플, 페이스북, 아마존)의 자산 중 대부분은 무형자산이다. 투자 은행 업계의 정상에 군림하고 있는 골드만삭스의 자산은 독특한 인재와 고객과의 밀접한 관계성 등의 무형자산이다. 코카콜라의 제조법이나 브랜드도 무형자산이다.

현대의 성공 기업은 예외 없이 풍부한 무형자산을 보유하고 있는데, 회계 시스템은 무형자산의 대두에 대응하지 못하고 있다. 그래서 이상한 일이 일어난다.

2013년에 화이자의 실적은 딱히 좋은 편이 아니었다. 주력 의약품의 특허는 만료되었고, 히트 상품의 개발이 이어지지 않아 고전하고 있었다. 그러나 투자 지표 중 하나인 ROE(자기 자본 이익률)는 28퍼센트였다. 숫자만 보면 전성기인 것이다. 여기에는 사실 트릭이 있다. ROE는 다음의 식으로 구한다.

ROE=당기 순이익÷순자산

이때 이익은 과거에 투자한 의약품 개발에 따른 특허나 브랜드 파워 덕분이다. 그러나 순자산에는 그 무형자산(과거의 특허나 브랜드에 대한 투자)이 포함되지 않는다. 그래서 화이자의 순자산이 너무 적게 잡혔다. 그 결과 실적과 연동되는 이익이 낮음에도 ROE는 비정상적으로 좋은 숫자가 된 것이다. 본래 ROE를 올바르게 파악하려면 무형자산에 대한 투자를 자산으로 계상해 '무형자산의 가시화'를 해야 한다. 그러나 많은 경영자가 이를 싫어한다. 왜 그럴까?

연구 개발에는 리스크가 있기 때문이다. 리스크가 있는 것을 자산화해 회계 장부에 올리면 투자자로부터 "이거 어떻게 됐소?"라는 추궁을 계속 받게 된다. 만에 하나 연구가 실패하면 경우에 따라서는 책임지고 사임해야 하는 상황에 몰릴 수도 있다. 그러나 연구 개발비를 자산이 아니라 비용으로 계상하면 회계 장부에서 지우는 동시에 투자자의 기억에서도 지울 수 있다. 이것은 부정이 아니다. 회계상으로는 올바른 처리다.

1990년대 이후의 수많은 신규 사업은 무형자산이 기반이다. 그러나 무형자산은 이런 이유로 회계 장부에 실리지 않는다. 재무 보고서는 현실의 모습을 반영하지 못하고 있다.

요인 2 회계는 진실이 아니다

한 기업에서 경리 책임자로 일해온 내 지인은 이런 말을 했다.

"'회계는 진실'이라고 착각하는 사람이 많은데, 회계는 '단순한 의견'일 뿐이야."

이를 보고 '뭐? 회계 숫자는 진실이잖아?'라고 놀라는 사람이 많을 것이다. 나는 부정 회계 이야기를 하는 것이 아니다. 현대의 회계는 '어림셈'이 매우 많다는 말이다(감가상각비, 판매 보증 충당금, 연금 비용, 퇴직급부 비용, 자산과 영업권의 감손, 자산이나 부채의 평가익이나 평가손 등). 그래서 회계상의 이익과 비용에는 다양한 어림셈이 포함된다. 각 어림셈에는 반드시 오차가 존재한다. 사실은 회계 담당자도 재무 보고의 이익이 얼마나 진실인지 모른다.

게다가 최근 20~30년 사이에 어림셈이 급증했다. 저자는 무작위로 50개 기업을 선정해서 1995~2013년의 연차 보고서를 조사했는데, '어림셈'이라는 말의 빈도가 매년 증가했다고 한다.

요인3 회계 이외의 영향이 크다

투자자는 의약품의 실험, 소프트웨어 시작품의 성공, 규제나 법률의 철폐 또는 변경, 중요한 임원의 사임 같은 뉴스에 주식을 사고팔고, 이는 주가에 반영된다. 그 결과 회계 정보와 주가 사이에 괴리가 생긴다. 명확한 거래가 없으면 회계 장부에는 기록되지 않는데, 회계에 기록되지 않는 많은 사건이 기업의 실적에 영향을 끼치고 있다. 그렇다면 기업은 무엇을 해야 할까?

보고해야 할 것은 기업의 '전략적 자원과 활용 상황'

저자는 투자자가 무엇을 바라는지 알기 위해 200개가 넘는 기업의 실적 발표회에서 나왔던 질문을 조사했는데, 투자자들은 과거의 재무 결과는 신경 쓰지 않았다. 그들이 신경 쓴 것은 기업의 비즈니스 모델이었다. 경쟁에서 승리하기 위해 전략적 자산(그 기업만이 보유하고 있으며 다른 회사가 모방하지 못하는 자원)을 어떻게 만들어 활용하고 있는지를 알고 싶어 했다.

일부 기업은 이미 이 정보를 공개하고 있다. 많은 제약 회사가 의약품 개발 프로젝트의 진행 상황을 웹사이트에 공개하고 있다. 그 밖에도 구독형 상품의 회원 수나 고객 이탈률을 공표하는 IT 서비스 기업 등 전략적 자산을 낳는 열쇠가 되는 숫자를 공개하는 기업은 많다. 다만 정보가 통일되어 있지 않고 방식도 제각각인 까닭에 투자자들이 이용하지 못하는 일도 있다.

그래서 저자는 기업의 전략적 자산을 '창조 → 유지 → 전개'하는 상황을 가시화할 수 있도록 전략적 자원과 실행에 대한 보고서의 활용을 제창했다. 보고서는 다음의 5개 항목으로 구성된다.

① 자원 개발: 연구 개발이나 고객 획득 등 전략적 자원에 대한 투자 상황

② 자원의 재고: 전략적 자원이 지금 어떤 상황인가(특허나 고객의 상황 등)

③ 자원 유지: 전략적 자원을 어떻게 보호, 유지하고 있는가?

④ 자원 전개: 전략적 자원으로부터 가치를 창조하는 전개 방법

⑤ 창조 가치: 전략적 자원으로부터 탄생한 편익(얻은 금액이나 지출, 고객 생애 가치 등)

전략적 자원과 실행에 대한 보고서는 이 5개 항목의 구체적인 상황을 숫자로 나타냄으로써 기업이 어떻게 가치를 낳는 시스템을 만들어내고 유지하려 하는지를 가시화한다. 일관성 있는 형태로 기업과 기업을 비교할 수 있게 함으로써 관계자의 부담을 줄이는 것을 목표로 삼았다.

'이익이나 자본은 기업 가치의 절반밖에 설명하지 못함'을 명확히 한 이 책은 회계 분야에서 큰 화제를 불러 모았으며 기업이 눈에 보이지 않는 가치의 중요성에 주목하는 계기가 되었다. 무형자산에 관해서는 [Book 32]에서 좀 더 자세히 살펴보겠다.

2016년에 출판된 이 책은 과거 수십 년의 데이터를 분석하는 수법으로 연구되었다. 그러나 ESG 투자(환경, 사회, 지배 구조를 고려하는 투자) 같은 최신 사회 동향에 관한 고찰은 없다. 이 책의 통찰을 어떻게 활용할지는 당신에게 달려 있다.

POINT

눈에 보이지 않는 무형자산이 기업 가치를 좌우하는 시대가 되었다.

BOOK.32

자본 없는 자본주의

Capitalism without Capital

재무상태표에는
보이지 않는 무형자산

조너선 해스컬·스티언 웨스트레이크

Jonathan Haskel · Stian Westlake

조너선 해스컬은 1963년에 영국에서 태어난 경제학자다. 임페리얼 칼리지 비즈니스 스쿨의 경제학 교수이며 영국 통계국의 이사회 멤버와 잉글랜드 은행의 금융 정책 위원회 멤버 등을 맡고 있다. 스티언 웨스트레이크는 영국의 경제학자로 영국의 이노베이션 재단인 네스타의 선임 연구원이다. 영국 왕립 통계학회의 최고 책임자도 맡고 있다. 두 사람은 2017년에 인디고상을 공동 수상했다.

"요즘 젊은 친구들은 물욕이 너무 없어. 내가 젊었을 때는……"이라고 입버릇처럼 말하는 사람은 이 책을 꼭 읽어보기 바란다. 그 사고방식이 수십 년은 뒤처진 것임을 깨닫게 되리라.

눈에 보이는 물건의 가치는 크게 떨어지고 있다. 오랜 세월 동안 인간에게 있어 풍요로움이란 넓은 농장이나 수많은 소를 소유하는 것이었다. 그래서 눈에 보이는 유형자산을 회계 장부에 고정자산으로 기록하고 관리해왔다. 그러나 현대에는 풍요로움의 원천이 눈에 보이지 않는 무형자산으로 바뀌었다. 무형자산과 유형자산은 특성이 전혀 다르다.

빌 게이츠는 "기존의 사고방식으로는 설명할 수 없는 일이 늘어나고 세상의 시스템이나 규칙이 따라잡지 못해 큰 문제가 일어나는 이유를 이해하고 싶은 사람에게 이 책을 강력 추천한다."라고 말했다. 많은 사람이 무형자산의 의미를 제대로 이해하지 못하고 있는 것 같아 이 책을 소개하려 한다.

2002년경부터 경제학자를 중심으로 무형자산에 투자하는 것에 관한 논의가 진행되어 왔다. 당시 세계에서 시가 총액이 가장 비쌌던 기업은 마이크로소프트였다. 2006년에 마이크로소프트의 시장 가치는 2,500억 달러(306조 원)였는데, 유형자산(공장이나 설비)은 30억 달러(3조 원)에 불과했다. '눈에 보이는 것이 자산이다.'라는 기존의 회계 상식으로는 유형자산이 시장 가치의 1퍼센트밖에 안 되는 이유를 설명할 방법이 없다.

한 연구자는 마이크로소프트의 장부를 조사하고 '마이크로소프트의 자산 가치는 연구 개발을 통해서 만들어낸 아이디어, 브랜드, 사내 프로세스, 인재 등의 무형자산'임을 밝혀냈다. 마이크로소프트는 '눈에 보이지 않는 것 = 무형자산'에 투자해 막대한 가치를 만들어냈다.

이 책의 두 저자는 이 분야를 연구해온 영국의 경제학자다. 조너선 해스컬은 영국 통계국과 영국 정부의 각종 위원회에서 위원을 맡고 있으며, 스티언 웨스틀레이크는 영국 왕립 통계학회의 최고 책임자다.

무형자산과 유형자산의 차이

이 책에서는 무형자산을 다음의 3종류로 나눴다.

① 컴퓨터화 정보: 소프트웨어나 데이터베이스의 개발

② 이노베이션 재산: 연구 개발이나 오락 작품의 제작

③ 경제 능력: 인재를 대상으로 한 연수, 조사, 기업 변혁을 위한 투자

[Book 31]에서 저자 바루크 레브가 말했듯이, 이들 무형자산에 대한 투자는 재무상태표의 자산에 계상되지 않을 때가 많다. 무형자산은 자산이 아니라 비용으로 계상되는 일이 많기 때문이다. 게다가 무형자산은 유형자산과는 크게 다른 4가지 특성이 있다.

[특성①] 확장성(Scalability): 스타벅스의 중국어 매뉴얼을 일단 만들어놓으면 중국의 4,800개 점포에서 사용할 수 있다. 무형자산은 일단 만들어놓으면 동시에 복수의 장소에서 몇 번이고 사용할 수 있다. 네트워크 효과(사용자가 많으면 가치가 증가하는 효과)로 더 큰 가치를 만들어낼 수 있다.

[특성②] 매몰성(Sunkenness): 사업에서 철수할 경우, 공장이나 설비 등의 유형자산은 매각이 가능하지만 무형자산은 매각이 어렵다. 만에 하나 스타벅스가 도산했을 경우, 중국어 매뉴얼을 사줄

회사는 없다. 무형자산은 소유자에게만 가치가 있다.

[특성③] 모방성(Spillover): 아이폰이 발표된 뒤, 다른 회사들은 잇달아 아이폰과 닮은 스마트폰을 내놓았다. 아이디어 같은 무형자산은 모방이 간단하다. 인류는 3,500년에 걸쳐 유형자산의 소유권을 만들어냈지만, 무형자산의 소유권은 아직 미성숙 상태다.

[특성④] 상승효과(Synergy): 아이디어는 복수의 아이디어와 조합될 때 위력을 발휘한다. 군사용 레이더의 마이크로파 기술과 가전제품 제조사의 지식이 조합되어서 전자레인지가 탄생한 것이 그 좋은 예다.

아이디어를 더 많은 아이디어와 접촉시키는 방법론이 경제학자 헨리 체스브로(Henry W. Chesbrough)가 제창한 오픈 이노베이션이다. 반대로 아이디어의 지적 소유권을 법으로 보호하려고 하면 상승효과의 기회는 줄어든다. 이와 관련된 최근의 사례로는 도요타의 하이브리드 기술 공개가 있다. 도요타의 하이브리드 기술은 본래 기업 비밀이었는데, 하이브리드 자동차가 업계에 확산되지 않자 도요타는 2019년에 하이브리드 진영의 확대를 노리고 특허의 무상 제공을 단행했다.

위와 같은 4가지 특성 덕분에 무형자산은 다음의 2가지 성질을 지니게 된다.

첫째, 불확실성이 크다. 실패와 성공의 차이가 매우 크다. 실패하면 매몰 비용이 되어 투자를 회수하지 못하지만, 성공하면 확장 가능성을 통해 규모가 급속히 확대되고 상승효과로 가치도 증폭된다.

둘째, 분쟁성이 있다. 성공하는 기업은 파급 효과에 따라 무단으로 모방당할 가능성이 높다. 아이폰을 모방한 구글의 안드로이드는 애플의 스티브 잡스를 격노케 했다. 이런 점들을 알면 무형자산이 세상에 커다란 영향을 끼치는 이유도 알게 된다.

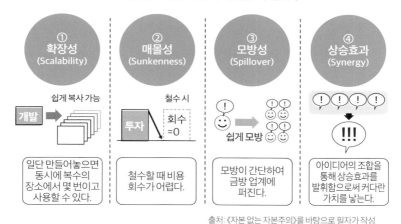

'4S'를 통해 무형자산의 특성을 이해한다

① 확장성 (Scalability)	② 매몰성 (Sunkenness)	③ 모방성 (Spillover)	④ 상승효과 (Synergy)
쉽게 복사 가능	철수 시 회수 =0	쉽게 모방	!!!
일단 만들어놓으면 동시에 복수의 장소에서 몇 번이고 사용할 수 있다.	철수할 때 비용 회수가 어렵다.	모방이 간단하여 금방 업계에 퍼진다.	아이디어의 조합을 통해 상승효과를 발휘함으로써 커다란 가치를 낳는다.

출처:《자본 없는 자본주의》를 바탕으로 필자가 작성

무형자산은 장기 정체와 격차 확대를 초래한다

전 세계에서 투자 부진과 저금리에 따른 경제의 장기 정체가 계속되고 있다. 가령 영국과 미국의 경우, GDP에서 투자가 차지하는 비율이 1970년대에는 25퍼센트였지만 2021년 현재는 20퍼센트 이하로 저하되었다.

1980년대에 5~10퍼센트였던 금리도 계속 내려가고 있다. 기존에는 '불경기일 때 금리를 내리면 기업이 돈을 빌려서 투자하게 되므로 경기가 회복된다.'가 경제 상식이었다. 그 때문에 투자 부진과 저금리가 계속되는 이유는 경제학자들 사이에서 커다란 수수께끼였다. 그러나 무형자산으로의 전환을 생각하면 수수께끼가 풀린다.

무형자산을 이용해서 막대한 매출과 이익을 올리는 기업은 승자 독식 상태다. GAFA는 무형자산을 증가시키고(확장성), 타사의 무형자산을 모방하며(모방성), 다양한 무형자산을 조합해 가치를 만들어내고 있다(상승효과). 투자 효율이 매우 높은 것이다. 한편 디지털에 거리가 먼 기업은 정반대다. 파급 효과의 능력이 없어서 투자하지도 못한다. 이렇게 해서 승자와 패자가 양극화되고 투자 부진과 저금리가 계속되면서 경제의 장기 침체가 계속되고 있다.

게다가 경제의 장기 침체는 양극화의 확대를 낳는다. [Book 29]에서 소개했듯이 무형자산을 이용해 막대한 매출과 이익을 올리는 기업은 최고의 인재를 비싼 급여로 고용해 평범한 인재 10명이 매달려도 해내지 못하는 일을 시킨다.

무형 경제에서의 경영과 자금 조달

기존의 경영학에서는 '지속적인 경쟁 우위성을 만들어내는 것은 독자적인 자산(전략 자원)이다. 전략 자원은 가치가 있고, 드물며, 모방이 어렵다는 특징이 있다.'라고 생각했다. 무형 경제에서는 이 개념이 더욱 중요해졌다. 무형자산은 상승효과가 있어서 다른 사람으로는 대체할 수 없는 암묵지(暗默知)를 보유한 지식 노동자와의 정보 공유가 중요한 열쇠가 된다.

그래서 리더십이 필요하다. 다만 하나부터 열까지 일일이 관리하는 경영자는 실격이다. 권위에 기대어 사사건건 관리하면 직원들은 정보를 공유하지 않게 되며 점점 업무에 관여하지 않게 된다. 그 결과 생산성이 하락하며, 우수한 인재가 직장을 떠나게 된다. 리더는 직원들이 자발적으로 조직을 위해 행동하도록 유도해야 한다. 직원이 리더에게 자극받고 공감하면 서로 협력하고 정보를 공유하게 된다. 무형 경제에서는 이런 체제를 만들 수 있는 리더가 활약한다.

기존에는 많은 기업이 은행에서 돈을 빌려 자금을 조달했다. 그러나 무형자산에 대한 투자는 불확실성이 높고 매몰 비용의 문제로 은행이 담보를 잡을 수 없기 때문에 은행으로부터 자금을 조달하기가 어렵다. 그래서 생각해야 할 것이 신주 발행을 통한 자금 조달이다. 이때 리스크의 파악이 중요하다. 불확실성이 높은 단계에는 소액 투자에 그치고, 확실성이 높아지면 단번에 투자를 늘리는 것이다. 무형자산으로 전환하는 흐름을 탄 기업은 성장하고, 흐름을 타지 못한 기업은 부진을 면치 못한다.

무형자산은 제조 기업에도 중요하다. 제조업의 서비스화라는 개념이 있다. 테슬라는 완전 자율 주행 기능을 옵션으로 설정해 고부가 가치화를 꾀하고 있다. 소니와 히타치도 전기 제품이라는 유형자산에서 경쟁 우위성을 가진 기술(소니는 감동을 낳기 위한 다양한 기술, 히타치는 사회 이노베이션을 뒷받침하는 기술)을 활용해 무형자산으로 이행했다. '무형자산과 어떻게 마주할 것이냐'는 오늘날의 모든 업계의 과제인 것이다.

앞으로는 무형자산에 대한 이해와 대응이 성패를 가를 것이다.

BOOK.33

정보 법칙을
알면 .COM이
보인다

Information Rules

실물 경제와
다른 원리로 작동하는
네트워크형 경제

칼 샤피로 · 할 배리언

Carl Shapiro · Hal Varian

칼 샤피로는 캘리포니아 대학 버클리 캠퍼스 하스 비즈니스 스쿨의 교수 겸 버클리 캠퍼스 경제학부 교수다. 1981년에 MIT에서 박사 학위를 취득하고 프린스턴 대학을 거쳐 1990년부터 현직을 맡고 있다. 전문 분야는 비즈니스 전략이다. 할 배리언은 구글의 수석 경제학자다. 캘리포니아 대학 버클리 캠퍼스 경제학부 교수 등을 거쳐 2002년부터 구글에서 광고 경매 시스템의 구축에 종사하고 있다. 전문 분야는 미시 경제학과 정보 경제학이다.

[Book 31]이나 [Book 32]에서 소개했듯이, 지금은 비즈니스의 주역이 된 정보 경제 시스템에 대한 이해가 필수다. '정보 경제에 관한 불후의 명저'로 평가받는 이 책을 추천한다.

출판된 지 20년도 넘었지만, 이미 실증을 마친 방대한 경제학의 원리 원칙을 바탕으로 정보 경제(네트워크형 경제)에서 전략적으로 의사 결정을 하는 방법을 해설했기에 시대를 초월해 오늘날에도 여전히 유용한 책이다.

아마존의 창업자인 제프 베이조스(Jeff Bezos)도 "정말 훌륭한 책이다. 인터넷 시대에 경제 원리를 어떻게 응용해야 할지를 생생한 실제 사례와 함께 이해하기 쉽게 가르쳐준다."라며 이 책을 추천했다.

저자 칼 샤피로는 경제학이 전문 분야로, 미국 사법부의 간부도 역임하는 등 이론과 실무의 양 측면에 정통한 연구자다. 저자 할 배리언도 경제학의 연구자로, 미국의 대학에서 학부장 등을 역임한 뒤 구글의 수석 경제학자에 취임해 300명이 넘는 구글의 경제학 전문가들을 이끌고 있는 정보 경제의 일인자다.

정보재는 재생산 비용이 거의 제로

나는 OTT 서비스로 영화를 볼 때가 많다. 제작비가 수억 달러나 되는 영화도 몇 천 원만 내면 시청할 수 있다. 나는 아마존 프라임의 회원이라서 추가 요금 없이 영화를 볼 때도 있다.

영화, 서적, 음악, 소프트웨어 같은 정보 주체의 상품이나 재화를 정보재라고 한다. 정보재는 실물 상품과는 특성이 전혀 다르다. 영화는 거액의 제작비가 들지만, OTT서비스로는 고객 한 사람 한 사람에게 작품을 전달하는 비용이 거의 제로나 다름없다. 그러나 자동차는 한 대를 만들 때마다 나름의 생산 비용이 발생한다.

정보재는 실물과 달리, 생산 비용(고정비)이 높은 대신 추가로 하나를 더 생산하는 비용, 즉 재생산 비용(변동비 또는 한계 비용이라고 한다)이 거의 제로라는 특성이 있다.

또한 완성한 영화의 공개를 중지하면 제작 비용은 전부 하늘로 날아간다. 이처럼 정보재는 생산 비용이 매몰 비용(Sunk Cost)이 되어버린다는 특성도 있다.

이 책에서는 정보재의 특성에 입각해 전략적인 시점으로서 다음의 5가지를 제시했다.

[시점①] **가격 설정**: 가격은 생산 비용이 아니라 고객이 느끼는 가치에 맞춰서 결정할 필요가 있다.

[시점②] **지적 재산권 관리**: 금방 복제할 수 있기에 지적 재산권의 보호가 어렵다. 오히려 보호하지 않고 가치를 높이는 방법으로 발상을 전환할 필요가 있다.

[시점③] **전환 비용**: 정보재는 잠금 효과(Lock-in)가 일어나기 쉽다 (자세한 내용은 후술).

[시점④] **양성 피드백**: 강자는 더욱 강해지고, 약자는 더욱 약해진다. 승자 독식이다.

[시점⑤] **규격화와 표준화**: 규격화와 표준화를 빠르게 확립하면 정보재는 널리 확산되지만, 이를 위해서는 누가 우리 편이고 누가 경쟁자인지를 이른 단계에 파악해야 한다. 협업 또는 협력 체제가 승패를 좌우한다.

여기에서는 돈의 관점에서 특히 중요한 ①가격 결정, ②전환 비용, ④양성 피드백에 관해 살펴보자.

가격은 고객이 느끼는 가치에 맞춰서 버전화하라

정보재는 생산 비용이 높고 매몰 비용이 될 위험성이 있는 반면에 재생산 비용은 거의 제로라는 특성이 있다. 그런 까닭에 비용은 가격을 결정할 때 참고가 되지 않는다. 고객이 느끼는 가치에 맞춰서 가격을 결정해야 한다.

이때 효과적인 방법이 버전화다. 고객의 니즈에 맞춰서 가격을 설정한다. 구체적으로는 하이엔드 버전과 로엔드 버전을 만들고 고객의 니즈별로 가격을 바꾼다. 이때 포인트는 하이엔드 버전은 매력을 철저히 높이고 로엔드 버전은 매력을 낮추는 것이다. 로엔드 버전이 지나치게 매력적이면 본래 하이엔드 버전을 샀을 고객이 로엔드 버전을 사게 된다. 그러므로 하이엔드 고객이 '사고 싶지 않아.'라고 생각하는 수준까지 로엔드 버전의 매력을 낮춰야 한다. 여기에는 다음과 같은 방법이 있다.

• 사용자 인터페이스: 이를테면 하이엔드 고객에게는 고도의 검색 기능을 제공한다. 요리 제조법 공유 사이트 쿡패드는 기본적으로 무료이지만, 인기 요리 제조법을 검색하려면 유료 회원

이 되어야 한다.

- 편리성: Zoom 무료 버전을 사용하면 40분까지만 회의를 할 수 있지만, 유료 버전은 시간 제약이 없다.
- 해상도: 넷플릭스는 저화질 동영상에는 저렴한 요금을, 고화질 동영상에는 비싼 요금을 설정한다.
- 사용 편의성: 소프트웨어나 애플리케이션은 모든 기능을 사용할 수 있는 고가격 버전과 파일 저장이나 인쇄가 불가능한 무료 버전 또는 저가격 버전으로 상품을 나눈다.

이처럼 로엔드 버전은 저해상도 버전을 만들거나 시간 또는 기능에 제약을 설정하는 등 제작에 추가 투자가 필요한 경우도 많다. 그러나 로엔드 버전을 만들면 새로운 고객층을 개척해 매출을 늘릴 수 있으므로 투자할 가치가 있다. 버전화의 패턴은 이것만이 아니다.

- 추가 콘텐츠: 내가 애용하는 전자사전은 콘텐츠를 추가할 수 있는데, 영단어 사전은 1,100엔(1만 1,000원)이지만 의학 용어 대사전은 1만 9,800엔(10만 9,800원)이나 한다. 전문성이 높은 고객은 가격이 비싸도 기꺼이 지갑을 연다.
- 번거로움: 유튜브는 무료로 이용할 경우 광고가 빈번하게 나오지만, 유료 서비스에 가입하면 광고가 나오지 않는다.

- 지원: 리눅스 같은 오픈소스 소프트웨어는 업무에 널리 사용되고 있지만, 인터넷에서 쉽게 구할 수 있는 오픈소스 소프트웨어는 신뢰성이 낮은 경우도 있기 때문에 기업에서는 사용할 수가 없다. 그래서 리눅스 제작사인 레드햇은 오픈소스 소프트웨어의 품질을 높여서 무료로 배포하고 있으며, 기업에는 유상으로 유지 보수 서비스를 제공하고 있다.

전환 비용을 디자인하라

내가 과거에 윈도우 PC에서 맥으로 갈아탔을 때는 정말 고생이 많았다. 데이터를 옮기고 조작 방법을 익히는 데만 수개월이 걸렸다. 이렇게 갈아탈 때 들어가는 비용을 전환 비용이라고 한다. 휴대폰은 2년의 약정 기간 할인으로 가입했을 때 약정 기간이 끝나기 전에 해약하면 위약금이 발생하는데, 이것도 전환 비용의 일종이다.

정보재는 스킬, 데이터 이전, 계약의 속박, 갈아탈 대상을 검토하는 번거로움 등 전환 비용이 증대되는 구조다. 전환 비용이 늘어나면 고객은 그 상품에 고착되며(잠금 효과), 고착된 고객은 상품이나 서비스를 계속 사용할 수밖에 없다. 이 잠금 효과야말로 막대한 이익의 원천이다.

인터넷 세계에서 성공한 거의 모든 서비스는 전환 비용을 효

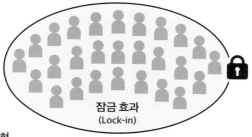

잠금 효과가 막대한 이익의 원천이 된다

잠금 효과(Lock-in)

잠금 효과의 유형

① 계약의 속박(위약금)
② 내구재 구입(새로운 기기 조달)
③ 훈련(재투자)
④ 축적 데이터(변환 비용)
⑤ 특수 기기(신규 조달처의 육성)
⑥ 검색 비용(신규 거래처)
⑦ 충성도(축적 포인트)

출처:《정보 법칙을 알면.COM이 보인다》를 바탕으로 필자가 작성

과적으로 디자인해 고객을 고착시키고 있다. 가령 라쿠텐이 쇼핑, 증권, 은행, 신용카드, 여행, 통신 같은 '라쿠텐 경제권'에서 라쿠텐 포인트를 모아 물건을 싸게 살 수 있게 한 것도 편리성을 통해 고객의 전환 비용을 높여 고객을 고착시키기 위함이다.

양성 피드백을 일으켜라

코로나 팬데믹으로 재택근무가 활성화되면서 Zoom 사용자가 급증했다. 다른 회사도 같은 종류의 서비스를 제공하고 있지만,

전환 비용이 있기 때문에 Zoom에 익숙한 사람은 다른 서비스를 사용하지 못한다. 그 결과 Zoom 사용자는 점점 더 늘었다. 이처럼 상품의 사용자가 많을수록 상품의 가치가 높아지는 것이 양성 피드백이다. 강자는 더욱 강해지고 약자는 더욱 약해진다.

양성 피드백이 있기 때문에 정보 경제에서는 신흥 기업이 시장을 독점하거나 현재의 최고 기술이 순식간에 사장되는 일이 일어난다. 피처폰이 스마트폰에 밀려나는 데 10년이 채 걸리지 않았다.

정보 경제에서는 고객이 '주류가 될 것 같다.'라고 생각하는 상품이 선택받고 더욱 잘 팔리는 선순환이 일어난다. 반대로 '이건 장래성이 없어.'라고 인식된 상품은 더욱 팔리지 않는다. 당신도 내후년에 남아 있을지 어떨지 알 수 없는 스마트폰 기종보다는 미래에도 확실하게 고객 지원을 받을 수 있는 기종을 선택할 것이다.

다음의 그림처럼 처음에 높은 시장 점유율을 확보하면 100퍼센트에 가까운 수준까지 점유율이 상승하지만 최초의 시장 점유율이 낮으면 점유율은 점점 더 하락한다.

공장 경제에서는 이렇게 되지 않는다. 대기업이 어느 정도 시장을 과점화할 수 있지만 독점까지는 불가능하다. 생산 공장에서 생산량이 일정 규모를 넘어서면 생산 관리나 조정이 갑자기 복잡해져서 오히려 생산 비용이 상승하는 규모의 비경제가 일

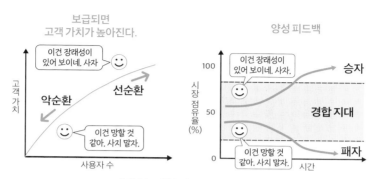

양성 피드백이 일어나는 원리

보급되면
고객 가치가 높아진다.

양성 피드백

고객 가치

이건 장래성이
있어 보이네. 사자. 😊

선순환

악순환

이건 망할 것
같아. 사지 말자. 😊

사용자 수

시장 점유율 (%)

100

이건 장래성이
있어 보이네. 사자. 😊

승자

경합 지대

50

이건 망할 것
같아. 사지 말자. 😊

패자

0

시간

출처:《정보 법칙을 알면 .COM이 보인다》의 그림을 바탕으로 필자가 일부 추가

어나기 때문이다.

그러나 정보 경제에서는 재생산 비용이 거의 제로여서 규모의 비경제가 일어나지 않기 때문에 사용자 수가 늘어날수록 비용이 극적으로 하락한다. 경쟁 측면에서도 압도적으로 유리해져 시장을 독점하게 된다.

그리고 또 한 가지 요인이 있다. 정보 경제에서는 같은 상품을 사용하는 사람이 많을수록 사용자에게 매력적이 된다. 가령 전화를 사용하는 사람이 전 세계에 몇 명밖에 없다면 전화는 거의 가치를 지니지 못한다. 전 세계인이 전화를 가져서 누구하고나 연결될 때 비로소 가치를 지닌다. 344쪽의 그림처럼 연결되는 사용자의 수가 많을수록 가치가 높아지는 것을 네트워크의 외

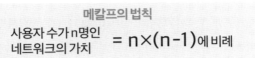

네트워크의 외부성

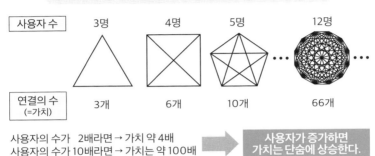

출처: 《정보 법칙을 알면 .COM이 보인다》를 바탕으로 필자가 작성

부성이라고 한다. 메칼프의 법칙에 따라, 사용자의 수가 10배가 되면 네트워크의 가치는 약 100배가 된다.

  이렇게 해서 강자는 더욱 강해지고 약자는 더욱 약해져, 양성 피드백의 상승기류를 탄 기업이 최대의 승자가 된다. 1990년대 의 개인용 컴퓨터 시장(윈도우), 2000년대의 검색 엔진(구글)처 럼 '승자 독식'의 시장이 되는 것이다. 이 원리를 알면 GAFA가 정보 경제의 법칙을 충실히 지켜 왔음을 이해하게 될 것이다.

  이 책은 경제학의 기본에 입각해 매우 다양한 관점에서 정보 경제의 특성을 그려낸다. 책에 실린 사례들이 오래된 것임은 부정할 수 없지만 기본적인 발상은 지금도 전혀 퇴색되지 않았다. 오히려 정보 경제의 비중이 커진 현대이기에 이 책의 역할은 더욱 커졌고, 현대의 리더가 다양한 상황에서 판단을 내릴 때 눈여겨봐야 할 부분을 제시해준다. 700페이지에 가까운 대작이지만 꼭 읽어봤으면 하는 책이다.

POINT

실물 상품과 정보재의 비용 구조의 차이를 모르면 성공할 수 없다.

Chapter 5

리더십
Leadership

과거에는 무력, 재력, 권위가 영향력의 원천이었다. 최고의
자리에 오른 사람은 견식을 배우고 수양을 쌓으며 리더로서
의사 결정을 해 사람들을 이끌었다. 지식 사회에서는 사람들
을 움직이는 커뮤니케이션 능력이 영향력의 원천이다.
또한 현대의 비즈니스 종사자는 지식 노동자로서 끊임없이
의사 결정을 한다. 누구나 리더가 될 수 있는 시대인 것이다.
한 사람 한 사람이 리더로서 올바르게 의사 결정을 할 때 큰
성과를 올릴 수 있다.
제5장에서는 자신을 발전시켜 리더가 되기 위한 필독서 8권
을 소개한다.

피터 드러커의 자기 경영 노트

The Effective Executive

**평범한 사람도
경영자가 될 수 있는 제왕학**

피터 F. 드러커
Peter F. Drucker

경영학자. 1909년에 오스트리아의 빈에서 태어났다. 20세기부터 21세기에 걸쳐 경제계에 가장 큰 영향력을 끼친 경영 사상가로, 동서 냉전의 종결과 지식 사회의 도래를 일찌감치 예측하는 동시에 분권화, 자기 목표 관리, 민영화, 벤치마킹, 핵심 역량 등 매니지먼트의 주요 개념과 수법을 만들어내고 발전시킨 '매니지먼트의 아버지'다. 2005년에 세상을 떠났다.

이 책은 업무에서 성과를 올리기 위한 최고의 가이드북이다. 성과를 올리기 위해 자신을 경영하는 방법이 적혀 있다.

드러커는 이렇게 말한다.

"지식 노동자로서 행동하고 의사 결정을 할 책임이 있는 모든 사람을 위해서 이 책을 썼다."

성과를 올리는 힘은 '일상의 습관'으로 길러진다

드러커는 "65년 동안 컨설턴트로서 만난 CEO의 대부분은 이른바 리더 유형의 사람이 아니었다."라고 말했다. 성격, 자세, 가치관, 강점, 약점이 천차만별이었던 것이다. 이 세상에 천성적으로 경영자인 사람은 없다. 드러커가 만난 CEO들은 일상의 습관을 통해 성과를 올리는 힘을 갖췄다. 경영자가 되기 위해 필요한 천부적인 소양 같은 것은 없다. 누구나 경영자가 될 수 있다.

업무와 성과를 크게 개선하는 유일한 방법은 성과를 올리는 능력을 향상시키는 것이다. 현실적으로는 대부분의 사람이 평범한 능력을 지녔기 때문에 노력한들 금방 능력이 향상되지 않는다. 그러나 사람은 누구나 어떤 한 가지 분야에 뛰어난 능력이 있다. 그러므로 지금의 조직에서 다양한 강점을 가진 동료와 서로의 강점을 조합해 성과를 만들어내면 된다.

능력을 향상시켜서 성과를 올리는 방법은 단순하다. 몸에 밴 습관대로 계속해서 노력하는 것뿐이다. 이것은 평범한 사람이라면 누구나 할 수 있는 일이다. 중요한 것은 노력을 계속할 수 있느냐 없느냐다. 여기에서는 이 책에서도 특히 중요하게 다루는 시간과 강점의 매니지먼트를 소개한다.

'시간의 덩어리'를 만들기 위한 3단계

스마트폰으로 SNS를 들여다보거나 멍하니 텔레비전을 보거나 직장에서 장황하게 회의를 하다가 문득 시계를 보고 '어라? 벌써 시간이 이렇게 됐어?'라고 놀란 적이 있을 것이다. 시간은 가장 희소하면서 어떤 일을 할 때 꼭 필요한 자원이다. 사람, 물자, 돈과는 달리 시간은 빌리거나, 고용하거나, 사거나, 늘릴 수 없다. 다른 것으로 대체할 수도 없다. 게다가 내버려두면 순식간에 증발해버린다.

성과를 올리려면 먼저 시간을 관리해야 하는데, 이때 대원칙이 있다. 사람은 집중하면 커다란 능력을 발휘해 생산성을 높일 수 있다. 그러나 짧은 시간이 띄엄띄엄 흩어져 있으면 집중을 할 수 없다. 집중하려면 최소한 2시간 이상의 연속된 시간이 필요하다. 요컨대 '시간의 덩어리'를 만들어야 한다는 말이다.

그런데 조직에서는 '시간의 덩어리'를 만들기가 어렵다. 회의가 꼬리를 물고 중간에 누군가의 간섭을 받기도 하기 때문에 띄엄띄엄 흩어진 시간 속에서 어수선하게 일할 수밖에 없는 것이 현실이다. 그럴 때는 다음 페이지의 그림처럼 3단계로 '시간의 덩어리'를 만들자.

[단계①] 현재 상황 파악하기: 시간을 완벽하게 관리하고 있는 것 같아도 기록해보면 의외로 이런저런 일에 시간을 사용하고 있음을 알게 될 것이다.

[단계②] 정리하기: 하려면 시간이 걸리는데 안 하더라도 아무런 영향이 없는 일이 의외로 많다. 나는 과거에 회식이나 텔레비전 시청에 많은 시간을 썼는데, 그런 일을 그만둬도 거의 문제가 없었

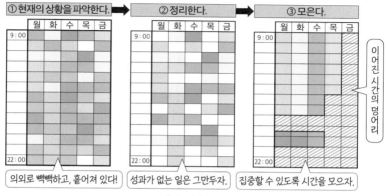

시간 관리의 비결은 파악하고, 정리한 다음, 모으는 것

[목표] 집중할 수 있는 시간의 덩어리를 만든다.

| ①현재의 상황을 파악한다. | ②정리한다. | ③모은다. |

의외로 빽빽하고, 흩어져 있다! | 성과가 없는 일은 그만두자. | 집중할 수 있도록 시간을 모으자.

이어진 시간의 덩어리

출처:《피터 드러커의 자기 경영 노트》를 바탕으로 필자가 작성

다. 찾아보면 타성으로 하는 회의나 이벤트 등 시간만 걸릴 뿐 성과를 기대할 수 없는 업무가 많을 것이다. 전부 그만두자.

[단계③] 모으기: 정리하고 남은 업무를 모으면 시간의 덩어리가 생긴다. 가령 일주일에 한 번은 재택근무를 하면 누군가의 간섭으로 중단되는 일 없이 업무에 집중할 수 있다.

강점을 살리고 약점은 보완하라

가구와 인테리어 회사 니토리의 창업자 니토리 아키오 회장은 홋카이도에서 가구점을 시작했다. 그런데 그는 손님을 상대하

는 데 영 소질이 없었다. 그런 탓에 손님도 오지 않았다. 그래서 애교가 많고 성격이 시원시원한 아내에게 손님의 상대를 맡기고 자신은 가구의 매입에 전념했다. 그렇게 하자 장사가 정상 궤도에 올라섰다고 한다.

많은 사람이 '약점을 없애자.'라고 생각해 약점의 보강에 집중한다. 그러나 아무리 노력해서 약점을 보강한들 고작해야 평범한 수준이 될 뿐이다. 한편 같은 노력을 강점을 강화하는 데 쏟는다면 압도적인 강점이 된다. 자신이 약한 부분은 강한 사람과 손을 잡아서 보완하면 된다.

"약점은 내버려둬도 되니 강점을 강화하시오."라는 말을 좀처럼 받아들이지 못하는 사람도 있을 것이다. 그러나 모든 분야에 강점을 가진 사람은 이 세상에 없다. 자신의 손으로 니토리를 창업해 성장시킨 니토리 회장처럼 커다란 강점을 지닌 사람도 커다란 약점을 갖고 있기 마련이다. 성과를 올리려면 자신의 약점으로부터 눈을 돌리고 강점을 최대한으로 발휘하는 데 집중해야 한다. 성과를 올리기 위해 필요한 것은 약점이 아니라 강점임을 명심하자.

다른 사람들의 위에 설 경우도 마찬가지다. 타인의 약점은 의도적으로 외면하고 강점을 살려야 한다. 개개인의 강점은 조합하고 약점은 상쇄하는 조직을 만들면 된다. "이 사람은 강점이 있는가?", "그 강점은 업무와 관계가 있는가?", "그 강점을 이용하면 탁월한 성과를 올릴 수 있는가?"와 같은 질문에 대한 대답이 전부 'YES'라면 그 사람에게 그 업무를 맡겨야 한다.

부하 직원의 약점을 바로잡으려는 행동은 금물이다. 리더는 부하 직원의 강점을 최대한 활용할 책임이 있다. 리더는 부하 직원이 자신의 강점을 통해 성과를 올릴 수 있도록 도와야 한다. 그리고 개개인이 지닌 강점을 총동원해 조직 전체의 능력을 증대시켜야 한다.

세상에 모양과 크기가 같은 돌은 하나도 없다. 그러나 다양한 크기와 모양의 돌을 조합하면 어떤 충격에도 무너지지 않는 튼튼한 돌담을 쌓을 수 있다. 돌담이 조직이라면 돌은 개인이다.

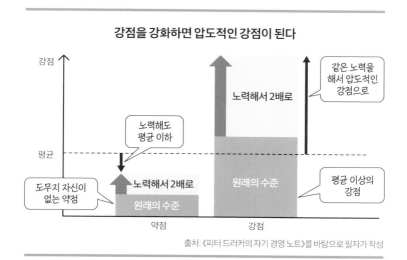

강점을 강화하면 압도적인 강점이 된다

출처:《피터 드러커의 자기 경영 노트》를 바탕으로 필자가 작성

새로운 일을 하고 싶다면 다른 무엇인가를 그만둬라

미국 대통령이었던 도널드 트럼프는 이런 대통령령에 서명했다.

"새로운 규제를 하나 도입할 때는 기존의 규칙 2개를 폐지하도록 의무화한다. 또한 새로운 규제에 따른 비용 증가도 허용하지 않는다."

대폭적인 규제 철폐는 트럼프의 선거 공약 중 하나였다. 그래서 관료에게 단순한 규칙을 부과해 규제 완화를 꾀한 것이다. 트럼프 대통령에 대해서는 찬반양론이 있지만, 규제 철폐는 잘한 일이다.

성과를 올리는 사람은 무엇인가 새로운 일을 하려고 하면 다른 무엇인가를 그만둔다. 안 그러면 해야 할 일이 계속 불어난다. 오래된 일을 계획적으로 폐기하면 새로운 일을 강력하게 추진할 수 있으며 가장 중요한 일에 집중할 수 있다. 성과를 올리려면 가장 중요한 일부터 시작하고 한 번에 한 가지 일만 해야 한다. "NO"라고 말할 수 있는 결의가 필요하다. 현재 집중하고 있는 업무 이외에는 거절하는 용기를 내자.

전부 누구나 할 수 있는 간단한 일이다. 이것을 계속해서 습관으로 삼을 수 있느냐 없느냐는 당신에게 달려 있다. 그 노력을 계속할 수 있다면 리더로 활약할 수 있을 것이다.

POINT
시간을 관리하고, 강점에 집중하며, 가장 중요한 일부터 시작하라.

BOOK.35

군주론

Il Principe

마키아벨리가 말하는
리더의 자질

니콜로 마키아벨리

Niccolo Machiavelli

피렌체의 정치 사상가. 1469년에 태어나 어린 시절부터 독학으로 고전 교양을 익혔다. 외교·내정·군사의 관료 정치가로서 국내외에서 활약하며 여러 군주를 가까이서 접할 기회를 얻었다. 정변으로 추방당해 실의 속에서 《군주론》을 집필했다. 이 책은 그의 사후에 출판되었는데, 당시는 권모술수에 뛰어난 비정한 사상가로 여겨졌다. 하지만 19세기에 들어서면서 인간을 냉철한 눈으로 관찰하고 과학적으로 인식한 인물로 재평가받았다. 1527년에 세상을 떠났다.

이 책만큼 읽어보지도 않고 비판하는 사람이 많은 책도 없을 것이다. 마키아벨리라고 하면 수단을 가리지 않는 잔혹한 리더상을 떠올리는 사람이 많다. 마키아벨리가 쓴 이 책의 이미지 때문에 생긴 오해다. 사실 이 책의 본질은 유사시의 바람직한 리더의 모습을 제시했다는 점이다.

이 책은 1513년의 이탈리아 피렌체에서 집필되었다. 이 책이 나오기 전까지 군주론의 내용은 "군주는 겸손해야 하고 존엄과 자애심을 갖춰야 한다."라는 것이었다. 그러나 마키아벨리는 이 책에서 이렇게 물었다.

"냉혹함과 깊은 자비심, 두려움의 대상이 되는 것과 사랑받는 것, 과연 어느 쪽이 옳을까?"

그리고 그는 "자국민이 결속하고 충성을 맹세하도록 만들고 싶다면 군주는 냉혹하다는 악평을 신경 쓸 필요가 없다. 자비심이 깊은 탓에 혼란을 초래하기보다는 냉혹한 것이 훨씬 낫다."라고 단언한다.

이 책을 이해하려면 당시의 상황을 알 필요가 있다. 마키아벨리가 등장하기 이전의 피렌체는 반세기에 걸친 로렌초 데 메디치의 통치 아래 평온한 시대가 계속되는 르네상스의 전성기였다. 그러나 로렌초가 세상을 떠난 뒤 동란의 시대가 열렸고, 프랑스와 스페인의 공격을 받기도 했다. 이 시기에 마키아벨리는 피렌체 정부 청사의 서기관에 임명되어 15년 동안 외교 교섭을 담당했는데, 정권을 잡고 있던 상사 소데리니는 온후하지만 범용한 인도주의자였다.

평상시에는 이런 군주도 문제가 없지만, 전시에는 우유부단함이 파멸을 불러온다. 소데리니는 스페인군이 공격해와도 좀처럼 결단을 내리지 못하다 결국 도망치고 말았다. 마키아벨리는 실각했을 뿐만 아니라 누명을 뒤집어쓰고 구속되어 감옥에서 고문을 받았다. 2주 만에 석방된 그는 산장에서 집필 활동을 시작했다.

실의에 빠졌던 마키아벨리는 '장래성이 있는 로렌초 데 메디치의 손자에게 내 능력을 어필해서 정계에 복귀하자.'라고 생각하고 5개월 만에 이 책을 써서 헌상했다(안타깝게도 공식적인 반응은 없었던 모양이다). 다시 말해 이 책은 마키아벨리가 심혈을 기울여서 쓴 취업용 논문이다. 덕분에 500년 후의 우리에게도 '이런 군주가 조국을 지킨다.'라는 마키아벨리의 뜨거운 마음이 절절히 전해진다. 현대 사회도 당시의 이탈리아와 마찬가지로 혼돈에 빠져 있기에 이 책은 우리에게 많은 가르침을 준다.

이 책은 군주 국가의 통치 패턴, 군사 관련, 군주의 바람직한 모습, 운명론이라는 4부분으로 나뉘어 있다. 여기에서는 리더십과 관계가 있는 '군주의 바람직한 모습'과 '운명론'을 중심으로 핵심을 소개한다.

과거에도 '민중 우선'이었다

의외일지 모르지만, 이 책의 기본적인 자세는 '민중 우선'이다. 민중은 군주를 지탱하는 존재다. 그래서 마키아벨리는 민중을 자신의 편으로 만들고 항상 민중에게 필요한 방책을 세워야 한다고 주장했다.

현대의 기업에서 민중에 해당하는 존재는 자사의 직원과 고객이다. 직원이 마음껏 자신의 능력을 발휘할 수 있는 장소를 만들고 고객에게 지지를 받는 것이 기업의 힘으로 직결된다.

군주는 냉혹하다는 평가를 두려워하지 말아야 한다

저자는 교황 국가를 건설하기 위해 이탈리아 각지에서 싸운 체사레 보르자(Cesare Borgia)를 '이상적인 군주'의 모델로 제시하고 다음의 사례를 소개한다.

체사레 보르자가 로마냐를 정복했을 때, 로마냐의 치안은 혼란에 빠져 있었다. 이에 그는 가신인 레미로 데 오르코를 행정관에 임명하고 큰 권한을 부여했다. 냉철한 오르코는 철저한 단속을 통해 단시간에 치안을 회복했지만, 민중은 오르코의 지나친 엄격함에 반감을 품었다. 그러자 보르자는 놀랍게도 오르코를 마을 광장에서 처형했다. 민중은 충격을 받았지만 곧 보르자의 조치에 만족하고 그를 존경하게 되었다.

물론 오르코로서는 '명령대로 열심히 일했을 뿐인데…….'라며 억울해했을 것이다. 그러나 온후하지만 결단력이 없었던 소데리니가 많은 사람을 불행에 빠뜨렸던 데 비해, 냉혹한 보르자는 세상을 평화롭게 만들었다. 민중에게 어느 쪽이 더 행복한지는 고민할 필요도 없을 것이다.

군주가 항상 깨끗한 일만 할 수는 없다. 필요하다면 의도적으로 악행을 저질러야 할 때도 있다. "군주는 신의가 두텁고, 인정미가 있으며, 겉과 속이 같고, 경건해야 한다."라고 하지만, 소데리니처럼 이런 자질이 군주에게 해가 되는 경우도 있다. 군주에게는 냉혹함도 필요하다.

한편 마키아벨리는 "냉혹한 자질을 '지니고 있는 듯이 보이는' 것은 중요하다."라는 말도 했다. 평소에 민중이 '우리의 군주는 신의가 두텁고, 인정미도 있어. 겉과 속이 다르지 않고 경건해.' 라고 생각하도록 행동해야 한다는 것이다. 사람은 자신의 눈으로 본 것을 기준으로 판단한다. 군주를 직접 접하는 사람은 소수에 불과하다. 전쟁에서 승리하고 국가의 유지에 온힘을 다한다면 민중은 자연히 군주에게 찬사를 보낸다.

현대의 기업도 결과가 중요하다. 물론 부하 직원의 처형 같은 일은 상상도 못할 일이지만, 그 대신 성과에 철저히 집착하며 성과를 달성하기 위해서는 어떤 타협도 하지 말아야 한다. 패스트 리테일링의 야나이 다다시도 [Book 13]에서 "경영자란 한마디로 정의하면 성과를 올리는 사람이다."라고 말했다.

당시는 전쟁의 승패가 나라의 운명을 좌우했다. 마키아벨리는 "군주는 역사서를 읽어야 한다."라고 말했다. 역사서를 통해 과거의 영웅들이 어떻게 군대를 지휘했고 승패의 원인은 무엇이었는지를 되돌아보며, 승자를 본받고 패자의 패턴은 피해야 한다는 것이다. 군주를 오늘날의 CEO에 대입하면 다른 CEO가 쓴 자서전을 읽고 의사 체험을 하는 것이 중요하다는 말이다.

범용한 군주와 이상적인 군주

	범용한 군주	이상적인 군주
기본자세	인도주의 우선	민중 우선
태도	자비심이 깊지만 우유부단해서 결단을 내리지 못한다.	냉혹하다는 악평을 두려워하지 않고 결단을 내린다.
통치의 결과	혼란을 초래한다.	평화로워진다.
전형적인 군주	소데리니	체사레 보르자

출처: 《군주론》을 바탕으로 필자가 작성

군주는 결단력이 있어야 하며 유능한 측근을 둬야 한다

당시는 서로 교전 중인 두 나라로부터 "우리 편이 되어주시오."
라는 요청을 받을 때가 많았다. 이때 결단을 내리지 못하고 '양
쪽의 체면을 다 세워주자.'라며 중립적인 자세를 보이기 쉬운
데, 마키아벨리는 "결단력이 없는 군주는 당장의 위기를 회피하
고자 중립을 선택했다가 멸망한다."라고 충고한다. 중립은 양쪽
으로부터 적으로 간주되는 가장 좋지 않은 선택이다. 어느 쪽과
손을 잡을지 명확히 결정해야 한다. 손을 잡은 상대는 승리하든
패배하든 은의를 느낄 것이며, 군주의 명확한 태도는 존경을 모

은다.

이는 오늘날로 치면 필요할 때 리스크를 짊어지는 행위다. '리스크 관리'라는 명목으로 리스크를 짊어지지 않는 것은 우유부단한 '리스크 회피'에 불과하다. 리스크를 짊어지지 않고 현재의 상태를 유지한다는 결정은 결국 파멸을 초래한다.

또한 측근을 보면 리더의 능력을 알 수 있다. 측근이 유능하고 성실하다면 그 군주는 상대방의 실력을 꿰뚫어보는 안목이 있으며 충성심을 유지할 줄 아는 사람이다. 측근이 충성심을 갖게 하려면 명예를 주고 풍요롭게 만들어서 고마움을 품게 해야 한다. 현대에는 [Book 32]에서 소개한 넷플릭스가 좋은 예다. 최고의 인재를 최고의 보수로 채용해 최고의 업무를 맡긴다.

군주에게 가장 위험한 존재는 아첨하는 인물이다. 사람은 쉽게 속아 넘어가기에 이런 인물이 곁에 있으면 군주는 무능해진다. 다만 마키아벨리는 "모두가 직언을 할 수 있으면 군주는 위엄을 잃는다."라며, 현명한 사람을 뽑아서 그들에게만 군주에게 자유롭게 직언할 수 있는 권한을 주는 방법을 추천했다. [Book 24]에서 잠시 언급한 위징이 좋은 예이며, 오늘날로 치면 경영을 감시하고 직언하는 사외이사다. 다만 그들의 의견은 참고로만 삼아야 한다. 최종적인 결정은 어디까지나 군주의 몫이다.

기회를 잡아서 운명을 바꿔라

"모든 것은 운명이다."라고 말하는 사람이 있다. 그러나 운명에 의존하는 사람은 운명이 바뀌면 몰락한다. 운명은 대비하지 않는 자에게 한없이 가혹하다. 제방을 쌓지 않은 곳에 홍수가 밀려오는 것과 같다.

운명은 정해져 있지 않다. 변화한다. 운명은 인간 활동의 절반만을 지배하며, 나머지 절반은 우리가 지배하고 있다. 마키아벨리는 "운명은 여신이다. 그녀를 정복하려면 난폭하게 다뤄야 한다."라고 말한다. 현대의 관점에서는 문제가 있는 표현이지만, 운명을 내 편으로 만들기 위해서는 공격적인 자세가 필요하다는 의미다.

이 책에서 말하는 이상적인 군주상은 카리스마적 리더다. [Book 7]에서 소개했듯이, 카리스마적 리더는 위기 상황에서는 실적과 부하 직원의 만족도를 극적으로 높이지만 평상시에는 조직을 약하게 만든다. 리더의 바람직한 모습은 한 가지가 아니다. 이 점과 시대 배경을 이해하면서 유사시의 바람직한 리더의 모습으로서 받아들인다면 이 책은 현대를 사는 리더에게도 큰 도움이 될 것이다.

POINT

유사시의 리더는 냉혹하다는 악평을 두려워하지 말아야 한다.

BOOK.36

자조론

Self-Help

모든 천재는
'시간의 힘'을 알고 있다

새뮤얼 스마일스
Samuel Smiles

영국의 저술가. 스코틀랜드에서 태어나 에든버러 대학 의학부를 졸업한 뒤 외과 의사가 되어 병원을 개업했으며, 〈리즈 타임스〉지의 편집과 철도 사업에도 관여했다. 증기 기관차를 발명한 조지 스티븐슨을 만나서 그의 전기를 발표해 호평을 받기도 했다. 《자조론》에서 강조한 자학(自學), 독립독행, 성실함, 검약 등의 미덕은 영국에 큰 반향을 불러일으켰으며, 세계 각국의 언어로 번역되었다.

이 세상의 성공한 사람 중에는 "노력은 구시대의 산물이다", "노력 같은 건 의미 없다", "노력은 최소한으로만 하고 즐겁게 사는 것이 최고다"와 같은 말을 하는 사람이 있는데, 그들의 말에 속아서는 안 된다. 사실 그들은 노력을 게을리하지 않는다. 자신이 하고 싶지 않은 일을 하지 않을 뿐이다.

그들은 즐겁다고 생각하는 분야에 초점을 맞춰 즐겁게 노력한다. 야구 소년이 매일 해가 떨어질 때까지 신나게 배트를 휘두르고 공을 던지는 것과 마찬가지다. 그들의 말을 곧이곧대로 받아들여서 '노력을 하지 않아도 되는 건가?'라고 착각하고 아무

것도 하지 않으면 나중에 낭패를 보게 된다.

약 150년 전인 1858년 영국에서 출판된 이 책은 노력의 방법론을 이야기한다. 이 책의 첫머리에는 그 유명한 "하늘은 스스로 돕는 자를 돕는다."라는 말이 나온다. 당시 영국은 세계 최강국이었다. "유니언 잭이 휘날리는 곳에 태양이 지는 일은 없다."라는 말이 있을 만큼 세계 곳곳을 지배했으며, 세계의 문화에도 지대한 영향을 끼쳤다. 당시의 영국을 지탱한 존재는 자조 정신을 지닌 영국 국민들이었다. 그리고 그 자조 정신이 사라지자 영국은 강대국병을 앓기 시작했다.

자조(自助)란 힘든 상황에서도 근면하게 일해 자신의 운명을 스스로 개척하는 것이다. 150년 전에 비하면 지금은 삶의 방식이 다양하다. 앞에서도 이야기했듯이 즐기면서 노력하는 방법도 선택할 수 있다. 그러나 스스로 운명을 개척하는 자세는 오늘날에도 중요하다. 그렇다면 노력해서 자신의 운명을 개척하기 위해서는 어떻게 해야 할까? 이 책에는 그 답이 가득 담겨 있다.

스마일스는 "과거의 수많은 위인은 천부적인 재능의 소유자가 아니었다."라며 위인들이 세상을 바꾼 이유를 알기 쉽게 소개한다. 의사였던 스마일스는 이 책이 대성공을 거둠에 따라 글쓰는 일에 전념하게 되었다고 한다.

이쯤 해서 이런 의문이 드는 사람도 있을 것이다. 왜 우리는 노력을 해야 하는 걸까?

자신의 성공이나 행복에 책임을 진다

인간의 우열은 얼마나 노력해왔느냐에 따라 결정된다. 부는 부모에게서 물려받을 수도 있지만, 지식은 다른 사람에게서 살 수가 없다. 지식은 노력해서 자신의 것으로 만드는 방법밖에 없다. 모든 것은 자신이 자신을 어떻게 지배하느냐에 달려 있으며, 이를 위해서는 자신이 노력해서 자신을 도와야 한다.

한편 타인의 도움을 받는 것도 중요하다. 인간은 타인과의 관계 속에서 살아간다. 자조 정신으로 성공한 사람일수록 '다른 사람들 덕분에 내가 성공할 수 있었다.'라는 감사의 마음을 잊지 않는다. 다만 자조 정신 없이 그저 타인에게만 의지한다면 절대 성공할 수 없다. 먼저 자조 정신을 갖고, 자신의 행복이나 성공에 책임을 져야 한다. 자신이 자신의 가장 좋은 조력자가 되어야 한다.

모든 것은 노력과 근면이 축적된 결과다

많은 사람이 이치로를 천재 야구선수라고 평한다. 그러나 이치로는 어렸을 때부터 매일 노력을 거듭한 끝에 세계적인 선수가 되었다. '천재'라는 찬사를 받는 인물은 예외 없이 노력가다. 스마일스는 이렇게 말했다.

"세계에 지대한 영향을 끼친 인물을 봐도, 천성적으로 총명하며 빛나는 소질을 지니고 태어난 인물은 많지 않다. 오히려 평범한 능력밖에 없음에도 끈기 있게 노력과 연구를 거듭한 결과 명성을 얻은 사람이 더 많다. 아무리 재능이 넘치는 사람이라도 변덕이 심하고 인내심이 부족하면, 재능을 타고나지는 못했지만 꾸준히 노력하는 사람을 이기지 못한다.”

재능이 있는 사람이라도 마음이 내킬 때만 열심히 해서는 축적 효과를 얻지 못하기 때문에 의외로 성장하지 못한다. 성공은 재능이 없어도 매일 우직하게 노력을 거듭하는 사람에게 찾아온다. 다음 그림처럼 시간이 지남에 따라 엄청난 양의 노력이 쌓여서 성공에 다다른 것이다.

영화 〈포레스트 검프〉의 주인공이 바로 그런 인물이다. 어렸을 때는 남들보다 지능이 낮아서 괴롭힘을 당하기 일쑤였다. 그러나 순수한 성격의 그는 다른 사람에게 들은 말을 조금도 의심하지 않고 우직하게 계속했다. 그 결과 미식축구 대표 선수가 되고, 병사로서 대통령에게 훈장을 받고, 새우잡이 회사를 만들어 큰 성공을 거둔다. 물론 이것은 픽션이다. 각색도 많다. 그러나 이 이야기는 '재능보다 꾸준히 노력하는 것이 더 중요하다.'라는 교훈을 준다.

먼저 근면하게 노력하는 습관을 들여야 한다. 이 습관을 들여서 같은 연습을 반복적으로 하면 실력이 발전한다. 다만 사람의 발전 속도는 느리다. 처음에는 발전한 것을 느끼지 못한다. 그러

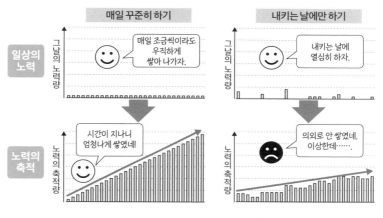

일상의 축적이 압도적인 차이를 만들어낸다

출처:《자조론》을 바탕으로 필자가 작성

나 꾸준히 계속하면 집중력이 높아지고, 결국은 꽃을 피운다. 세상에서는 "이것을 하면 금방 ○○가 될 수 있다."라는 책이 사랑받지만, 그런 방법은 오래 지속하지 못한다. '초조해하지 않고 우직하게 계속하는 것'은 멀리 돌아가는 듯이 보이지만 가장 확실한 지름길이다.

"뉴턴은 사과가 떨어지는 모습을 보고 만유인력을 발견했다."라는 이야기가 있다. 그러나 그는 중력을 오랫동안 꾸준히 연구해온 끝에 사과가 떨어지는 모습을 보고 영감이 떠올라 만유인력의 법칙을 이해한 것이다. 세상에는 "어떤 우연이 큰 발견을 낳았다."라는 이야기가 많지만, 사실 그 성공은 노력을 축적한 결과물이다.

우리를 돕는 것은 명확한 목표를 향해서 끈기 있고 근면하게 노력을 계속하는 자세다. 우연을 기대하지 말고 조금씩이라도 꾸준히 계속해나가자. 매일 1시간이라도 상관없다. 티끌이 모여서 태산이 된다. 무의미하게 보내던 시간을 유익한 목적에 사용하면 평범한 재능의 소유자라도 반드시 한 가지 학문 정도는 마스터할 수 있다. 그렇게 10년 정도가 지나면 몰라볼 만큼 박식한 인물이 된다.

옥스퍼드 대학의 해시계에는 이런 문구가 새겨져 있다.

"시간이란 소멸하는 것이다. 그러므로 시간을 낭비하는 죄는 우리에게 있다."

이 세상에서 시간만큼은 각자의 자유재량에 맡겨져 있다. 시간은 인생과 마찬가지로 일단 지나가버리면 두 번 다시 돌아오지 않는다. 자신의 불행을 탄식하는 사람의 대부분은 자신의 태만이나 노력 부족의 대가를 치르고 있는 것이다.

세상은 뛰어난 장점을 지니고 그것을 발휘할 수 있는 사람을 가만히 내버려두지 않는다. 그러나 아무리 장점이 있어도 집에 틀어박혀서 기회를 기다리기만 해서는 절대로 기회는 찾아오지 않는다. "고집이 세고 뻔뻔한 사람은 성공하는데, 재능이 있어도 내성적인 사람은 기회조차 얻지 못해."라고 불평하는 사람이 있다. 그러나 이것은 당연한 일이다. 고집이 세고 뻔뻔한 사람은 기민하게 행동하는 자질이 있다. 스마일스는 이렇게 말했다.

"자주 짖는 개가 잠만 자는 사자보다 쓸모 있는 경우가 많기 마련이다."

먼저 바깥세상으로 나가자. 그리고 사람들과 만나서 기회를 잡자.

일류와 교류하라

'수완가'라는 평판이 있는 사람과 함께 일했을 때 있었던 일이다. 소문대로 재능은 뛰어났지만, 한 가지 마음이 걸리는 점이 있었다. 거짓말을 한다는 것이다. "이거, 거짓말을 해서 대충 넘기지요."라는 권유를 여러 번 들었다. 나중에는 나도 그의 거짓말에 속고 있었음을 깨닫고 그 사람과 연을 끊었다. 재능 있는 사람이었는데, 참으로 유감이었다.

자신의 편의에 따라 남을 속이는 사람은 당장의 위기는 모면할 수 있을지는 몰라도 중요한 신뢰를 잃고 만다. '성실함'은 리더가 반드시 갖추어야 한다. 품성은 그 자체로 훌륭한 재산이 된다. 저자 스마일스는 "필요한 것은 좋은 모범 인물이다. 누구와 인간관계를 맺느냐가 중요하다."라며, 어느 해군 장교가 젊은 친구에게 보낸 편지를 소개한다.

"별 볼 일 없는 친구들과 사귈 바에는 평생을 혼자 살게."

인간관계를 맺을 상대를 잘 골라야 한다.

150년도 더 전에 쓰인 이 책은 현대에도 통용되는 개념을 알기 쉬운 말로 전해준다. 읽고 있으면 자신도 모르게 등을 곧게 펴고 자세를 바로잡게 된다.

한편 앞에서도 말했듯이 시대는 크게 변했다. 오늘날은 자신이 하고 싶은 일을 자유롭게 선택할 수 있는 시대다. 자신의 재능을 활용할 수 있는 분야를 찾아내서 노력을 즐길 수 있는 환경을 만든다면 노력한다는 의식 없이 즐기면서 자신의 인생을 개척할 수 있다. 당신의 인생을 개척할 방법을 알기 위해서라도 시간을 내서 꼭 읽어봤으면 한다.

POINT

노력을 사랑하는 것이 아니라 사랑할 수 있는 노력을 찾아내라.

BOOK.37

EQ 감성 지능

Emotional Intelligence

리더가 갖추어야 할
'느끼는 지성'

대니얼 골먼

Daniel Goleman

심리학자이자 과학 저널리스트. 1946년에 미국 캘리포니아에서 태어나 하버드 대학 대학원에서 심리학 박사 학위를 취득했다. 이후 하버드 대학에서 학생들을 가르친 뒤 〈사이콜로지 투데이〉지의 시니어 에디터를 9년 동안 맡았다. 1984년부터는 〈뉴욕타임스〉지에서 주로 행동 심리학에 관한 글을 기고했으며, 저널리스트로서 각종 상을 수상했다.

부진에 빠진 소니의 CEO가 되어 변혁에 성공한 히라이 가즈오는 2021년에 간행한 저서 《소니 재생》에 이렇게 썼다.

"흔히 경영자는 커뮤니케이션 능력이 뛰어나야 한다고들 말한다. 그러나 나는 그뿐만이 아니라 지능지수를 나타내는 'IQ'가 아닌 'EQ', 즉 마음의 지능지수가 높아야 한다고 생각한다."

이 책은 EQ를 해명해 1995년에 미국에서 베스트셀러가 되었고, 미국뿐만 아니라 40개국에서 출판되어 EQ가 주목받는 계기를 만들었다. EQ란 타인의 감정을 배려하고 자신의 감정을 조절하며 동기를 부여하는 힘을 가리킨다. IQ가 '생각하는 지성'이라면 EQ는 '느끼는 지성'이다.

심리학자이자 저널리스트이기도 한 저자는 "성공 요인에서 IQ가 차지하는 비중은 20퍼센트에 불과하며, 80퍼센트는 EQ다."라고 말한다. 1980년대 이후 뇌의 영상 처리 기술이 발달하여 뇌의 활동을 가시화할 수 있게 되면서 과학적인 데이터가 수집됨에 따라 EQ 연구는 비약적으로 진전되었다. 지금의 리더에게는 EQ가 필요하다. 그래서 이 책을 소개한다.

뇌의 구조를 알면 감정의 메커니즘을 이해할 수 있다

부모는 자녀가 위험한 상황에 빠지면 자신의 몸을 돌보지 않고 아이를 구하려고 뛰어든다. 이는 마음의 가장 깊은 부분에서 발동하는 정동(情動) 작용이다. 정동의 신경 회로는 인류가 진화하는 과정에서 100만 년에 걸쳐 인간의 뇌에 각인되었다. 인류는 최근 1만 년 사이에 크게 진화했지만, 정동의 반응 패턴은 거의 바뀌지 않았다.

원시 시대의 인류는 언제나 포식자에게 잡아먹힐 위험에 노출되어 있었다. 식인 곰이 나타나면 생각하기에 앞서 도망부터 쳐야 한다. 그래서 인류는 '느끼는 지성'을 발달시켜 직감적으로 즉시 반응해 행동함으로써 몸을 지켰다. 강한 정동이 일어나면 '생각하는 지성'이 소멸하고 '느끼는 지성'이 장악하는 것은 그 영향이다.

'생각하는 지성'과 '느끼는 지성'의 관계를 알려면 뇌의 진화를 이해해야 한다. 뇌는 단층 주택에 해당하는 원시적인 뇌 위에 2층, 3층을 증축하는 형태로 진화해왔다.

단층 주택 부분은 뇌간이다. 신경 계통이 있는 모든 생물의 뇌에서 가장 오래된 부분이다. 파충류가 지배하던 시대에는 뇌간이 주역이었다. 호흡이나 신진대사 등 생명 유지를 위한 기본 기능을 담당하며, 뱀이 소리를 내서 외적을 위협하듯이 미리 정해진 반응이나 동작을 한다.

2층 부분은 대뇌변연계다. 정동을 관장하며, 감정과 학습능력이 있다. 대뇌변연계는 원시 포유류 시대에 진화했다. 대뇌변연계의 학습능력 덕분에 원시 포유류는 먹었을 때 배탈이 났던 음식을 두 번 다시 입에 대지 않게 되었다. 머릿속이 강한 욕망이나 분노로 가득할 때는 대뇌변연계에 지배당한 것이다.

3층 부분은 대뇌신피질이다. 신체에서 얻은 정보를 종합해서 이해하는 능력이 있다. 개가 주인을 인식하고 따르는 것은 대뇌신피질의 작용이다. 인류는 대뇌신피질이 더욱 진화함으로써 사고력이 높아져 생존능력이 향상되었다. 또한 대뇌변연계와 대뇌신피질이 연결된 결과 부모와 자식간에 애정을 형성할 수 있었다.

2층 부분의 대뇌변연계에서 실제로 정동을 장악하고 있는 것은 아몬드처럼 생긴 작은 기관인 편도체다. 긴급 사태가 발생하면 편도체는 순식간에 3층 부분의 대뇌신피질을 억제한다. 편도체는 뇌의 경비 역할을 한다.

눈이나 귀를 통해서 들어오는 영상 이나 소리 등의 신호는 먼저 1층 부분인 뇌간 속에 있는 시상에 도달한다. 그리고 3층 부분의 대뇌신피질에 도달하기에 앞서 직통으로 2층 부분의 편도체에 도달한다. 편도체는 '내가 싫어하는 것인가? 나를 상처 입히는 것인가? 내가 두려워하는 것인가?'라는 기준으로 신호를 검증한 뒤, '비상상황'이라고 판단하면 뇌 전체를 지배하는 특권을 가지고 있다.

다시 말해 정동을 관장하는 편도체는 비상상황이 되면 인간을 전부 지배하는 독재자가 되는 것이다.

편도체 덕분에 인간은 위기를 느끼면 생각하는 것보다 더 빠르게 반응할 수 있다. 충격적인 장면이나 첫 데이트를 기억하는 것은 희로애락이 격렬한 상태가 되면 편도체가 뇌의 각 부분에 "지금의 상황을 확실히 기억하시오."라고 명령하기 때문이다. 그래서 무서운 경험은 트라우마로서 오래 기억에 남는다.

편도체는 인간의 감정을 관장한다. 편도체가 관장하는 감정과 대뇌신피질이 관장하는 정보가 조합되면서 비로소 이성적인 판단을 할 수 있게 된다. 뇌 수술 중 의료사고로 편도체와 대뇌신피질을 연결하는 신경이 손상된 사람이 있었는데, 그 사람은 대뇌신피질에 지식이 있어도 의사 결정을 할 수 없게 되어버렸다.

이성적인 판단에는 '이것을 하고 싶다.'라는 감정이 반드시 필요하다. 대뇌신피질의 '생각하는 지성'과 편도체의 '느끼는 지성'은 상호 보완 관계인 것이다.

EQ의 주요 영역

심리학자인 프랭크 설로웨이는 EQ를 다음 그림과 같이 5가지 영역으로 분류했다. 여기서는 그중 4가지 주요 영역을 살펴보자.

영역1 자신의 정동을 인식한다

갑자기 화를 내는 사람은 정동에 충실하게 행동하는 것이다. 정동은 편도체에서 일어난다. 무의식의 영역이기 때문에 발끈하는 당사자는 자신의 정동을 깨닫지 못한다. 요컨대 자신이 보이지 않는 것이다.

먼저 정동을 인식해야 한다. 이를 위해서는 정동을 특정하고 지명하는 언어 중추(대뇌신피질에 있음)의 활동이 필요하다. 언어 중추가 활동하면 발끈하면서도 '나는 화를 내고 있구나.'라고 의식할 수 있다. 이것이 '자신이 보이는 상태'다. 이때 대뇌신피질은 정동을 활발히 모니터링하고 있으며, 정동이 사나워져도 중립적인 심리 상태에서 사물을 바라볼 수 있다. '자신을 관찰하는

EQ의 5가지 영역

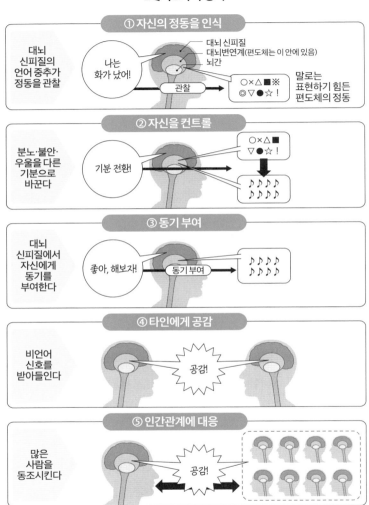

출처: 《EQ 감성 지능》을 바탕으로 필자가 작성

또 한 명의 중립적인 자신이 있는 상태'를 만들면 자신을 컨트롤할 수 있다.

영역2 자신을 컨트롤한다

정동이 일어나는 타이밍은 예측할 수 없지만, 정동을 빠르게 가라앉히는 것은 가능하다. 그러니 분노·불안·우울의 지속 시간을 컨트롤해보자.

- 분노: 분노는 완고한 감정이다. 먼저 자신이 화를 내고 있는 이유를 다시 한번 자문한다. 자신이 오해했거나 상대방에게 깊은 사정이 있을 때도 많다. 그다음에는 기분을 전환해서 분노가 식기를 기다리는 것도 효과적이다. 머리를 식힌 뒤에 단호한 태도로 상대방과 이야기를 나눈다면 문제를 해결하기 쉽다.
- 불안: 불안을 느끼면 불안의 씨앗이 계속해서 모습을 드러낸다. 이는 본인의 의지로는 어찌할 방법이 없다. 먼저 자신의 불안감을 빠르게 깨달아야 한다. 그러고 나서 불안감이 느껴지면 자신의 걱정을 비판적으로 재고하는 연습을 한다. '정말로 일어날 확률'을 생각하면 기우에 그칠 때도 의외로 많다. 이 연습을 하면 서서히 불안에 대처할 수 있게 된다.
- 우울: 사람이 가장 잊고 싶어 하는 것은 슬픔이다. 그럴 때는 분위기를 바꾸는 기분 전환이 효과적이다. 집 밖으로 나가서 사

람들과 식사를 하거나 웃기는 영화를 보거나 기운이 나는 책을 읽는다. 또한 현재의 자신보다 괴로운 상황을 생각하면 다른 시점에서 현재의 상황을 바라볼 수 있다. 이 방법은 의외로 효과가 좋다.

영역4 타인에게 공감한다

사람은 몸짓이나 표정으로 감정을 표현한다. 정동은 비언어 모드다. 미묘한 비언어 신호를 정동의 뇌에서 감지하면 타인에게 공감할 수 있게 된다.

영역5 인간관계에 대응한다

자신의 정동을 관리하고 타인에게 공감할 수 있으면 타인을 동조하게 할 수 있다. 감정은 감정 표현이 강한 사람에게서 약한 사람에게로 전염되므로 감정 표현력이 강한 사람의 정동은 많은 사람을 동조시킨다. 우수한 리더나 명배우는 수천 명이 넘는 청중을 움직이는 힘이 있다. 히라이 가즈오도 전 세계를 돌아다니며 소니의 사원들에게 호소해 그들을 움직여 벼랑 끝의 소니를 부활시켰다.

"EQ는 단순한 성격 분석에 불과하다." 같은 반대 의견도 있지만, 이 책의 발상은 세상에 커다란 영향을 끼쳤다. 자신을 더욱 높일 수 있는 실천적인 발상으로서 이 책을 활용했으면 한다.
[Book 2], [Book 14], [Book 22]와 함께 읽으면 더욱 깊이 이
해할 수 있을 것이다.

POINT

자신을 관찰하고, 감정을 다스리며, 동기를 부여하라.

BOOK.38

진정성 리더십

Authentic Leadership

'약함'과 '눈물'도 리더의 강점이 된다

하버드 비즈니스 리뷰 편집부 · 빌 조지
Bill George

집필자 중 한 명이며 '진정성 리더십'을 제창한 빌 조지는 하버드 대학 비즈니스 스쿨의 교수(매니지먼트 프랙티스)였으며 현재는 선임 연구원이다. 2001년까지 최첨단 의료 기술 기업인 메드트로닉의 회장 겸 CEO였으며, 2001년부터 2002년에 걸쳐 미국 최고의 경영자 25인에 선정되었다.

사람들 앞에서 눈물을 보이는 CEO가 적지 않다. 도요타의 도요다 아키오 사장은 미국 의회의 공청회에서 리콜 문제에 대해 사과한 뒤 미국 도요타 직원들의 격려에 눈물을 보였다. 폐업에 몰린 야마이치증권의 노자와 쇼헤이 당시 사장은 기자 회견에서 감정이 복받친 나머지 "사원들에게는 아무런 잘못도 없습니다."라며 통곡했다.

이런 모습에 대해 '눈물을 보이다니 리더로서 실격이군.'이라고 생각하는 사람이 많다. 그러나 도요다 아키오 사장의 눈물은 위기에 빠졌던 도요타를 하나로 단결시켰으며, 당시 야마이치 증권에서 일했던 사람들은 지금도 그 사장을 존경한다고 한다.

이 책에 따르면 '바람직한 리더의 모습'을 생각하는 것 자체가 큰 잘못이다. 그런 것이 있다면 리더를 지망하는 사람은 그 모습을 재현하려고 애쓰게 될 텐데 그러면 주위 사람들은 '저거 연기 아니야?'라고 본능적으로 눈치챌 것이다.

실제로 리더십 연구자들은 최근 반세기 동안 1,000건이 넘는 조사 연구를 통해 '바람직한 리더의 모습'을 찾아내려 했지만, 이상적인 리더상을 찾아낸 연구는 단 한 건도 없다. 이 책의 집필진도 리더 125명을 조사했지만 공통된 특징·특성·스킬을 하나도 찾아내지 못했다고 한다.

미국에서는 진정성 리더십(Authentic Leadership)이라는 개념이 확산되고 있다. 이것은 쉽게 말하면 '본심을 속이지 않는 리더', '자신다움을 잃지 않는 리더'라는 의미다. 도요다 아키오와 노자와 쇼헤이는 진정성 리더십을 실천했던 것이다.

이 책은 2007년부터 2016년까지 〈하버드 비즈니스 리뷰〉지(영문판)에 실렸던 진정성 리더십에 관한 논문 10편을 번역한 것이다. 집필자 중 한 명인 빌 조지는 의료 기기 회사인 메드트로닉의 회장 겸 CEO였던 인물로, 그 후 하버드 비즈니스 스쿨의 교수가 되어서 2003년에 진정성 리더십을 제창했다.

리더십의 바람직한 모습이 바뀌었다

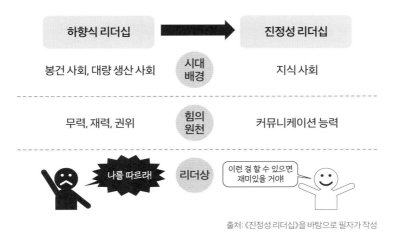

하향식 리더십		진정성 리더십
봉건 사회, 대량 생산 사회	시대 배경	지식 사회
무력, 재력, 권위	힘의 원천	커뮤니케이션 능력
나를 따르라!	리더상	이런 걸 할 수 있으면 재미있을 거야

출처:《진정성 리더십》을 바탕으로 필자가 작성

누구나 리더의 소질을 지니고 있다

과거의 리더십론은 마키아벨리가 쓴 [Book 35]에 나오듯이 '타고난 자질이 있는 자가 리더가 되는 것이 마땅하다.'였다. 과거에는 권력을 잡으려면 무력적인 강함, 재력, 권위의 뒷받침이 필요했다. 그러나 지식 사회인 현대에는 타인을 움직이는 커뮤니케이션 능력이 영향력의 원천이 된다. 그래서 '누구나 리더의 소질을 지니고 있다. 문제는 자신을 잘 알고 자신이 도움이 될 수 있는 곳을 찾아낼 수 있느냐다.'라는 발상 아래 진정성 리더십이 탄생했다.

현대의 뛰어난 리더들은 독학으로 성장한다. 자신을 키우는 것은 자기 자신의 책임감이다. 이를 위해서는 먼저 자신의 반평생을 이해하고 자신을 인식해야 한다. 과거의 사실을 알 뿐만 아니라 과거의 사실에 대해 자신의 내부에서 어떤 의미를 부여해 이야기하느냐가 중요하다.

스위스 제약회사 노바티스의 회장 겸 CEO였던 대니얼 바셀라(Daniel Lucius Vasella)는 우리가 참고로 삼을 수 있는 인물이다. 그의 반평생은 고난으로 점철되어 있다.

어린 시절 그는 입원을 밥 먹듯이 하는 병약한 소년이었다. 8살에는 수막염에 걸려 사나토리움(요양소)에서 1년을 보내야 했는데, 척수에 주삿바늘이 꽂히기 전의 불안감과 주삿바늘이 꽂혔을 때의 격렬한 통증을 참지 못해 몸부림치는 자신을 움직이지 못하게 힘껏 억누르던 간호사들을 지금도 기억한다고 한다. 그러던 어느 날, 바셀라는 새로 온 의사에게 "저를 억누르지 말고 제가 간호사님의 손을 꼭 잡을 수 있게 해주세요."라고 부탁했고 의사는 바셀라의 부탁을 들어줬다. 그랬더니 놀랍게도 주사가 아프지 않았다. 바셀라는 사람답게 대우받고 공감을 얻은 것이 너무나 기뻐서 "어땠어?"라고 물어보는 의사를 꼭 껴안았다고 한다. 이 경험은 바셀라의 장래에 커다란 영향을 끼쳤다.

그 후 가족이 하나둘 세상을 떠나고 어머니는 일이 바빠 좀처럼 집에 들어오지 못하면서 바셀라의 생활은 엉망이 되었다. 그런 생활이 3년 동안 계속되었는데, 연인을 만나면서 생활이 바뀌었다. 병약했던 어린 시절의 경험으로 의사가 되고 싶었던 바셀라는 20세에 의학부에 입학해 우수한 성적으로 졸업했다. 그러나 대학 병원의 주임 의사가 되지 못한 그는 '의학계에 영향력을 끼칠 수 있는 사람이 되자.'라고 결심한 뒤 제약 회사에 취직했고, 순조롭게 승진해 노바티스의 CEO에 취임했다.

그는 '생명을 구하는 신약을 개발해 세상에 공헌하는 글로벌 종합의료회사를 지향하자.'라고 결심하고 어렸을 때 만났던 의사를 모델로 삼아 노바티스의 새로운 기업 문화를 구축했으며, 공감 능력이 넘치는 리더로서 높은 평가를 받게 되었다.

자신의 반평생을 되돌아보면 자신이 했던 경험의 의미를 이해하고 세상에서 자신이 있을 곳을 찾아낼 수 있다. 자신의 경험을 바탕으로 삶의 목적을 결정한 후 사명감을 가지고 일에 몰두하면 주위 사람들은 그에 공감하며 리더로서 인정하고 따르게 된다.

현대의 리더에게 요구되는 '약함을 숨기지 않는 강함'

'자신다움을 잃지 않는 리더'는 있는 그대로의 모습으로 행동한다. 약한 모습을 숨기지 않는다. 오히려 항상 정직하고자 하며 용기있게 행동한다.

'리더가 부하에게 약한 모습을 보이는 것은 있을 수 없는 일이야.'라고 생각하는 사람도 있다. '리더는 강해야 해.'라며 직장에서 부하 직원과 친해지지 못하고 거리를 두는 사람에게는 약함을 숨기지 않는 것이 비상식적인 행동으로 여겨질 것이다.

인간은 타인의 작은 감정이나 행동을 읽어내는 시스템을 갖췄다고 한다. 공명(Resonance)이라는 프로세스로, 순간적이면서 무의식적으로 타인의 행동이나 감정에 뇌가 반응하는 것이다. 가령 다른 사람이 활짝 웃는 모습을 보면 무의식중에 자신도 웃게 되고, 거짓 웃음을 보면 무의식적으로 불쾌감을 느낀다. 또한 다른 누군가가 감정을 억누르며 화를 내고 있으면 자신이 깨닫지 못하는 사이에 혈압이 상승하는 경우도 있다고 한다.

우리가 무리하게 '완벽하고 지적이며 강한 리더'로 보이려 하는 사람에게서 위화감을 느끼는 것도 공명 때문이다. 우리는 상대방을 잠깐만 봐도 진정성이 결여된 사람, 즉 본심을 숨기고 있는 사람을 무의식중에 알아낼 수 있다. 거짓말은 금방 들통이 난다. 반대로 약함을 숨기려 하지 않는 리더를 만나면 우리는 '이 사람은 거짓말을 하고 있지 않군. 성실하고 신뢰할 수 있는 사람이야.'라고 민감하게 감지하며 편안함을 느낀다. 그리고 부하 직원은 그런 상사를 떠올리기만 해도 긍정적인 감정이 솟아날 뿐만 아니라 유대감을 느낀다.

자신다움을 잃지 않는 리더는 직장의 유대감도 형성한다. 직장 내부의 인간적인 유대감이나 업무에 대한 만족감은 높은 급여보다도 사원의 충성심을 높인다. 이런 효과는 직장에서 유대감이 사라지기 쉬운 오늘날에 더더욱 필요하다.

'자신다움'에 너무 집착하는 것은 좋지 않다

다만 주의할 점도 있다. '자신다움'의 의미를 오해하지 말아야 한다. 이 책에서는 승진해서 부하 직원의 수가 10배로 늘어난 팀 리더의 예를 소개했다. 투명성과 협조성이 신조인 그는 새로운 부하 직원들 앞에서 "솔직히 말하면 많이 두렵습니다. 협력을 부탁합니다."라고 속마음을 털어놓았다. 그러나 부하 직원들은 강력한 리더를 바라고 있었기 때문에 그는 부하 직원들의 신뢰를 얻는 데 실패했다.

팀 리더로 승진하면 누구나 그동안 편하게 지냈던 장소를 떠나야 하는데, 자칫하면 '계속 나답고 싶다.'라는 생각에 빠진 나머지 과거에 익숙했던 행동이나 스타일로 도피하기 쉽다. 그러나 이때야말로 자신을 변화시켜 진화할 기회다.

리더로서 성장하는 유일한 방법은 '나는 누구인가?'라는 틀을 넓히는 것이다. 나는 회사원 시절에 마케팅 매니저를 15년 동안 담당한 뒤 인재 육성 부장이 되었는데, 인재 육성은 전혀 경험해 본 적이 없는 분야였다. 그래서 '지금까지의 마케팅 경력을 활용하되 너무 집착하지는 말고, 겸허한 마음으로 팀 멤버와 외국의 동료들에게 배워서 더욱 성장할 수 있도록 변화하고 싶다.'라고 생각했다. 취임 당일에 내 생각을 솔직하게 멤버들에게 전한 뒤 오로지 업무에만 몰두했다. 그리고 마케팅 전략의 책정 능력이 라는 나의 강점과 현장의 인재 육성을 통해서 얻은 배움을 결합한 덕분에 인재 육성은 제2의 천직이 되었다.

계속 자신의 내면만을 바라보면 자신도 모르는 사이에 성장이 멈춰버린다. 밖으로 눈을 돌려서 새로운 업무나 프로젝트에 적극적으로 뛰어들고 다른 유형의 사람들과 접해야 새로운 업무 방식을 배울 수 있다. 승진하거나 새로운 업무를 맡는 것은 성장할 기회다. 다른 사람이 될 필요는 없다. 행동이나 커뮤니케이션 방법을 조금만 바꿔도 리더의 역량은 크게 달라진다.

'나는 어떤 사람인가?'를 명확히 인식하자

박 과장의 입버릇은 "이게 내 성격인 걸 어쩌라고."이다. 박 과장의 입에서 이 말이 나오면 주의해야 한다. 얼굴이 새빨개져서 화를 내기 때문이다. 부하 직원들로서는 죽을 맛이다. 시간을 들여서 관계자와 이야기를 나누며 준비를 마쳐도 박 과장의 짜증 한 번에 뒤집혀버리기 일쑤다.

'리더는 자신다움을 잃지 말아야 한다.'라는 진정성 리더십에서는 박 과장처럼 "이것이 내 방식이다."라는 주장이 정당화되는 경향이 있다. "이게 나야. 어쩔 수 없어."라고 정색하며, 주위에서 "조금 바뀌었으면 좋겠다."라고 부탁해도 고집스럽게 바꾸지 않을 때가 많다.

그러나 리더의 자질이 부족한 자가 있는 그대로 행동하는 것은 악영향이 크다. 이는 결코 남의 일이 아니다. 자신의 눈에는 자신의 문제가 보이지 않기 마련이다. 스타일을 고집스럽게 바꾸지 않는 리더는 언젠가 성장이 멈춘다. 이 책에서는 이런 상황에 빠지지 않기 위한 대책이 소개되어 있다.

[대책①] 자신이 어떻게 보이고 있는지를 안다: 신뢰할 수 있는 동료에게 자신과 함께 일할 때의 어려운 점을 물어본다. 이때 정당화하거나 변명하지 말고 동료의 말을 그대로 받아 적는다.

[대책②] 혼자만의 장소에서 반론한다: ①을 다시 읽어보고, 진심으로 하고 싶은 말을 전부 문장으로 적어본다. 그다음에 그 문장을 소리 내어 읽고 '이것이 진짜 나야.'라고 인정한다.

[대책③] 다른 방법·태도·말투를 생각한다: ①의 비판은 반복될 가능성이 높으므로 다른 방법을 생각한다. 이를테면 "이게 내 성격인 걸 어쩌라고."라고 말하기 전에 머릿속에서 천천히 '하나, 둘, 셋'을 센 다음 "조금 더 자세히 가르쳐줄 수 있겠나?"라고 물어본다.

[대책④] 지나간 일은 마무리한다: ①의 동료와 이야기를 나누고, 불

쾌한 대응을 했던 것을 사과한다.

[대책⑤] 결과를 받아들인다: 잘못된 행동을 한 결과는 자신이 책임지고 받아들인다. 이를테면 폐를 끼친 사람에게 사과의 이메일을 보낸다.

있는 그대로의 자신을 드러내기 전에 '나는 어떤 사람인가?'를 똑바로 바라보는 것이 중요하다. 진정성 리더십에서는 제일 먼저 자기 인식이 필요하다.

세계적인 신뢰도 조사에 따르면, 2013년 현재 비즈니스 리더에 대한 신뢰감은 18퍼센트에 불과했으며 "적극적으로 업무에 몰입한다."라고 대답한 사원은 13퍼센트밖에 안 되었다고 한다. 비즈니스 리더가 신뢰받지 못하고 직원의 의욕도 낮은 것이 세계적인 현실이므로 더더욱 진정성 리더십이 필요하다.

누구든 자신다움을 잃지 않고 리더가 될 수 있다. 이 책은 비교적 분량이 적고 요점을 파악하기 쉬우므로 리더를 지향하는 사람은 꼭 도전해보기 바란다.

POINT

자신을 똑바로 바라보며, '자신다움'을 잃지 마라.

리처드 와이즈먼
Richard Wiseman

영국 런던 출신의 심리학자. 도서관에서 발견한 책에 매료되어 10세에 마술의 재능에 눈떴고, 20대 전반에는 세계를 무대로 활약한다. 그 후 마술의 이면에 숨어 있는 사람의 심리에 강한 흥미를 느껴 런던 대학에서 심리학을 전공하고 에든버러 대학에서 박사 학위를 취득한 뒤 하트퍼드셔 대학에 연구실을 차렸다. 연구자로서 활약하는 가운데 비즈니스 컨설턴트로서 기업을 상대로 강연을 할 때도 많다.

BOOK.39

잭팟 심리학
The Luck Factor

행운을 만드는 메커니즘

내가 강연에서 성공 사례를 이야기하면 "그저 운이 좋았던 것 아닌가요?"라고 말하는 사람이 간혹 있다. 절반은 맞고 절반은 틀린 지적이다. 분명히 성공한 사람은 운이 좋다. 그러나 운의 씨앗은 모두에게 평등하게 주어진다. 운의 씨앗을 뿌려 싹을 틔우는 사람에게 행운이 찾아온다. 이 책은 운의 싹을 틔우는 방법을 소개한다.

저자는 프로 마술사였는데, 관객이 트릭에 속는 심리에 흥미를 품고 심리학자가 되었다. 늘 운이 좋은 사람과 늘 운이 나쁜 사람이 있다는 데 흥미가 생긴 와이즈먼은 8년에 걸쳐 인터뷰와 실험을 진행하며 운이 좋은 사람과 운이 나쁜 사람 수백 명을 연구했다. 그리고 운이 좋은 사람은 자신도 모르는 사이에 행운을 만들어내고 있음을 알게 되었다. 그 단순한 방법론을 정리한 이 책은 영국과 미국에서 베스트셀러가 되었으며 각종 언론매체에도 소개되었다.

연구 초기에 와이즈먼은 '혹시 운이 좋은 사람은 예지 능력이 있는 것이 아닐까?'라고 생각했다. 그래서 운이 좋은 사람과 운이 나쁜 사람에게 로또 당첨 번호를 예상하게 했다. 700명 이상을 대상으로 한 이 실험에서 그는 실험 대상자에게 로또 당첨 번호 6개를 예상하게 하고, 운이 좋은 사람인지 운이 나쁜 사람인지 판정할 수 있는 질문도 넣었다. 그러나 결과는 운이 좋은 사람과 운이 나쁜 사람의 당첨 번호 적중률에 전혀 차이가 없었다. 행운과 예지 능력은 아무런 상관이 없었던 것이다.

다만 이 실험에서는 다른 발견이 있었다. 운이 좋은 사람은 "당첨 번호를 맞힐 자신이 있다."라고 대답한 비율이 운이 나쁜 사람의 2배가 넘었다. 이에 와이즈먼은 "운은 자신감과 관계가 있을지도 모른다."라는 가설을 세운 뒤 사고방식과 행동의 차이를 분석했다. 그 결과 운이 좋은 사람의 법칙 4가지를 찾아냈다.

기회를 확대한다

와이즈먼은 완전히 똑같은 우연을 준비하고 운이 좋은 사람과
운이 나쁜 사람의 행동을 관찰했다. "나는 운이 좋다."라고 말하
는 남성과 "나는 운이 나쁘다."라고 말하는 여성에게 각각 카페
에 오라고 하고 그들이 오기 전에 카페 입구 바닥에 지폐를 놓아
두었다. 또한 카페에는 테이블 4개를 놓고 협력자 4명을 1명씩
앉혔다. 4명 중 1명은 성공한 실업가였다.

운이 좋다는 남성은 지폐를 줍고 카페 안으로 들어갔으며, 실
업가의 옆에 앉은 뒤 수 분 만에 자기소개를 하며 대화를 시작했
다. 한편 운이 나쁘다는 여성은 입구에 떨어져 있는 지폐를 발견
하지 못했으며, 실업가의 옆자리에 앉았으면서도 말을 걸지 않
았다.

실험 후 그들에게 "오늘은 어떤 행운이 있었습니까?"라고 묻
자 운이 나쁘다는 여성은 무표정하게 "아무것도……."라고 대답
했다. 반면에 운이 좋다는 남성은 "길에서 운 좋게 돈을 주웠지
요. 게다가 카페에서는 성공한 실업가와 만나 이야기를 나눌 수
있었습니다."라고 자세히 설명했다. 같은 우연을 만나더라도 전
혀 다른 인생이 될 수 있다.

운이 좋은 사람은 일상생활 속에서 '운의 네트워크'를 구축한
다. 많은 사람과 만남으로써 우연한 기회를 만날 확률을 높인다.

또한 만난 상대와 계속 연락을 주고받음으로써 '운의 네트워크'를 확대한다. 인터뷰 동영상을 보면 웃는 횟수가 2배 이상 많으며 아이 콘택트의 횟수도 훨씬 많았다. 본인도 깨닫지 못하는 몸짓이나 표정이 사람들을 매료시켰던 것이다.

또한 운이 좋은 사람은 인터넷이나 신문 기사에서 우연히 큰 기회를 발견하는 경우도 많다. 어깨의 힘을 빼고 편하게 있는 까닭에 우연한 기회를 쉽게 깨닫는 것이다.

신선한 경험을 받아들이고 생활에 변화를 줄 방향으로 고심함으로써 의도치 않은 행동이 새로운 우연을 불러들인다. 사과 농장 같은 장소에서 계속 사과를 주우면 주울 수 있는 사과의 수가 줄어들지만, 매일 마음 가는 대로 장소를 바꾸면 주울 수 있는 사과의 수가 비약적으로 증가하는 것과 같은 이치다.

· 제2법칙 ·
직감을 믿는다

부끄러운 이야기이지만, 나는 '연인이 없는 기간'이 길었다. 소개팅을 해도 퇴짜 맞기 일쑤였다. 그러다 30대 후반이 되어서야 지금의 아내를 만나 '이 사람이 나의 반려자구나.'라고 직감하고 3개월 뒤에 약혼식을, 반년 뒤에 결혼식을 올렸다. 이 일을 통해 나는 '직감이나 본능은 의외로 정확함'을 실감했다.

이 책에는 반대의 사례도 소개되어 있다. 한 여성은 최초의 연인을 만난 지 2개월 만에 헤어졌다. 두 번째 연인과는 동거를 했는데, 동거생활을 시작한 지 2개월 만에 상대가 일자리를 잃었다. 그녀의 장학금으로 생활비를 충당해봤지만 두 사람은 결국 헤어졌고, 여성은 거액의 빚을 지게 되었다. 연인들을 만났을 때, 그녀의 본능은 '이 사람과 사귀면 안 돼.'라고 외쳤지만 그녀는 직감을 무시했다. 운이 나쁜 사람은 직감을 무시하다 나중에 후회한다.

운이 좋은 사람은 직감을 믿는다. 대인 관계에서는 90퍼센트, 업무상의 선택에 관해서는 80퍼센트를 직감에 의지한다. 직감은 놀랄 만큼 신뢰할 수 있다. 우리는 무의식중에 패턴을 파악하며, 틀렸을 때는 본능이 경고를 보낸다. 마음 깊은 곳에서 '뭔가가 잘못됐어.'라고 감지하면 그 미묘한 감각을 직감이 알려준다.

직감을 갈고닦으려면 '통찰의 노인을 찾아가는 방법'이 효과적이다. 조용한 방에 편하게 앉아서 눈을 감고 심호흡을 한다. 당신은 어느 산속 동굴의 입구에 서 있다. 동굴 안으로 들어간 순간, 어깨에서 힘이 빠져나가는 것을 느낀다. 동굴 속에 있는 노인이 "자네의 선택지를 하나하나 설명해보게."라고 말한다. 그러면 당신은 그 선택지를 어떻게 느끼고 있는지, 무엇이 옳고 무엇이 틀린지를 머릿속에 떠오른 대로 노인에게 정직하게 말하는 것이다.

객관적 사실과 직감이 같을 때는 실행하면 된다. 그러나 불안감을 느낀다면 다시 한번 생각해야 한다.

· 제3법칙 ·
행운을 기대한다

내가 IBM의 직원이었을 때 봤던 마케팅 전문가 인증 시험은 굉장히 어려운 시험이다. 3회 연속으로 낙방했는데도 나는 아무런 근거도 없이 '다음에는 반드시 합격할 거야.'라는 믿음이 있었다. 다시 몇 년 동안 열심히 공부했고 마침내 4번째 도전 만에 합격했다. 일찌감치 포기한 동료도 많았지만 미련이 남아 포기하지 못했던 나는 운 좋게 합격할 수 있었고, 덕분에 지금의 내가 되었다.

운이 좋은 사람은 약간의 가능성만 있어도 노력하며, 실패하더라도 온갖 방법으로 다시 도전한다. 한편 운이 나쁜 사람은 실패할 것이라고 믿고 노력도 궁리도 하지 않는다. 그리고 실패는 현실이 된다.

와이즈먼은 간단한 실험을 했다. 퍼즐을 2개 준비해 "하나는 풀 수 있는 퍼즐, 다른 하나는 풀 수 없는 퍼즐입니다."라고 전한 뒤 둘 중 하나를 피험자에게 건넸는데, 사실은 둘 다 풀 수 있는 퍼즐이었다. 실험 결과, 퍼즐 풀기를 포기한 비율은 운이 좋은 사람이 30퍼센트, 운이 나쁜 사람이 60퍼센트였다. 운이 나쁜 사람은 시작하기도 전에 포기하기도 했다.

운이 좋은 사람은 기대가 높다. 운이 없어도 '불운은 오래 계속되지 않아. 금방 끝날 거야.'라고 생각한다. 운이 나쁜 사람은 반대로 '행운은 금방 끝나고 다시 불운이 찾아올 거야.'라고 생각한다. 기대감은 일상의 사고방식, 표정, 행동에도 반영된다. 그래서 운이 좋은 사람은 계속 도전한 끝에 성공하며, 운이 나쁜 사람은 일찌감치 포기해 실패한다. 양쪽 모두 자신이 기대한 결과를 얻게 되는 것은 당연한 결과다. 먼저 '나는 운이 좋아.'라고 진심으로 믿자. 그러면 많은 일이 달라질 것이다.

· 제4법칙 ·
불운을 행운으로 바꾼다

"은행 강도를 만나서 팔에 총을 맞았다. 이것은 운이 좋은 것인가, 나쁜 것인가?"

와이즈먼의 질문에 운이 나쁜 사람은 즉시 "운이 나쁘다."라고 대답했다. 개중에는 "무슨 이런 질문이 다 있습니까? 정신이 나가지 않고서야 누가 이걸 운이 좋다고 생각하겠어요?"라고 말하는 사람도 있다. 그러나 같은 질문에 운이 좋은 사람은 "행운이다."라고 대답하는 사람이 많았다. "머리나 가슴에 맞았다면 즉사했을 것 아닙니까? 팔에 맞았으니 운이 좋은 거죠."라는 것이다.

운이 좋은 사람은 더 불운할 가능성을 생각함으로써 타격을 최소화하며 미래에 높은 기대를 품어서 운이 좋아진다. 한편 운이 나쁜 사람은 운이 좋은 사람과 자신의 불운을 비교하며 불평하기 때문에 타격으로부터 더디게 회복한다.

과거는 바꿀 수 없다. 그러나 미래는 바꿀 수 있다. 불운을 좋은 방향으로 해석하고 행동하면 커다란 행운으로 연결될 때가 많다. 어느 운이 좋은 사람은 이렇게 말했다.

"나의 멋진 경험 중 몇 가지는 최악의 경험에서 만들어졌다.

운이 좋은 사람의 4가지 법칙

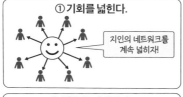

① 기회를 넓힌다.

지인의 네트워크를 계속 넓히자!

② 직감을 믿는다.

그만두자!

하자!

③ 행운을 기대한다.

점점 더 좋아질 거야! 목표를 실현할 수 있어!

목표

④ 불운을 행운으로 바꾼다.

불운 → 행운

최악은 면했네. 지금이 바닥이니 반등할 수 있어. 이 불행을 행운으로 바꾸자!

출처: 《잭팟 심리학》을 바탕으로 필자가 작성

운이 좋네, 나쁘네 하지만, 내게 운은 그저 운일 뿐이다. 그것을 행운으로 볼지 불운으로 볼지는 나 자신이 결정할 일이다."

이 책에서는 자신의 행운 점수를 진단할 수 있으며, 운 좋은 사람이 되기 위한 대책도 개별적으로 소개되어 있다. 나는 제 2~4법칙은 점수가 높았지만 제1법칙은 평범한 수준이었고, 인간관계를 확대하는 것이 좋다는 대책이 나왔다.

와이즈먼은 이 연구를 바탕으로 1개월 과정의 '행운 워크숍'을 개최하고 있다. 워크숍에 참가하기 위해서는 먼저 "저는 운을 단련하고 싶습니다. 제 사고방식과 행동을 바꾸려고 노력하겠습니다."라고 맹세해야 하는데, '나는 운이 나빠.'라고 생각했던 많은 참가자가 실제로 행운 워크숍을 통해 크게 변화했다고 한다. 진심으로 평소의 행동을 바꾼다면 당신도 운이 좋은 사람이 될 수 있다.

POINT

기회를 넓히고, 직감을 믿으며, 행운을 기대하고, 불운을 행운으로 바꿔라.

BOOK.40

그릿

Grit

'끝까지 해내는 힘'을
어떻게 키울 것인가?

앤절라 더크워스

Angela Duckworth

펜실베이니아 대학의 심리학 교수. 미국 교육계
에서 중요시되는 '그릿(끝까지 해내는 힘)' 연구
의 일인자이며, 다양한 분야의 리더를 대상으로
조언과 강연을 하고 있다. 하버드 대학을 졸업한
뒤 교육 NPO의 설립·운영에 관여했으며, 옥스퍼
드 대학에서 석사 학위를 취득했다. 이후 매킨지
의 경영 컨설턴트와 공립 중학교의 수학 교사를
거쳐 펜실베이니아 대학 대학원에서 박사 학위를
취득하고 심리학자가 되었다

"오타니는 틀림없이 외계인이야."

미국 언론이 혀를 내두를 정도로
오타니 쇼헤이는 메이저리그에서
대활약을 하고 있다. 분명히 오타니
는 특출한 재능의 소유자다. 그러나
세계는 넓다. 메이저리그라면 그와
비슷한 재능을 지닌 선수가 있다 해도 이상하지 않다. 이렇게 생
각하면 오타니의 활약은 재능만으로는 설명이 되지 않는다.

이 책은 그 힌트를 우리에게 가르쳐준다. 취미가 없다고 공언
하는 오타니는 사적인 시간에도 거의 외출하지 않는다고 한다.
그의 행동은 일관되게 '이도류(투수와 타자 겸업)'에 집중되어 있
다. 오타니의 활약의 원천은 바로 '끝까지 해내는 힘'이다.

우리는 '성공에는 반드시 재능이 필요하다.'라고 생각하는 경향이 있다. 그러나 세계를 크게 바꾼 위인들이 반드시 천재적인 지능의 소유자였던 것은 아니다. 가령 뉴턴의 추정 지능지수(IQ)는 130이었다. 분명히 우수한 지능이기는 하지만, 인구의 2퍼센트가 IQ 130 이상이니 사실 평범한 학교의 우등생과 비슷한 수준이다. [Book 36]에서도 소개했듯이 현실의 위인은 그럭저럭 재능이 있는 사람이 꾸준히 노력을 거듭한 끝에 위대한 성과를 만들어낸 경우가 많다.

더크워스는 "재능보다 노력이 2배는 더 중요하다."라며 그 노력하는 능력을 '끝까지 해내는 힘(그릿)'이라는 개념으로 정리하고, 이 책에서 그 연구 성과를 풍부한 사례와 함께 소개했다. 펜실베이니아 대학의 심리학부 교수인 더크워스는 미국 교육계에서 주목받고 있는 그릿 연구의 일인자다. 이 책은 2016년에 미국에서 간행되어 베스트셀러가 되었다.

비즈니스 종사자가 탁월한 성과를 손에 넣으려면 '끝까지 해내는 힘'이 반드시 필요하다. 그래서 이 책의 정수를 소개하려 한다.

'끝까지 해내는 힘'과 '재능'의 관계

영단어의 스펠링은 참 어렵다. 가령 'cymotrichous(물결처럼 곱

슬곱슬한 머리카락을 가진)' 같은 단어의 스펠링을 정확히 아는 사람은 거의 없을 것이다. 그런데 이는 영어가 모국어인 미국인도 마찬가지인지, 학생들이 스펠링의 정확성을 겨루는 대회가 있을 정도다.

이 책에는 이 대회에서 '끝까지 해내는 힘'을 조사한 결과가 소개되어 있다. 많은 사람이 이 대회에서 우승하려면 언어지능이 필수라고 생각하는데, 더크워스는 '끝까지 해내는 힘은 이 대회에서 우승하는 데 얼마나 중요할까?'라는 의문을 품었다.

그래서 대회 사무국의 협력을 얻어 학생들의 '끝까지 해내는 힘', '연습 시간', '언어지능'을 조사했다. 그리고 '끝까지 해내는 힘'이 강한 학생들이 우승한다는 결과를 얻었다. 우승한 학생들은 남들보다 더 오랜 시간을 연습했다. 한편 '언어지능'과 '끝까지 해내는 힘'의 사이에는 상관관계가 없었다.

올림픽에서 금메달을 딴 선수들이 인터뷰에서 "제가 금메달을 딸 줄은 몰랐습니다."라고 말하는 장면을 종종 보는데, 이것은 결코 겸손이 아니다. 올림픽 출전 선수를 연구한 어느 연구자는 논문에서 다음과 같은 결론을 내렸다.

"인간의 모든 위대한 업적은 사실 작은 것을 수없이 쌓아 올린 결과물이다. '당연한 것'을 하나하나 계속 쌓아 올림으로써 생겨나는 상승효과를 통해 탁월한 수준에 도달할 수 있었던 것이다."

우리는 탁월한 운동선수를 보면 '천부적인 재능'이라고 생각하는 경향이 있지만, 이것은 그들이 수천 시간에 이르는 힘든 훈련을 몇 년씩 거듭한 결과다. 그렇다면 왜 우리는 탁월한 사람을 보면 '이 사람은 천재다.'라고 생각하고 싶어 하는 것일까? 이 문제를 깊이 고민한 철학자 프리드리히 니체는 이렇게 말했다.

"'저 사람은 천재다.'라고 생각하면 사람은 자신의 노력 부족에 열등감을 느끼지 않아도 된다. 그러나 달인은 사실 노력을 통해서 위업을 이루어냄으로써 천재가 되었다. 실력이 뛰어난 숙련공처럼 진지하게 부품 하나하나를 조립해서 결국 장대한 결과물을 만들어낸 것이다."

애초에 재능만으로는 성과를 달성할 수 없다. 먼저 노력으로 재능을 살려 높은 스킬을 획득해야 한다. 그러나 높은 스킬만으로도 성과를 달성하기에는 충분치 않다. 획득한 스킬을 활용해 성과를 올려야 한다. 더크워스는 재능, 노력, 스킬의 관계를 다음과 같은 2개의 간단한 식으로 표현했다.

스킬 = 재능 × 노력
달성 = 스킬 × 노력

두 식에 모두 노력이 들어간다는 데 주목하기 바란다. 현대 미국 문학을 대표하는 작가 존 어빙(John Irving)은 "대부분의 작품을 처음부터 마지막까지 고쳐 쓴다. 그럴 때마다 내가 얼마나 재능이 없는지 뼈저리게 느낀다."라고 말했다.

그는 난독증이 있어서, 글자를 손가락으로 가리키지 않으면 읽지 못한다. 그래서 읽고 쓰기가 서툴렀지만, 읽고 쓰기를 수없이 반복하는 사이에 이전에는 하지 못했던 것을 당연하게 할 수 있게 되었다. 그리고 읽고 쓰는 능력이 떨어진다는 그의 약점은 오히려 강점이 되었다. 소설 집필은 속도가 느리더라도, 계속해서 고쳐 쓰더라도 누군가에게 피해를 주지 않는다. 매일 꾸준히 노력을 거듭한 결과 미국 문학의 대가가 된 것이다.

이것이 방대한 수와 양을 소화해내는 노력가가 노력하지 않는 천재보다 훌륭한 성과를 올리는 메커니즘이다. 재능과 스킬은 별개다. 재능은 선천적인 것이지만, 재능이 성과를 낳지는 않는다. 성과를 낳는 것은 재능이 아닌 스킬이다. 그리고 스킬은 수백, 수천 시간을 들여서 익히는 수밖에 없다.

목표는 끝까지 해내는 힘을 키운다

1926년, 심리학자인 캐서린 콕스 부데이(Katherine Cox-Buday)는 위대한 업적을 달성한 역사상의 인물 301명을 조사했다. 그리고 위인과 일반인의 결정적인 차이는 4개의 '지속적 동기 부여'라고 발표했다.

① 장기적인 목표를 시야에 넣고 명확한 목표를 향해서 노력한다.

② 일단 어떤 일에 몰두하기 시작하면 쉽게 그만두거나 다른 새로운 일에 눈을 돌리지 않는다.

③ 일단 목표를 결정하면 '끝까지 해내자.' 하고 다짐하는 강한 의지가 있다.

④ 장해물에 부딪혀도 포기하지 않고 몰두하는 강한 끈기와 참을성이 있다.

지능 수준은 평범하지만 끈기 있게 노력하는 사람은 지능 수준은 최고이지만 노력하지 않는 사람보다 훨씬 위대한 공적을 세웠다. 중요한 것은 목표다. 지향하는 목표가 있으면 그 목표를 향해 끈기 있게 노력할 수 있다.

목표는 다음의 그림과 같은 구조다. 위로 갈수록 추상적이고, 전체적이며, 중요하다. 최상위에는 각각의 목표 전부를 관통하는 목표가 있다. 최상위의 목표는 그 자체가 '목적'이다. 자신의 행동의 방향성을 결정하는 나침반이다.

가령 나의 최상위 목표는 '일본 비즈니스 업계에 몸담은 이들의 업무능력을 높이는 것'이고, 중위 목표는 '집필'과 '나가이 경영 아카데미', '강연·연수'이며, 하위 목표는 '신간 출판', '나가이 경영 아카데미의 커리큘럼', '각각의 강연·연수'다. 모든 활동은 최상위 목표의 달성을 위해 존재한다.

타인이나 사회에 공헌한다는 목적이 목표 달성의 강력한 엔진이 된다. '끝까지 해내는 힘'이 강한 사람은 평범한 사람에 비

목표가 있으면 '끝까지 해내는 힘'이 가속된다

나의 경우

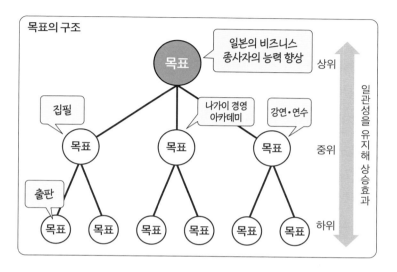

단, 하위의 목표는 임기응변으로 재검토한다.

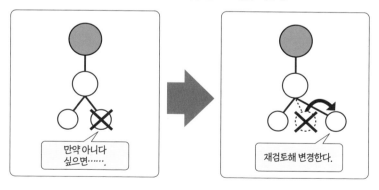

출처: 《그릿》의 그림을 바탕으로 필자가 일부 추가

해 '의미 있는 일을 하고 싶다', '타인이나 사회에 도움이 되고 싶다'라는 마음이 강하다. 최상위 목표를 강하게 품으려면 그런 목적을 체현하고 있는 '모범 인물'을 찾아내야 한다.

또한 하위나 중위 목표는 임기응변으로 변경하는 유연함도 필요하다. 중요도가 높은 상위 목표는 안일하게 타협하지 말아야 하지만, 하위 목표는 상위 목표를 달성하기에 더욱 알맞은 것으로 유연하게 바꿔도 된다.

참고로 사람이 성숙해져 경험이 쌓이면 '끝까지 해내는 힘'도 커진다. 이것이 '성숙의 법칙'이다. 항상 늦잠을 자서 상습적으로 지각하는 대학생도 아르바이트하는 가게에서 "한 번만 더 지각하면 해고하겠어."라는 말을 들으면 다음 날부터는 자명종 시계를 2개 준비해서라도 늦잠을 자지 않는다. 사람은 익숙하지 않은 상황 속에서 열심히 노력하는 사이에 새로운 사고법이나 행동을 익히며, 그것은 습관이 된다.

'끝까지 해내는 힘'을 익히는 방법

'끝까지 해내는 힘'을 익히는 방법은 여러 가지가 있다. 먼저 자신이 흥미를 가질 수 있는 일을 찾아내야 한다. 흥미 있는 일을 하면 만족도가 높아지고 일이 재미있으면 실적도 향상된다는 것은 이미 연구를 통해 검증된 사실이다. "나는 하고 싶은 일이 없어. 찾으려고 애써봤지만 못 찾겠어."라는 사람도 많은데, 걱정할 필요는 없다. 본래 천직을 만나기까지는 시간이 걸리는 법이다.

나는 천직을 만날 때까지 엔지니어, 상품 기획, 상품 개발, 영업 등 다양한 일을 했다. 도중에 사진작가가 되려고 한 적도 있었다. 그러다 30대 후반이 되어서야 천직인 마케팅과 만날 수 있었다. 책의 집필은 40대 후반에, 인재 육성은 50대 전반에 시작했다. 사회에 진출해 15~25년 동안 시행착오를 거친 끝에 천직을 만난 것이다. 조금이라도 흥미를 느낀 것이 있다면 일단 몰두해보기 바란다. 계속하다 보면 천직과 만날 수 있을 것이다.

힘든 상황에서도 끈기 있게 노력하려면 '나는 바뀔 수 있어. 성장할 수 있어.'라고 믿고 낙관적으로 생각해야 한다. 뇌는 계속해서 진화한다. 뇌의 신경 조직은 끊임없이 새로운 결합을 늘린다. 지능도 타고나는 것이 아니다. 계속해서 진화한다. 당신이 몇 살이든 반드시 변화할 수 있고 성장할 수 있다. 일상생활 속에서 항상 낙관적으로 생각하는 훈련을 의식적으로 하면 어려운 상황에 빠지더라도 자신의 사고방식을 바꿀 수 있다.

어떤 조직에 들어가는가도 중요하다. 올림픽 출전 선수를 연구한 어느 연구자는 "위대한 선수가 되려면 위대한 팀에 들어가는 수밖에 없다."라고 말했다. 주위의 모두가 새벽 4시에 일어나 훈련하는 환경 속에 있으면 자신도 자연스럽게 그것이 당연해지기 마련이다. 사람들이 "좋은 학교, 좋은 기업에 들어가야 한다."라고 말하는 이유도 바로 이 때문이다. 끝까지 해내는 힘을 강화하고 싶다면 끝까지 해내는 힘이 강한 조직을 찾아내 그 조직의 일원이 되어야 한다.

끝까지 해내는 힘에는 단점도 있다. 무엇이든 끝까지 계속하려다가 진정으로 자신에게 맞는 일과 만날 수 있는 기회를 놓칠 위험성도 크다. 그러므로 '내게는 중요한 것은 무엇인가?'를 끊임없이 자문하는 것이 중요하다. 다만 세상에는 끝까지 해내는 힘이 약해서 고민하는 사람이 압도적으로 많다. 끝까지 해내는 힘이 지나치게 강해서 고민인 사람은 예외적인 존재라고 할 수 있다.

이 책은 최신 연구 결과를 바탕으로 우리에게 노력을 거듭해야 하는 이유를 가르쳐준다.

POINT

재능을 살리기 위해서도 성과를 내기 위해서도 노력이 필요하다.

BOOK.41

일 잘하는 당신이 성공을 못하는 20가지 비밀

What Got You Here
Won't Get You There

왜 높은 자리에 오를수록
나쁜 습관이 생기는가?

마셜 골드스미스 외
Marshall Goldsmith

경영자 코칭의 일인자. 잭 웰치 전(前) CE 회장을 비롯해 세계적 대기업의 경영자를 코칭한 것으로 유명하다. 1949년에 켄터키주에서 태어나, UCLA에서 박사 학위를, 인디애나 대학에서 MBA를 취득했다. 1976년부터 대학에서 학생들을 가르치는 가운데 전문 분야인 '360도 피드백'의 수법을 구사해 리더십 능력 개발 프로그램에 종사했다. 공저자인 마크 라이터는 세계 유명 저자들의 저작권 대리인 겸 작가다.

한 회사의 CEO인 카를로스는 사람들과 이야기를 나누는 것을 매우 좋아한다. 어느 날, 디자이너가 신상품 패키지의 시안을 보여주자 카를로스는 이렇게 말했다. "아주 좋아! 다만 연한 파란색으로 바꾸면 고급스러운 느낌이 나지 않을까?"

1개월 후, 최종안을 본 카를로스의 반응은 이랬다. "마음에 들어. 그런데 빨간색이 더 나을 것도 같군."

1개월 동안 죽어라 일한 디자이너는 힘이 쭉 빠졌다. 카를로스는 자신이 악의 없이 던진 말 한마디가 명령이 되어서 회사 내부를 큰 혼란에 빠뜨린 줄 꿈에도 몰랐다. 본인은 자유롭게 토론하는 조직을 만들 생각이었지만, 실제로는 최고 경영자가 세세한 부분까지 지시하고 간섭하는 조직이 되어버린 것이다. '항상 무엇인가 한마디를 덧붙이는' 나쁜 습관을 가진 카를로스의 이야기는 이 책의 첫머리에 등장한다.

사람은 누구나 이런저런 습관이 있다. 우리는 자신도 모르는 사이에 나쁜 습관이 밴다. 이 책은 그런 나쁜 습관이 왜 생기며 주위 사람들이나 자신의 커리어에 어떤 악영향을 끼치는지를 친절하게 설명한다.

경영 관리자로서 높은 자리에 오를수록 대인 능력이 중요시되는데, 사실 대인 능력은 모든 비즈니스 종사자에게 요구되는 능력이다. 이 책은 단순히 최고 경영자를 위한 책이 아니라 더 발전하고 싶어 하는 모든 비즈니스 종사자를 위한 책이다.

저자는 GE의 CEO였던 잭 웰치(Jack Welch)를 코칭한 것으로 유명한 경영진 코칭의 선구자적 존재다. 그가 1인당 25만 달러(3억 원)를 내야 받을 수 있는 코칭의 정수를 아낌없이 공개한 이 책은 미국에서 발매하자마자 아마존 종합 1위를 획득했고, 〈월스트리트 저널〉지와 〈뉴욕타임스〉지의 비즈니스 서적 분야에서도 1위에 올랐다.

성공한 CEO일수록 나쁜 습관이 생기는 이유

CEO가 되는 사람들은 예외 없이 우수한 인재일 텐데 왜 나쁜 습관이 생기는 것일까? '자신도 의견을 내면서 팀 전체가 자유롭게 토론하는 방법'으로 실적을 내온 리더가 CEO가 된 뒤에도 그 방법을 바꾸지 않는 경우를 생각해보자. CEO의 말은 리더의 말보다 훨씬 무게감이 있다. CEO가 낸 의견은 그대로 지시가 되며, 사원들은 잠자코 그 지시를 따르게 된다. 그러나 CEO가 과거의 성공 체험을 기억하고 있으면 이 사실을 깨닫지 못한다.

이를 '성공의 역설'이라고 한다. 조건이 바뀌면 과거의 성공 체험은 통용되지 않는다. 리더 시절의 성공 체험은 CEO가 되면 '단순한 미신'으로 변한다. 그러나 자신이 미신에 사로잡혀 있음을 모르는 사람이 많다. '나는 이 방식 덕분에 성공했어.'라고 믿어 의심치 않는데, 조직의 상부로 올라갈수록 그 폐해가 다양한 측면에서 나타난다. 이 책의 원제 'What got you here won't get you there(지금까지의 방식은 앞으로 통용되지 않는다)'는 바로 이런 상황을 표현한 것이다.

골드스미스는 "대책은 과거에 성공해온 행동을 되돌아보는 것이다."라고 말한다. 시험 삼아 가족이나 동료가 싫어하는 당신의 나쁜 습관이나 행동을 한 가지 떠올리고 자문자답해보기 바란다. 그 행동을 계속하는 이유는 이전에는 그렇게 하면 무엇인가 좋은 일이 있었기 때문인가? 그 행동은 현재도 긍정적인 결과를 가져다주고 있는가? 만약 결과가 부정적이라면 단순히 자신의 이기심을 정당화하고 있을 뿐인지도 모른다.

그런데 '이래서는 안 돼.'라고 생각하면서도 좀처럼 습관을 바꾸지 않는 사람이 많다. 자신의 중요한 무엇인가가 위협을 받아야 비로소 바꾸자고 결심한다. 소중한 배우자에게 "이제 더는 못 참겠어. 달라질 생각이 없다면 우리 그냥 헤어지자."라는 최후통첩을 받은 뒤에야 마음을 고쳐먹고 진지하게 바뀌려 할 것이다.

골드스미스도 자신이 코칭한 CEO들이 문제를 알고 있으면서도 좀처럼 바뀌지 않았기 때문에, 그 문제를 방치하면 커리어에 어떻게 손해를 보는지 실감시키는 방식으로 코칭을 했다고 한다.

골드스미스는 자신의 코칭 경험을 바탕으로 다음 그림처럼 나쁜 습관 20개를 정리했다. '저거 난데?'라고 생각한 사람이 많을 것이다. 다만 나쁜 습관 20개를 전부 가진 사람은 거의 없다. 성공한 사람이라도 이 가운데 1~2개를 가지고 있다.

이런 나쁜 습관을 고치는 방법은 단순하다. 가령 카를로스의 나쁜 습관인 '지나친 의견 추가(②)'는 단순히 말을 안 하면 해결된다. 그런데 이것이 간단하지 않다. 여기에서는 특히 중요한 ①부터 ⑤까지를 깊게 살펴보자.

직장을 불쾌한 장소로 만드는
리더의 20가지 나쁜 습관

- ❶ 과도한 승부욕
- ❷ 지나친 의견 추가
- ❸ 쓸데없는 비평
- ❹ 파괴적인 말
- ❺ 부정적 표현
- ❻ 잘난 척하기
- ❼ 격한 감정
- ❽ 반대 의견
- ❾ 정보의 독점
- ❿ 인색한 칭찬

- ⓫ 남의 공 가로채기
- ⓬ 변명
- ⓭ 핑계
- ⓮ 편애
- ⓯ 사과하지 않기
- ⓰ 경청하지 않기
- ⓱ 감사하지 않기
- ⓲ 엉뚱한 화풀이
- ⓳ 책임 전가
- ⓴ 자기 미화

출처: 《일 잘하는 당신이 성공을 못하는 20가지 비밀》

나쁜 습관 1 과도한 승부욕

내가 어느 선배의 집에 초대를 받았을 때 있었던 일이다. 승부욕이 강한 그 선배는 초등학생인 아들과 비디오 게임을 하다 자신이 이기자 아들에게 손가락질하며 "바~보, 바~보."라고 놀렸다. 물론 이기고 싶은 마음은 이해한다. 그러나 자신의 아들을 노골적으로 비웃는 모습은 썩 보기 좋지 않았다.

'과도한 승부욕'은 거의 모든 문제의 근간에 자리하고 있다. 지나치게 토론에 집착하고, 타인을 헐뜯고, 상대방을 무시하는 등 상대방을 불쾌하게 하는 행동은 필요 이상으로 상대방을 이기고 싶어서 불필요한 노력을 하는 데서 비롯된다. 성공한 사람이나 성공을 지향하는 사람일수록 이런 경향이 강한데, 자신의 결점을 이해하며 타인을 상대할 때 승부욕을 억제한다면 더욱 성공할 수 있을 것이다.

나쁜 습관 2 지나친 의견 추가

앞에서 소개한 카를로스의 나쁜 습관이 바로 이것이다. 본인의 조언으로 부하 직원의 아이디어가 5퍼센트 정도는 개선될지도 모르지만, '부하 직원의 아이디어'는 '당신의 아이디어'가 되어버려서 결과적으로 부하 직원의 의욕은 50퍼센트 하락한다. '부하 직원의 아이디어를 오염시킨' 것이다.

높은 지위에 있는 사람일수록 자신이 아니라 타인을 승자로 만들어줘야 한다. 말을 꺼내기에 앞서 심호흡을 한 번 하고 '내가 이 말을 하는 것이 정말 의미가 있는가?'를 생각해보자.

나쁜 습관 3 쓸데없는 비평

상대방이 기껏 제안을 해줬는데 "그거 좋군", "그건 별로야" 하고 비평하는 사람이 꼭 있다. "당신, 대체 뭐 하는 사람이요?"라는 말이 저절로 나오게 된다. 이에 대해 골드스미스는 "긍정도 부정도 하지 마시오."라고 제안한다. 시험 삼아 일주일 동안 다른 사람에게 어떤 제안을 받았을 때 자신의 의견을 개입시키지 말고 끝까지 이야기를 듣고 난 뒤 "고맙네. 좋은 힌트가 됐어."라고 말해보기 바란다. 무의미한 논쟁은 사라지고, 상대방은 당신을 긍정적으로 생각하게 될 것이다.

나쁜 습관 4 파괴적인 말

이 책에는 한 CEO의 생일 파티에서 동료와 친구들이 한 사람 한 사람 앞으로 나와서 그에게 들었던 통렬한 비평을 이야기한 사례가 소개되어 있다. 동양권에서 이렇게 했다가는 무사하지 못할 터인데, 이런 모습은 천성적으로 명랑하고 유머 감각이 있는 미국답다. 그 자리에서는 섬뜩한 비평이 수십 건 공개되었는데, 정작 CEO 본인은 자신이 그런 말들을 했던 것을 전혀 기억하지 못했다고 한다.

사람은 무의식적으로 파괴적인 말을 할 때가 많다. 타인을 깔보고, 자신이 타인보다 우위라고 확신하기 때문에 무의식중에 그런 말을 해버리는 것이다. 말한 본인은 기억하지 못하지만, 마음에 상처를 입은 상대방은 평생을 기억한다. 먼저 입을 벌리기 전에 '이 말이 고객·사회·상대방·자신에게 도움이 되는가?'를 한 번 더 생각하고, 어느 하나라도 아니라는 생각이 들었다면 입밖에 꺼내지 말아야 한다.

나쁜 습관 5 부정적 표현

"아니", "하지만", "그렇지만" 같은 말은 상대방에게 '당신은 틀렸고 내가 옳아.'라는 의미로 전해지기 때문에 건전한 토론을 방해한다. "'아니', '하지만', '그렇지만'이라고 말하면 벌금 1만 원" 같은 규칙을 정해놓으면 1년도 되지 않아 이런 말을 하지 않게 된다.

타인에게 '피드백'을 받자

사람은 의외로 자신을 제대로 바라보지 못한다. 본인은 '나는 이런 점이 문제야.'라고 생각하지만 사실 그것은 별다른 문제가 아닐 때도 있고, 반대로 상상도 못 했던 문제가 있을 때도 많다. 그러므로 먼저 타인의 눈에 자신이 어떻게 보이는지 피드백을 받아야 한다. 자신의 인식보다 타인의 눈이 훨씬 정확하기 때문이다.

피드백에서 상대방에게 물어봐야 할 질문은 딱 하나다. "어떻게 해야 내가 좀 더 나아질 수 있을까?" 그리고 진심으로 '나는 더욱 나아지고 싶다.'라고 생각하면서 자신의 의견을 개입시키지 말고 상대가 하는 말을 잠자코 듣는다.

자신의 문제를 알았으면 주위 사람들에게 "내가 잘못했다."라고 확실히 사과한다. 나쁜 습관이 상대와의 관계를 악화시키고 있을 때가 많다. 관계 회복은 진심 어린 사과에서부터 시작된다. "제게 ○○○이라는 문제가 있다는 것을 알았습니다. 그동안 정말 미안했습니다. 앞으로는 전보다 나아지도록 노력하겠습니다."라고 사과하자. 변명은 아무런 소용도 없으므로 절대 하지 않는다.

'굳이 사과까지 할 필요가 있나?'라고 생각하는 사람도 있을 것이다. 나쁜 습관을 고치려면 상대방의 협력이 필요한데, 상대방은 '이 사람은 ○○○이라는 나쁜 습관이 있단 말이지.'라고 생각하고 있어서 당신이 행동을 고치더라도 과거의 색안경을 쓰고 바라보기 쉽다. 그러나 확실히 사과하면서 "앞으로는 달라지겠다."라고 선언하면 상대방도 '이렇게까지 말하니 앞으로는 이 사람에 대한 생각을 조금 바꿔 보자.' 하고 협력해줄 것이다.

또한 나쁜 습관을 고치려면 지속적인 행동이 필요하다. 가령 당신의 직장에서 운동 부족으로 살이 찐 사람들을 모아놓고 반 나절 동안 다이어트 워크숍을 열었다고 가정하자. 워크숍을 연 지 1년이 지났다. 그들은 과연 어떻게 되었을까? 전원이 다이어 트에 성공해 몰라볼 만큼 날씬해졌을까? 그럴 일은 없을 것이 다. 전혀 달라지지 않았을 가능성이 크다. 건강한 몸을 손에 넣 으려면 정기적으로 운동을 계속하는 수밖에 없다.

나쁜 습관을 고치는 것도 마찬가지다. 방심하면 나쁜 습관이 금방 재발한다. 이에 대해 골드스미스는 코치를 붙이는 방법을 추천했다. 코치는 끊임없이 격려해주고 제삼자의 처지에서 조 언해준다. 또한 자신 이외의 누군가를 끌어들이면 '이 사람을 실 망시킬 수 없어.'라고 생각하게 된다.

코치의 조건은 당신과 금방 접촉할 수 있을 것, 당신이나 당신 의 생활에 관심을 쏟을 것, 코치 역할만을 철저히 하며 사전에 정한 질문만 할 것(자신의 판단을 가미하지 않을 것)이다. 가족이나 동료, 친구 등도 상관없다.

드러커는 "내가 지금까지 만난 리더 중 절반은 무엇을 해야 할 지를 공부할 필요가 없었다. 그들이 공부할 것은 무엇을 하지 말 아야 할지였다."라고 말했다. 많은 사람이 새로운 스킬을 익히고 자 노력한다. 그러나 자신의 나쁜 습관은 좀처럼 깨닫지 못하며 고치지도 않는다.

코칭의 본질은 '자신의 내부에 있는 답을 스스로 깨닫도록 유도하는 것'이다. 답은 이미 당신의 내부에 있다. 더 훌륭한 리더가 되기 위해 이 책을 당신의 코치로 활용해보기 바란다.

POINT

자신의 나쁜 습관을 깨닫고 개선하여 더 나은 리더가 되자.

Chapter 6

사회와 미래
Society & the Future

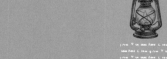

자본주의 사회가 크게 흔들리고 있다. 사회의 움직임을 지켜보고 자신이 미래에 무엇을 지향해야 할지를 한발 앞서서 생각해야 할 때다.

제6장에서는 현대 사회의 구조를 이해하기 위한 필독서 2권을 소개한다.

BOOK.42

도넛 경제학

Doughnut Economics

'성장 없는 번영'이
필요한 시대

케이트 레이워스
Kate Raworth

경제학자 옥스퍼드 대학 환경 변동 연구소의 강사 겸 상급 객원 연구원이자 케임브리지 대학 지속 가능성 리더십 연구소의 상급 객원 연구원이다. 슈마허 칼리지에서 이행 계획을 위한 경제학을 가르치는 가운데 21세기의 사회와 환경 과제를 해결하는 데 필요한 경제 사고를 탐구하고 있다. 도넛 경제학의 연구는 국제적으로 높은 평가를 받았으며, 지속 가능한 발전의 전문가와 진보적인 경영자들 사이에서 폭넓은 지지를 얻고 있다.

"전년 대비 ○퍼센트 성장!"과 같은 목표를 설정할 때가 많다. 그렇다면 성장을 계속할 경우 대체 어떤 미래가 기다리고 있을까? 이 책에 따르면 경제학에서는 이 질문을 금기로 여긴다. 경제학에는 근본적인 결함이 있기 때문에 이 질문에 대답하지 못한다는 것이다.

자연계에 끝없이 성장하는 것은 없다. 끝없이 성장하는 아이는 없다. 샬레에서 세균을 증식시켜도 어느 시점에는 증식을 멈추고 만다. 모든 성장은 반드시 다음 페이지의 그림처럼 S자 곡선을 그리며 성장하다 멈춘다. 경제도 예외가 아니다. 성장은 반드시 멈추며, 그 한계는 지구의 허용량에 따라 결정된다.

지구가 비명을 지르고 있다. 한계를 넘어선 이산화탄소의 배출로 기후 변동이 진행되고, 대지는 오염되고 있으며, 빈부의 차이도 확대되고 있다. 이 책은 세계가 안고 있는 이런 문제들의 전체상을 제시하고 21세기형 경제에 대한 제언을 정리한 것이다.

저자는 경제학자다. 옥스퍼드 대학에서 공부한 뒤 유엔에서 지속 가능 발전 계획의 작성에 관여하는 등 21세기의 사회와 환경 문제를 경제의 시점에서 탐구해왔다. 이 책은 〈포브스〉지와 〈파이낸셜 타임스〉지에서 2017년 최고의 책으로 선정되었다.

이 책의 핵심인 도넛 그림은 2011년에 발표되어 큰 반향을 일으켰다. 2015년에 유엔이 SDGs(지속 가능 발전 목표)의 최종 초안

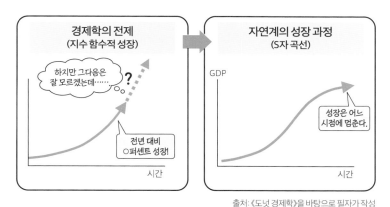

기존 경제학의 전제는 잘못되었다

출처:《도넛 경제학》을 바탕으로 필자가 작성

을 다듬기 위해 개최한 심야 회의에서도 도넛 그림이 테이블 위에 놓여 있었다고 한다.

목표를 'GDP'에서 '도넛'으로

과거 10만 년에 초기 인류가 아프리카 대륙에서 다른 대륙으로 진출하기 시작한 뒤로 지구의 평균 기온은 심하게 오르내렸는데, 최근 1만 2,000년 동안은 예외적으로 온난한 상태로 안정되어 있었다. 지질 시대에서 '완신세'라고 불리는 이 시대의 환경은 인류가 살기 가장 쾌적한 환경이다. 그 덕분에 문명(고대 이집트, 은 왕조, 마야, 그리스, 로마)이 탄생해 인류가 번영할 수 있었다.

과학자들에 따르면 방해가 없을 경우 이 기후는 5만 년 동안 계속될 것이라고 한다. 완신세의 은혜로운 환경을 스스로 버리는 것은 어리석기 짝이 없는 행동이다. 완신세의 환경을 유지하려면 지구에 허용량 이상의 스트레스를 주지 말아야 한다.

2009년, 국제적인 연구 그룹이 완신세의 환경을 유지하기 위해 '대기 중의 이산화탄소 농도를 350ppm 이하로 만든다.'를 포함해 총 9개의 경계선을 제언했다.

한편 많은 사람이 수준 이하의 생활을 할 수밖에 없는 상황에 몰려 잠재적인 능력을 발휘하지 못하고 있다. 사회의 행복을 좌우하는 것은 불평등의 정도인데, 현재 불평등이 급속히 확대되고 있다. 세계 인구의 29퍼센트가 빈곤층인 반면에 1퍼센트의 부유층이 세계의 부의 절반을 차지하고 있다. 불평등한 국가일수록 10대의 임신, 정신 질환, 약물 사용, 지역 사회의 붕괴, 짧은 수명 등의 문제가 다수 발생한다.

인류에게 중요한 일은 지구 환경을 유지하는 가운데 모두가 인간다운 생활을 유지하는 것이다. 그래서 레이워스가 제창한 것이 도넛 그림이다. 도넛 안쪽의 검은 원(①)은 최소한의 사회적인 토대다. 누구도 여기보다 아래로 떨어져서는 안 된다. 도넛 바깥쪽의 검은 원(②)은 환경적인 상한선이다. 여기를 넘어서면 지구에 회복 불가능한 부하가 가해진다. 모든 인류를 도넛의 범위 안(③)에 집어넣어야 한다.

도넛 안쪽의 진한 부분은 기본적인 생활을 하지 못하는 사람이 세상에 얼마나 있는지를 나타낸다. 가령 '소득과 일자리'를 살펴보면, 세계 빈곤선(3.1달러(4,000원) 미만으로 하루를 생활하는 사람)은 세계 인구의 29퍼센트(예A)이며, 취업을 원하지만 실업 상태인 청년층은 세계 인구의 13퍼센트다(예B).

상한선 바깥쪽의 진한 부분은 세계 환경의 한계를 넘어선 것이다. 가령 '기후 변화'를 살펴보면, 대기 속의 이산화탄소는 현재 허용 상한선인 350피피엠을 넘어서 400피피엠으로 상승 중이다(예C).

도넛 그림을 사용하면 세계의 문제를 가시화할 수 있다. 이제

'도넛' 안에 모든 인류가 들어가도록 한다

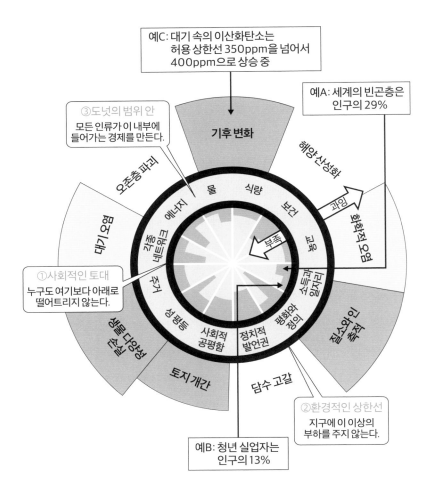

예C: 대기 속의 이산화탄소는 허용 상한선 350ppm을 넘어서 400ppm으로 상승 중

예A: 세계의 빈곤층은 인구의 29%

③도넛의 범위 안
모든 인류가 이 내부에 들어가는 경제를 만든다.

①사회적인 토대
누구도 여기보다 아래로 떨어트리지 않는다.

②환경적인 상한선
지구에 이 이상의 부하를 주지 않는다.

예B: 청년 실업자는 인구의 13%

기후 변화

해양 산성화

화학적 오염

질소와 인 축적

담수 고갈

토지 개간

생물 다양성 감소

대기 오염

오존층 파괴

물   식량   보건

에너지   교육

네트워크

주거

성평등

사회적 공평함

정치적 발언권

평화와 정의

소득과 일자리

부족

과잉

출처: 《도넛 경제학》의 그림을 바탕으로 필자가 일부 추가

는 목표를 '성장'이 아니라 '도넛의 안전한 범위 안에 있는 것'으로 바꿔야 한다. 우리는 이 문제에 직면한 최초의 세대이며, 동시에 이 문제를 해결할 기회가 남아 있는 마지막 세대다.

그렇다면 어떻게 해야 할까? 나는 과거에서 힌트를 얻을 수 있다고 생각한다.

과거, 런던이나 파리보다 에도가 더 청결했던 이유

18~19세기경, 인구 60~100만 명의 대도시인 런던과 파리는 큰 고민을 안고 있었다. 바로 배설물의 처리 문제다. 가정의 배설물을 길거리에 버리거나 수로에 흘려보냈기 때문에 비위생적이었고 전염병도 많았으며 악취도 지독했다. 런던의 템스 강은 유속이 느려서 오물이 제대로 떠내려가지 않고 남아서 부패했고, 프랑스의 루이 14세는 파리에서 벗어나기 위해 베르사유 궁전을 지었다고 한다. 하수도가 정비되기 이전 시대의 이야기다.

한편, 당시 100만 명의 인구가 살았던 에도는 역시 하수도가 없었음에도 청결했다. 스미다 강 하구의 쓰쿠다 섬에서는 사백어가 잡혔다. 런던이나 파리와 에도의 차이점은 배설물의 처리 방식이었다.

에도 시대에는 100만 명의 식생활을 뒷받침하기 위해 근교 농가에서 채소를 재배했는데, 채소를 키우는 데 필요한 질소나

인이 들어 있는 비료가 부족했다. 그래서 이들이 주목한 것이 바로 100만 명이 매일 대량으로 생산해내는 배설물이었다. 변소 청소 업자가 수거해온 배설물을 저장·발효시켜 섭씨 60도의 열로 기생충을 죽이고 밑거름을 만든 다음 그것을 건조시켜서 비료로 사용했다.

여담이지만, 비료의 재료가 되는 배설물은 만성적인 공급 부족 상태였기 때문에 고가에 거래되었다고 한다. 주민 30명이 사는 공동 주택의 배설물 매입 가격은 1년에 2냥으로, 그 당시 목수의 월수입과 같았다. 또한 영양분에 따라 등급이 정해져 있어서, 공동 주택의 배설물은 하급, 무사가 사는 집의 배설물은 중급, 다이묘(유력자)가 사는 집의 배설물은 상급, 매일 연회가 열리는 유곽의 배설물은 최상급으로 쳤다.

또한 처음에는 농가가 개별적으로 배설물을 수거했지만, 이윽고 대량으로 배설물을 사들여 농가에 판매하는 재활용 시스템이 구축되면서 효율이 크게 향상되었다.

이처럼 에도 시대에는 대량의 배설물을 교묘히 상품으로 전환함으로써 청결한 환경을 유지할 수 있었다. 에도 시대의 재활용 시스템이야말로 오늘날 지향해야 할 모델이다.

20세기의 산업 시스템은 그림의 왼쪽과 같은 단선형 경제 모델이었다. 배설물을 버리기만 하던 19세기의 런던처럼 자원이나 원료를 계속 폐기해나가면 지구는 언젠가 망가진다. 레이워

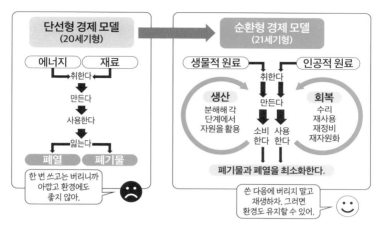

'단선형 경제 모델'에서 '순환형 경제 모델'로 변혁이 필요하다

출처:《도넛 경제학》의 그림을 바탕으로 필자가 일부 추가

스가 제창한, 그림의 오른쪽과 같은 순환형 경제 모델로 이행해
야 한다. 에도 시대의 재활용 시스템은 순환형 경제 모델에서
'생물적 원료' 재활용의 모범 사례였다고 할 수 있다. 그 열쇠는
자연 에너지를 활용해 자원을 유효한 상품·서비스로 바꾸는 것
이다. 자연의 재생 속도를 웃도는 속도로 수확하지 않으며 '자연
에 보답할 수 있는' 생산 방법을 설계해야 한다.

그림의 오른쪽에 있는 '인공적 원료'의 대표적인 예는 휴대폰
이다. 휴대폰에는 금과 은, 희소 금속이 들어 있는데, EU에서는
2010년에 판매된 1억 6,000만 대의 휴대폰 가운데 6퍼센트만

이 중고 시장에 유통되었고 9퍼센트만이 재자원화되었다고 한다. 나머지 85퍼센트는 폐기되었거나 서랍 속에 잠들어 있다.

그래서 도시에서 대량 폐기되는 쓰레기 속에 있는 자원을 광산에 비유한 도시 광산이라는 개념이 생겨났다. 쓰레기를 모아서 분류하면 자원이 된다. 우리가 의식을 바꿔서 이 세상의 모든 물건을 자원이나 에너지를 축적한 '저장고'로 바라본다면 그 물건들에 축적된 가치를 보전하거나 다시 사용할 방법을 고안할 수 있을 것이다.

성장하지 않고도 번영할 수 있는 경제로

19세기에 유럽의 상인들은 '더 많은 모피를 사고 싶어서' 캐나다의 선주민인 크리족과 교섭해 모피의 매입 가격을 올렸다. 그러자 크리족은 이전보다 모피를 더 적게 가져왔다고 한다. '필요한 물건을 살 수 있을 만큼의 모피만 팔면 충분해.'라고 생각한 것이다. 이 일화는 '중요한 것은 물건의 양이 아니다.'라는 소중한 교훈을 준다.

향후 100년의 경제는 과거 100년과는 크게 달라질 것이다. 무료인 정보 상품도 많다. 사회는 《한계 비용 제로 사회》(《MBA 마케팅 필독서 45》[Book 45])에서 제러미 리프킨이 그렸던 한계 비용 제로 사회를 향해 나아가고 있다. 공유형 커먼스(공동체 속에서 다양한 것을 공유하는 모델)나 공유 경제도 확대되고 있다. 새로운 세계에서는 경제 가치가 증가해도 GDP는 증가하지 않는다. 완전히 새로운 척도로 가치를 측정하는 패러다임 전환이 필요하다. 성장하지 않고도 번영할 수 있는 경제를 설계해나가는 것이 우리의 과제다.

20세기형 경제의 역사는 100년에 불과하다. 최근 10년 사이에 인류는 '20세기형 경제는 지구를 파괴할 것이다.'라는 위기감을 공유하고 21세기형 경제의 모습을 모색하고 있다.

현대인은 '과거에는 인류가 노예를 부렸다고? 야만적이었네.'라고 생각한다. 미래인은 '과거에는 인류가 이윤의 추구를 최우선으로 삼았다고? 야만적이었네.'라고 생각할지도 모른다.

한편 이 책과 반대되는 의견도 알아뒀으면 한다. 빌 게이츠는 《빌 게이츠, 기후 재앙을 피하는 법》에서 "기후 변화는 이노베이션에 대한 투자를 통해 회피할 수 있다."라고 주장했다. 또한 세상에는 "지구 온난화의 원인은 온실 가스만이 아니다", "애초에 지구 온난화는 일어나지 않고 있으며, 지구는 오히려 한랭화하고 있다"와 같은 회의론과 부정론도 있다.

이 책은 경제 이론의 역사, 금융, 지학, 환경, 시스템 공학, 복잡계 과학 등을 정리하고, '지속 가능한 사회'를 지향하는 데 근간이 되는 발상을 포괄적으로 소개했다. SDGs와 경제 문제, 사회 문제, 환경 문제는 모두 저변에서 밀접하게 연결되어 있다. 전체상을 파악하면서 향후 비즈니스의 바람직한 모습을 생각할 때 참고가 될 것이다.

BOOK.43

사회적 공통 자본의 경제학

宇沢弘文の経済学

———

지구를 파괴하는
시장경제주의를
무엇으로 대신할 것인가?

우자와 히로후미
宇沢弘文

경제학자이자 도쿄 대학 명예 교수 전문 분야는 수리경제학이다. 1928년에 태어나 도쿄 대학 이학부 수학과를 졸업하고 도쿄 대학 대학원에 진학해 특별 연구생이 되었다 스탠퍼드 대학 경제학부 조교수와 캘리포니아 대학 조교수를 거쳐 시카고 대학 교수가 되었고, 1969년에 도쿄 대학 경제학부 교수가 되었다. 그 후 니가타 대학 교수, 주오 대학 교수, 도시샤 대학 사회적 공통 자본 연구센터장 등을 역임하고 2014년에 세상을 떠났다. 의사 결정 이론, 2부분 성장 모델 등으로 공적을 인정받았다.

10년 전, 나는 자동차 운전을 그만 뒀다. 그 계기는 운전 면허증을 갱신할 때 본 영화였다. 부주의에서 비롯된 교통사고로 비참한 생활을 하게 된 가해자와 피해자 가족의 영상을 본 나는 그 자리에서 '자동차 운전은 그만하자.'라고 결심하고 곧바로 자동차를 팔았다. 우리는 평소에 깨닫지 못하고 있지만, 자동차는 수많은 사회 문제를 만들어내고 있다. 그리고 그 피해를 입는 사람은 자동차를 타지 않은 보행자다.

자동차 문제는 자본주의가 만들어낸 전형적인 문제 중 하나다. 자본주의가 흔들리고 있다. 이는 모든 비즈니스 종사자가 직면한 과제이기도 하다. 그렇다면 자본주의가 흔들리게 된 배경은 무엇일까? 이 문제를 생각해보는 데 도움이 되는 책을 마지막으로 소개하면서 마무리하려 한다.

저자는 경제학의 관점에서 이 문제를 파고든 수리경제학자다. 스탠퍼드 대학과 시카고 대학에서 교수로 있으면서 큰 공적을 남겨, '노벨 경제학상과 가장 가까운 일본인'으로 평가받기까지 했다. 저명한 경제학자 조지프 스티글리츠(Joseph Stiglitz)도 우자와의 밑에서 연구했다. 그 후 기존의 경제학과 거리를 두게 된 우자와는 일본에 귀국해 '사회적 공통 자본'이라는 개념을 제창했다.

2005년에 자비 출판의 형태로 간행된 뒤 재편집되어 2015년에 출판된 이 책은 우자와 월드의 집대성이다. 그는 2014년에 세상을 떠났지만, 경제학에 커다란 발자취를 남겼으며 환경 문제에 관해서도 세계에 커다란 영향을 끼쳤다.

자동차 1대당 사회적 비용은 연간 200만 엔!

우자와는 1974년에 '자동차는 사회에 큰 피해를 끼치고 있는데도 사회에 무임승차하고 있음'을 경제학의 시점에서 분석한 저서 《자동차의 사회적 비용》을 발표해 커다란 반향을 불러일으켰다. 자동차 문제는 이후 우자와가 사회적 공통 자본을 생각하는 계기가 되었다. 이 책에는 그 내용이 실려 있다. 간행 당시의 정보를 바탕으로 살펴보자.

1974년 당시 자동차 사고로 인한 사망자는 2만 명이었으며 부상자는 100만 명에 이르렀다. 다만 이것은 직접 피해를 입은 사람의 수다. 가족을 잃고 괴로움에 빠진 사람의 수는 그 몇 배나 된다. 게다가 소음과 진동 등에 따른 생활환경의 파괴, 배기가스에 따른 대기 오염과 자연환경 파괴 문제도 있다. 그러나 자동차를 타는 사람도 제조사도 이런 사회적 비용을 부담하지 않은 상태로 자동차의 보유 대수만 계속 증가해왔다.

곰곰이 생각해보면 상당히 불합리한 일이지만 이유가 있다. 제조사는 경제학의 개념에 입각해 자동차의 가격을 결정한다. 가격은 주로 제조사의 내부에서 발생하는 비용을 기준으로 결정된다. 또한 제조사는 고객인 자동차 구매자만을 생각한다. '우리 회사의 자동차는 사회적으로 어떤 문제를 일으키고 있으며 어떤 영향을 끼치고 있는가?'와 같은 고민은 하지 않는다. 그 결과 제조사도 자동차를 타는 사람도 자신들이 생활환경과 자연환경을 파괴하고 있음에도 대가를 치르지 않게 되었다.

반면에 보행자나 주민은 자신의 생명 또는 가족을 잃고, 건강을 해치고, 생활환경이나 자연환경이 악화되는 형태로 대가를 치르고 있다. 자동차의 제조사나 사용자가 이런 비용을 부담하는 형태로 돌아갈 필요가 있다. 그렇다면 자동차의 사회적 비용은 본래 어느 정도일까?

우자와의 계산에 따르면, 자동차 1대당 사회적 비용은 연간 200만 엔(2,000만 원)이다. '시민의 기본적 권리를 침해하지 않는 도로가 바람직한 모습'이라고 가정하고 인도와 차도를 완전히 분리시킨다. 여기에 배기가스와 소음의 피해를 최소화하며, 육교를 없애서 보행자의 부담을 줄이고 교통사고 발생 확률을 낮추는 등의 대책을 실시한다는 전제에서 필요한 금액을 계산한 결과다.

'연간 200만 엔이라고? 그렇게 돈이 많이 든다면 자동차는 못 몰겠네.'라고 생각하는 사람이 많을 것이다. 이 사회적 비용을 제조사와 사용자에게 전부 부담하게 하면 자동차의 보유 대수가 격감해 2만 킬로미터에 이르는 도로망은 거의 이용자가 없어 텅텅 빌 것이다. 그러므로 전체 비용을 줄이기 위해, 이를테면 '폭 5.5미터 이하의 도로에서는 자동차 통행을 허용하지 않는다.'와 같은 규제를 정하고 나머지 도로에 대해서만 대책을 위한 공사를 실시하면 투자액은 1대당 연간 60만 엔(600만 원)으로 감소한다.

이처럼 자동차의 사회적 비용은 본래 '도로를 이용할 때 어떤 규제를 부과하면 자동차의 보유 대수는 몇 대가 되는가?'를 검토한 결과에 입각해서 결정되어야 한다. 자동차를 탄다면 이 사회적 비용을 어떻게 부담할지도 결정해야 하는 것이다.

자동차의 사회적 비용

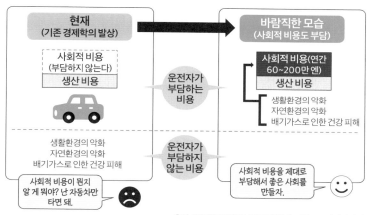

출처:《사회적 공통 자본의 경제학》을 바탕으로 필자가 작성

시장경제주의에 의해 파괴되는 '사회적 공통 자본'

우자와가 제창한 사회적 공통 자본은 풍요로운 사회를 안정적으로 유지하기 위해 필요한 자연환경이나 사회 제도를 가리킨다. 가령 숲속의 용천수는 사회적 공통 자본이다. 용천수는 윤택하게 솟아난다. 자연의 은혜 덕분에 모두가 무료로 용천수를 마실 수 있다. 그러나 용천수가 솟아나는 토지에 공장을 짓고 용천수를 채집해서 페트병에 담아 1병에 100엔(1,000원)의 가격으로 팔면 어떻게 될까. 용천수는 희소한 상품이 되고, 사람들은 이전처럼 공짜로 용천수를 마실 수 없게 된다.

의료 같은 사회 제도도 사회적 공통 자본이다. 의학부 졸업식에서 의사의 윤리·임무에 관한 맹세인 '히포크라테스 선서'를 낭독한 의사들이 '함께 의학의 길을 걷는 동반자'라는 연대 의식을 갖고 이해관계를 초월해서 의료에 매진한다. 이런 직업적 윤리의 뒷받침을 받은 제도와 전 국민 보험제도 덕분에 한국에서는 누구나 의료혜택을 받을 수 있다. 그런데 여기에 시장경제주의가 들어오면 '돈을 벌 수 있는가, 없는가?'가 윤리보다 우선시되어 높은 수준의 의료는 부자의 전유물이 된다. 이는 실제로 미국에서 일어나고 있는 일이다.

시장경제주의는 자원을 효율적으로 배분하고, 본래는 모두가 공유해야 할 사회적 공통 자본도 사유화해 값을 매김으로써 희소성을 부여한 뒤 시장에서 비싼 가격에 거래한다. 그 결과 공정함은 사라지고 불평등이 확대된다. 여기에 '자동차의 사회적 비용'에서 소개했듯이 자연환경도 파괴한다. 언뜻 보면 시장 경제화를 통해 풍요로워진 것 같지만, 그전까지 무료로 윤택하게 손에 넣었던 것이 돈으로 환산되면서 오히려 가난해지고 있다.

사회적 공통 자본의 바탕에는 커먼스 개념이 깔려 있다. 커먼스란 공유 관리의 형태로 자치적으로 관리된 자원을 가리킨다. 가령 과거에 일본의 삼림은 입회지라는 방식으로 입회권을 가진 사람들이 공동 이용해왔다. 아파트의 자치회도 커먼스다. 우자와는 커먼스 개념을 바탕으로 '사유·공유를 불문하고 시민

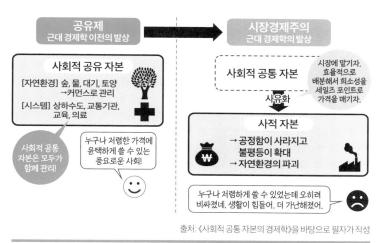

사회적 공통 자본을 파괴한 시장경제주의

출처:《사회적 공통 자본의 경제학》을 바탕으로 필자가 작성

생활에 없어서는 안 될 재산은 사회적 공통 자본이다.'라고 생각했다. 제방, 도로, 철도, 전력, 가스, 수도 등은 사유화된 것도 많지만 시민 생활에 없어서는 안 되기에 사회적 공통 자본인 것이다.

지구 온난화에 어떻게 대응할 것인가?

일찍부터 우자와는 시장경제주의가 '지구'라는 사회적 공통 자본을 파괴하고 있음을 우려했다. 그래서 그는 지구 온난화에 관해 고찰했고, 자연환경을 사회적 공통 자본으로서 관리하는 체계를 만들 것을 제안했다. 그중 하나가 탄소세다.

탄소세의 기본적인 발상은 '이산화탄소 배출로 이익을 얻고 있는 사람이 세금을 부담해야 한다.'이다. 선진국은 경제 활동이 활발하고 GDP의 규모가 크기에 화석 연료의 혜택을 누리고 있다. 이산화탄소의 배출량도 많다. 그래서 우자와는 1인당 GDP 와 국내 이산화탄소 배출량에 상응해 국가별로 탄소세를 세금 형태로 부담할 것을 제창했다.

GDP가 클수록, 이산화탄소 배출량이 많을수록 세금 부담은 무거워진다. 그리고 이 탄소세를 이산화탄소의 감소를 위한 자금으로 사용한다. 또한 삼림 육성 등 이산화탄소를 줄이는 활동에 대해서는 감소시킨 이산화탄소의 양에 상응해 보조금을 준다. 이렇게 해서 지역 간·세대 간의 공정함을 유지하는 가운데 대기 속의 이산화탄소 증가를 억제하는 시스템이다.

한편 최근 들어서 '탄소 가격제(Carbon Pricing)'라는 배출권 거래가 실시되고 있다. 이는 각국이나 각 기업에 배출 총량을 할당하고 배출 총량을 거래하는 방식이다. 이 배출권 거래에 관해 우자와는 "배출권을 시장에서 팔아 이익을 내려고 하는 것 자체가 윤리적인 측면에서든 사회 정의의 관점에서든 옳은 일인지 의심스럽다."라고 말했다(《Wedge》 2008년 10월호).

마르크스가 예견했던 '자본주의의 한계'

우자와의 생각은 새로운 형태로 받아들여지고 있다. 철학자이자 경제사상사 연구자 사이토 고헤이는 마르크스 연구에 있어 최고의 상인 '도이처 기념상'을 역대 최연소(31세)로 수상한 마르크스 경제학 연구자다. 그는 2021년의 베스트셀러인 《지속 불가능 자본주의》에서 마르크스의 생각을 인용해 "지구를 커먼으로서 관리하자."라고 제창했다.

　그러면 잠시 이 책의 요약도 함께 소개하겠다. 《공산당 선언》, 《자본론》 등의 저서를 남긴 카를 마르크스는 저서에 수록하지 않은 방대한 메모를 남겼다. 이를 바탕으로 MEGA라고 부르는 새로운 '마르크스·엥겔스 전집'의 간행이 진행되고 있다. 세계 각지의 연구자들이 참가하는 국제적인 프로젝트로, 최종적으로 진행될 권수는 100권이 넘을 것이라고 한다.

　노년의 마르크스는 지질학, 식물학, 화학, 광물학 등의 자연과학과 함께 공동체에 관해서도 방대한 연구를 실시했다. 그는 '자본주의를 통한 생산성 향상은 인류를 해방시키지 못한다. 오히려 사회의 번영에 꼭 필요한 자연의 생명력을 파괴할 뿐이다.'라고 생각하고 '무한한 경제 성장은 있을 수 없다. 대지(지구)를 공유지로서 지속 가능하도록 관리할 필요가 있다.'라는 결론에 도달했다. 노년의 마르크스도 우자와의 사회적 공통 자본 구상과 같은 결론에 도달했던 것이다.

'자본주의는 한계가 있다고? 황당무계한 소리네.'라고 생각할 지도 모른다. 그러나 이미 해외에서는 새로운 기운이 싹트고 있다. 2018년에 미국에서 실시된 조사에 따르면, 65세 이상의 응답자 중 사회주의에 긍정적인 사람은 28퍼센트에 불과했지만, 18~29세의 응답자 중 사회주의에 긍정적인 사람은 51퍼센트로 과반수를 차지했다고 한다. 젊은 세대는 시장의 자유 경쟁을 촉진하는 규제 완화나 과도한 민영화가 양극화의 확대와 환경 파괴를 만들어냈음을 피부로 느끼고 있다. 그들은 1990년대 중반부터 2000년대 말에 태어난 Z세대다. 태어난 시점에 인터넷이 존재했다. 진정한 디지털 원어민이며 세계적으로 연결되어 있다.

2018년, COP24(유엔기후변화협약 당사국 총회)에서 당시 15세였던 스웨덴의 환경 활동가 그레타 툰베리(Greta Thunberg)는 정치가들을 "무책임하다. 과학에 귀를 기울이지 않은 채 기존의 생활을 계속한다는 근시안적인 해결책밖에 생각하지 않고 있다."라고 맹렬히 비판했다. 툰베리는 Z세대를 대표하는 인물이다. 툰베리의 연설에 당황한 어른들과 달리, 세계의 젊은이들은 툰베리에게 열광적인 지지를 보냈다. 어쩌면 현재 세계는 자본주의의 미래를 둘러싸고 세대 간 투쟁이 조용히 일어나고 있는지도 모른다.

다음 시대를 만드는 주역은 언제나 젊은이들이다. 비즈니스에 관여하고 있는 우리는 그 젊은이들이 세계적으로 연결되어 자본주의에 "NO"라고 말하고 있다는 것과 그 중대성을 알아야 한다. 그 배경을 이해하기 위해서도 여기에서 소개한 2권의 책을 읽고 이해해야 할 것이다.

POINT

지금 지구는 '사회적 공통 자본'이 되었다.

리더가 알아야 할 모든 것을
한 권에 담다

이 책은 '팬데믹 이후의 혼란한 시대에 리더들은 어떻게 일과 새롭게 관계를 맺어야 할까?' 하는 고민에서 시작되었다. 그 힌트는 업계의 뛰어난 리더들이 즐겨 읽는 경영 필독서에 있다. 43권의 명저에 담긴 힌트를 한 권으로 정리한 이 책은, 급변하는 사회에 발맞춰 창업가 정신에 눈뜨고 새로운 삶의 방식을 모색할 때 도움이 될 것이다.

이 책은 다양한 상황에 놓인 리더와 예비 리더들의 고민을 아우른다. 이 책을 덮고 나서 보이는 풍경은 독자마다 다를 것이다.

'새로운 업무를 맡고 부하 직원을 두게 되었어. 어떻게 해야 하지?' 하고 고민하던 사람은 이 책의 어느 페이지에서 '리더의 모습은 다양하며 정해진 답이 없음'을 깨닫게 될 것이다. 그리고 자신이 리더로서 무엇을 해야 할지 알게 될 것이다.

'꼭 하고 싶은 일이 있는데 지금의 조직에서는 안 되겠어.' 하고 막연히 생각했던 사람은 어디에서 꿈을 실현할지 찾을 수 있을 것이다. '내가 속한 부서가 곧 회사'라는 단편적인 생각에서 벗어나 본인에게 적합한 분야와 일의 터전을 새롭게 찾아낼 수 있을 것이다.

'신규 사업에 도전하고 싶다.'라고 생각하는 사람들이 많은데, 이 책을 통해 리스크를 최대한 억제하면서 창업의 기회를 붙들게 될지도 모른다.

'늘 철저하게 전략을 구상하는데도 매번 실패했어. 어떻게 해야 할까?' 하고 고민하던 사람은 애초에 전략과는 상관없이 예상치 못한 사건이 반드시 일어남을 알게 될 것이다. 그리고 예상치 못한 사건까지 전제하여 전략을 구축하는 방법론을 알게 될 것이다.

'윗사람은 내 생각을 알아주지 않고 부하 직원들은 내 말을 안 듣는구면.' 하고 한숨 쉬던 사람은 조직 행동학을 통해서 좀 더 능숙하게 문제에 대응하는 법을 알게 될 것이다. 더불어 문제에 대응하는 조직을 구축하기 위한 힌트도 덤으로 얻게 될지 모른다.

일터에서 리더가 겪는 모든 고민에 부디 이 책을 활용해보기 바란다. 이 책을 손에 들고 여기 마지막 페이지까지 읽은 당신은, 책에서 배운 내용을 어떻게 업무에 활용할지 궁리하고 있을 것이다. 가장 중요한 일은 첫걸음을 내딛는 것이다. 지식은 우직하고 끈기 있게 노력을 계속해 스스로 익히는 수밖에 없다.

노력을 계속한다면 시간을 내 편으로 만들 수 있다. 그리고 시간을 내 편으로 만들고 나면, 어떤 사람이든 일정 수준 이상의 인물이 될 수 있다. 재능은 상관없다. 당신의 인생을 개척하는 주역은 바로 당신이다.

나가이 다카히사

부록
Supplement

《사장을 위한 MBA 필독서 50》에서 소개한 책들

제1장 전략

[Book 1]《마이클 포터의 경쟁 전략》마이클 E. 포터
→ 미국 기업의 경영자라면 반드시 곁에 두고 있다는 전략의 바이블

[Book 2]《마이클 포터 경쟁론》마이클 E. 포터
→ "일본 기업에는 전략이 없다." 등 현대의 경영 과제를 '전략'의 관점에서 설명한 책

[Book 3]《전략 사파리》헨리 민츠버그
→ '전략은 분석이 아니라 사람이 만들어내는 것'이라는 관점에서 세상의 전략론을 크게 10
가지 학파로 분류하고 그 내력부터 비판까지 정리한 책

[Book 4]《경쟁 우위의 종말》리타 맥그래스
→ '일시적 경쟁 우위성'을 획득해 지속적으로 성장하는 10개 기업의 공통점을 소개한 책

[Book 5]《전략의 거장으로부터 배우는 좋은 전략 나쁜 전략》리처드 P. 루멜트
→ 전략을 '좋은 전략'과 '나쁜 전략'으로 분류하고 그 차이를 명쾌하게 제시한 책

[Book 6]《코피티션》애덤 브란덴버거
→ 비즈니스에 반드시 승자와 패자가 갈리는 것은 아니며, '양쪽 모두 승자'가 되는 게임도 있
음을 가르쳐주는 책

[Book 7]《시대를 앞서는 미래 경쟁 전략》게리 하멜·C. K. 프라할라드
→ 1995년, 오랜 침체에 허덕이던 미국 기업에 "자사의 강점을 갈고닦아 미래를 개척하라."
라고 제언한 책

[Book 8]《지속가능한 경쟁우위의 획득》제이 B. 바니
→ "경영 자원이 회사의 실적을 결정한다."라고 주장해 커다란 영향을 끼친 책

[Book 9]《동적 역량과 전략 경영》데이비드 J. 티스
→ 경영 자원을 동적으로 재구성해 '새로운 강점'을 만들 것을 제창한 책

[Book 10]《지식 창조 비즈니스》노나카 이쿠지로·다케우치 히로타카
→ 일본 기업을 사례로 들면서 기업이 지식을 조직적으로 만들어내는 시스템에 관해 해설한 책

제2장 고객과 혁신

[Book 11]《로열티 경영》프레더릭 F. 라이히헬드
→ 신규 고객보다 기존 고객을 소중히 대하면 수익을 낼 수 있다고 제언한 책으로 기업이 고
객 유지를 중시하는 계기가 됨

[Book 12] 《고객이 열광하는 회사의 비밀》 프레더릭 F. 라이히헬드

→ 고객 로열티를 구체적으로 파악하는 NPS라는 방법론을 제창한 책

[Book 13] 《캐즘 마케팅》 제프리 무어

→ 신상품을 보급하는 방법을 정리한 하이테크 마케팅의 바이블

[Book 14] 《혁신 기업의 딜레마》 클레이튼 크리스텐슨

→ 리더 기업이 신흥 기업의 장난감 같은 상품에 밀려 시장에서 쫓겨나는 이유는 무엇인지
   그 수수께끼를 해명한 책

[Book 15] 《성장과 혁신》 클레이튼 크리스텐슨

→ 파괴적 기술을 통해 리더 기업을 추월하는 방법을 해명한 책

[Book 16] 《일의 언어》 클레이튼 크리스텐슨

→ 운에 맡기지 않고 혁신을 만들어내는 성공 패턴을 제시한 책

제3장 창업과 신사업

[Book 17] 《기업가란 무엇인가》 조지프 A. 슘페터

→ 현대의 혁신론과 기업가론의 원류라고도 할 수 있는 고전

[Book 18] 《깨달음에 이르는 4단계》 스티븐 G. 블랭크

→ "신상품을 성공시키려면 제품 개발이 아니라 고객 개발을 하라."라며 고객 개발 모델을 제
   언한 책

[Book 19] 《린 스타트업》 에릭 리스

→ 도요타 생산 방식을 응용한 스타트업 성공법을 소개해 커다란 움직임을 만들어낸 책

[Book 20] 《도요타 생산 방식》 오노 다이이치

→ 간판 방식 등 '도요타 생산 방식'을 체계화하여 바람직한 제조의 모습을 제안한 책으로 세
   계의 창업에 관한 사고방식에 커다란 영향을 끼침

[Book 21] 《어댑트》 팀 하포드

→ 생물학에 입각해 "실패에서 배우는 것이 진화를 만들어낸다."라고 주장한 책

[Book 22] 《제로 투 원》 피터 틸

→ 실리콘밸리에서 절대적인 영향력을 가진 저자가 0에서 1을 만들어내는 방법을 전수한 책

[Book 23] 《블루오션 전략(확장판)》 김위찬·르네 마보안

→ 레드오션(경쟁이 심한 시장)에서 빠져나와 블루오션(라이벌이 없는 새로운 시장)을 만드는
   방법을 제창해 비즈니스계를 석권한 책

[Book 24] 《블루오션 시프트》 김위찬·르네 마보안

→ 평범한 회사가 블루오션 시장을 개척하기 위한 실천적 방법을 소개한 책

[Book 25] 《유쾌한 이노베이션》 톰 켈리

→ 누구나 창의적이 될 수 있는 디자인 사고를 제창한 책

[Book 26] 《메이커스》 크리스 앤더슨

→ 디지털을 통해 제조의 허들이 크게 낮아짐에 따라 개인도 제조가 가능한 시대가 되었음을 보여준 책

제4장 마케팅

[Book 27] 《데이비드 아커의 브랜드 경영》 데이비드 A. 아커

→ 세계적인 브랜드 전략의 대가가 쓴, 강력한 브랜드를 전략적으로 만드는 방법에 관한 책

[Book 28] 《헤르만 지몬의 프라이싱》 헤르만 지몬

→ 가격 전략의 세계적 일인자가 수익을 내기 위한 가격 전략을 해설한 책

[Book 29] 《FREE 프리》 크리스 앤더슨

→ 구글 검색이나 스마트폰 앱 등을 무료로 제공할 수 있는 비즈니스 모델의 메커니즘을 해명한 책

[Book 30] 《퍼미션 마케팅》 세스 고딘

→ '고객의 사전 허가를 얻는다.'라는 현대 마케팅의 본질을 제시한 책

[Book 31] 《전략적 판매》 로버트 B. 밀러

→ 법인 영업의 전략적이고 실천적인 방법을 가르쳐주는 현대 영업의 기본서

제5장 '리더십'과 '조직'

[Book 32] 《초우량 기업의 조건》 톰 피터스·로버트 워터먼

→ 초우량 기업의 베스트 폼(이상형)을 해명해 미국 기업의 경영을 바꿔 놓은 책

[Book 33] 《성공하는 기업들의 8가지 습관》 짐 콜린스

→ 업계 최고의 지위를 장기간 유지하는 초일류 기업의 기본 원칙과 공통 패턴을 설명한 책

[Book 34] 《좋은 기업을 넘어 위대한 기업으로》 짐 콜린스

→ 평범했는데 어느 날 갑자기 비약하는 기업에 공통되는 최고 경영자와 전략의 특징을 해명한 책

[Book 35] 《기업 성공 6가지 핵심 조건》 니이하라 히로아키

→ 산업 정책의 프로페셔널이 제시하는 일본의 우량 기업에 공통되는 조건

[Book 36] 《조직의 재창조》 프레데릭 랄루

→ '관리되지 않는 진화형 조직이 폭발적인 성과를 만들어낸다'는 사실을 보여주는 조직론

[Book 37] 《기업이 원하는 변화의 리더》 존 P. 코터

→ "기존의 변혁 진행 방식은 잘못되었다. 변혁에는 정석이 있다."라며 매니지먼트 지상주의에서 리더십 중시로 전환할 것을 주장한 책

[Book 38] 《기업 문화 혁신 전략》 에드거 H. 샤인

→ 기업 문화 이론을 수립한 일인자가 제시하는 조직 변혁의 방법

[Book 39] 《코끼리를 춤추게 하라》 루이스 V. 거스너

→ 파산 직전이었던 초거대 기업 IBM을 홀로 변혁시킨 경영자의 IBM의 재건 이야기

[Book 40] 《온워드》 하워드 슐츠

→ '스타벅스다움'을 끊임없이 추구해 부진에서 부활에 성공하기까지의 이야기

[Book 41] 《사업을 한다는 것》 레이 크록

→ 52세에 맥도날드를 창업한 저자의 열정과 집념을 느낄 수 있는 책

[Book 42] 《운명 - 마쓰시타 고노스케 이야기》 존 P. 코터

→ 리더십론의 세계적인 권위자가 쓴 '경영의 신'의 전기

제6장 사람

[Book 43] 《마음의 작동법》 에드워드 L. 데시

→ '보수는 의욕을 높인다.'라는 상식을 뒤엎고, 자율성과 유능감이 사람을 끊임없이 배우고 성장하게 만듦을 보여준 책

[Book 44] 《몰입의 즐거움》 미하이 칙센트미하이

→ 좋아하는 일에 열중하는 '플로 체험'이 성장으로 이어진다고 제창한 책

[Book 45] 《기브 앤 테이크》 애덤 그랜트

→ 항상 상대의 처지에서 생각하는 사람이 성공하는 원리를 해명한 책

[Book 46] 《상식 밖의 경제학》 댄 애리얼리

→ 불합리한 인간의 행동 패턴을 해명하는 '행동 경제학'의 전체상을 알기 쉽게 해설한 책

[Book 47] 《나는 후회하는 삶을 그만두기로 했다》 쉬나 아이엔가

→ 불확실성과 모순이 동반되는 '선택'을 철저히 연구한 책

[Book 48] 《설득의 심리학》 로버트 B. 치알디니

→ 자신도 모르는 사이에 타인에게 조종당하는 원리와 대처법을 소개한 세계적인 스테디셀러

[Book 49] 《위대한 나의 발견 강점혁명》 톰 래스

→ 독보적인 강점의 '원석'이 될 수 있는 자질을 찾아내기 위한 방법을 가르쳐주는 책

[Book 50] 《사회 관계망에 대한 이해》 스탠리 밀그램·제임스 콜맨·마크 그라노베터

→ 사람과 사람의 연결에 관한 '소셜 네트워크 이론'의 중요한 해외 논문 7편을 번역해 정리한 책

《MBA 마케팅 필독서 45》에서 소개한 책들

제1장 전략

[Book 1] 《테드 레빗의 마케팅》 시어도어 레빗
→ 〈하버드 비즈니스 리뷰〉지에 기고한 논문을 전부 수록. 60년이 지난 지금도 변하지 않은 마케팅의 본질을 설명한 명저

[Book 2] 《코틀러의 마케팅 원리》 필립 코틀러 외
→ 풍부한 사례를 바탕으로 마케팅의 개념을 망라한 책

[Book 3] 《포지셔닝》 알 리스·잭 트라우트
→ '포지셔닝'의 개념을 처음으로 제창한 마케팅 관계자의 필독서

[Book 4] 《에스키모에게 얼음을 팔아라》 존 스폴스트라
→ 마케팅 전략만으로 매출을 급성장시킨 약소 농구단의 발자취

[Book 5] 《브랜드는 어떻게 성장하는가》 바이런 샤프
→ 소비자 행동의 검증을 바탕으로 획기적인 전략 입안과 브랜딩 방법을 제시한 책

[Book 6] 《브랜드는 어떻게 성장하는가: 신규 시장편》 바이런 샤프·제니 로마니우크
→ "강력한 브랜드 포지셔닝은 필요 없다."라고 주장하며 새로운 관점에서 브랜드 육성 방법을 제안한 책

[Book 7] 《확률 사고의 전략론: 유니버설 스튜디오의 전략》 모리오카 쓰요시·이마니시 세이키
→ 유니버설 스튜디오 재팬에서 실증된 '감정을 배제하고 철저히 숫자와 논리에 바탕을 둔' 전략을 설명한 책

[Book 8] 《리드 앤 디스럽트》 찰스 오라일리·마이클 투시먼
→ 기존의 사업과 양립시키면서 이노베이션을 만들어내는 방법을 설명한 책

[Book 9] 《오픈 이노베이션 오리지널》 헨리 체스브로
→ "기술이나 아이디어는 공개하라."라고 주장해 세계의 기업 전략에 커다란 영향을 끼친 이노베이션 전략서

[Book 10] 《아이디어 생산법》 제임스 웹 영
→ 누구나 획기적인 아이디어를 만들어낼 수 있는 비결을 밝혀낸 책

[Book 11] 《마켓 3.0》 필립 코틀러·헤르마완 카르타자야
→ 격변하는 환경에 대응하는 새로운 시대의 마케팅을 소개한 책

제2장 브랜드와 가격

[Book 12] 《브랜딩 불변의 법칙》 알 리스·로라 리스
→ 기존의 상식을 뒤엎는 효과적인 브랜드 구축법을 설명한 책

[Book 13] 《전략적 브랜드 관리》 케빈 레인 켈러
→ 브랜드 연구의 일인자가 체계적으로 해설한 브랜드의 '교과서'

[Book 14] 《브랜드 성공을 주도하는 20가지 원칙》 데이비드 아커
→ 세계적인 브랜드 전략의 대가가 정리한 20가지 기본 원칙

[Book 15] 《부족 지식》 존 무어
→ 인기 커피 프랜차이즈 체인의 구전 지식을 소개한 책

[Book 16] 《파워 프라이싱》 헤르만 지몬·로버트 J. 돌란
→ 가격 전략의 일인자가 정리한, 가격 전략에 관한 체계적 이론서

[Book 17] 《프로핏 레슨》 에이드리언 슬라이워츠키
→ 스토리를 통해서 배우는, 이익을 낳는 23가지 정형 모델

제3장 서비스 마케팅

[Book 18] 《결정적 순간 15초》 얀 칼슨
→ 항공 회사를 재건한 경영자가 쓴 서비스 마케팅의 필독서

[Book 19] 《서비스 마케팅》 크리스토퍼 러블록·요헨 워츠
→ 서비스 마케팅 연구의 일인자가 쓴 스테디셀러

[Book 20] 《고객 경험 3.0》 존 굿맨
→ 기업이 멋진 고객 경험을 제공하기 위한 실천적 방법을 해설한 책

[Book 21] 《감동 서비스라는 환상》 매튜 딕슨 외
→ 콜센터와 고객 지원을 사례로 '고객에게 기대 이상의 서비스를 제공하는 것은 낭비다.'라 고 주장하는 자극적인 책

[Book 22] 《시장을 통찰하는 비즈니스 다이어그램》 제임스 캘박
→ 고객 경험의 가시화를 통해 '고객의 현실'을 이해하는 방법을 전수한 책

[Book 23] 《서비스 지배 논리》 로버트 러쉬·스티븐 바고
→ 서비스 마케팅에 영향을 준 서비스 지배 논리의 해설서

[Book 24] 《서비스 이노베이션의 이론과 방법》 곤도 다카오
→ 서비스 이론 연구의 일인자가 쓴 서비스 이노베이션의 실천서

[Book 25] 《'투쟁'으로서의 서비스》 야마우치 유타카
→ 서비스 과학의 전문가가 쓴 서비스의 기존 상식을 뒤엎는 책

[Book 40]《고객 성공》닉 메타 외

→ 고객 이탈 방지를 목적으로 하는 '고객 성공'의 바이블

[Book 41]《컨버전 코드》크리스 스미스

→ 디지털 영업과 아날로그 영업을 연결하는 방법을 구체적으로 소개한 책

제6장 시장과 고객

[Book 42]《팩트풀니스》한스 로슬링 외

→ 사실에 입각해서 세상을 바라보는 것의 중요성을 이야기한 세계적인 베스트셀러

[Book 43]《빅데이터를 지배하는 통계의 힘》니시우치 히로무

→ 난해한 통계학을 알기 쉽게 망라해 해설한 베스트셀러

[Book 44]《블랙 스완》나심 니콜라스 탈레브

→ 커다란 영향을 끼치는 '예상 밖의 사태'에 대응하는 전략을 배울 수 있는 책

[Book 45]《한계 비용 제로 사회》제러미 리프킨

→ 현대인이 직면하고 있는 '지수 함수적인 세계'에서 살아남기 위해 필요한 지식을 배울 수 있는 책

옮긴이 김정환

건국대학교 토목공학과를 졸업하고 일본외국어전문학교 일한통번역과를 수료했다. 21세기가 시작되던 해에 우연히 서점에서 발견한 책 한 권에 흥미를 느끼고 번역 세계에 발을 들였다. 현재 번역 에이전시 엔터스코리아 출판기획자 및 일본어 전문 번역가로 활동하고 있다.

경력이 쌓일수록 번역의 오묘함과 어려움을 느끼면서 항상 다음 책에서는 더 나은 번역, 자신에게 부끄럽지 않은 번역을 하기 위해 노력 중이다. 공대 출신 번역가로서 논리성을 살리면서도 문과적 감성을 접목하는 것이 목표다. 야구를 좋아해 한때 iMBC스포츠(imbcsports.com)에서 일본 야구 칼럼을 연재하기도 했다. 번역 도서로는《이익을 내는 사장들의 12가지 특징》,《회사 개조》,《버려야 채워진다》,《사장을 위한 MBA 필독서 50》,《MBA 마케팅 필독서 45》외 다수가 있다.

MBA 리더십 필독서 43

초판 1쇄 발행 2022년 5월 9일
초판 3쇄 발행 2024년 3월 4일

지은이 나가이 다카히사
펴낸이 정덕식, 김재현
펴낸곳 (주)센시오

출판등록 2009년 10월 14일 제300-2009-126호
주소 서울특별시 마포구 성암로 189, 1707-1호
전화 02-734-0981
팩스 02-333-0081
메일 sensio@sensiobook.com

편집 하진수
디자인 Design IF

ISBN 979-11-6657-063-6 (03320)

소중한 원고를 기다립니다. sensio@sensiobook.com